这样读懂芜湖

ZHEYANG DUDONG WUHU

戴卿◎著

芜湖市宣传文化领域优秀人才项目

芜湖市优秀历史文化宣传读本

安徽师范大学出版社
ANHUI NORMAL UNIVERSITY PRESS
·芜湖·

图书在版编目(CIP)数据

这样读懂芜湖 / 戴卿著.— 芜湖:安徽师范大学出版社,2023.2
ISBN 978-7-5676-5813-4

Ⅰ.①这… Ⅱ.①戴… Ⅲ.①文化史—研究—芜湖 Ⅳ.①K295.43

中国版本图书馆CIP数据核字(2022)第169378号

这样读懂芜湖 戴 卿◎著

责任编辑:祝凤霞 责任校对:辛新新 吴山丹
装帧设计:王晴晴 汤彬彬 责任印制:桑国磊
出版发行:安徽师范大学出版社
芜湖市北京东路1号安徽师范大学赭山校区 邮政编码:241000
网 址:http://www.ahnupress.com/
发 行 部:0553-3883578 5910327 5910310(传真)
印 刷:江苏凤凰数码印务有限公司
版 次:2023年2月第1版
印 次:2023年2月第1次印刷
规 格:700 mm × 1000 mm 1/16
印 张:21.25 插页:3
字 数:310千字
书 号:ISBN 978-7-5676-5813-4
定 价:68.00元

灵泽庙

芜湖公园（今赭山公园）

关门洲

中江塔

大荆山矿坑

淬剑池

镜湖公园

九莲塘公园

汀塘公园

奎湖公园

青弋江上游风光

青安江

芜湖长江大桥

芜湖长江二桥

芜湖长江三桥

天门山

十里江湾

临江桥与中江塔

西九华

神　山

玩鞭亭

英驻芜领事署旧址

珩琅塔

赭山塔

自　序

“心有所信，方能行远。”中华优秀传统文化是中华文明的智慧结晶和精华所在，是中华民族的根和魂，是我们在世界文化激荡中站稳脚跟的根基。地域文化是中华文化不可或缺的组成部分。文化的发展和繁荣，离不开对地域文化的传承与弘扬。爱家乡，首先要了解家乡；爱芜湖，源自熟悉芜湖。

一个城市的历史遗迹、人文底蕴，是城市生命的一部分。芜湖古称鸠兹，历史悠久，有文字记载的历史逾2500年，积淀了厚重绵长的人文情怀。在芜湖6000余平方公里的热土上，曾经发生过无数历史事件，出现过诸多历史人物，也留下了不少历史典故，值得去钩沉、整理和发扬光大。借力优秀地域文化，留住乡愁，记住乡音，不忘乡思，事关城镇化进程的人文关怀与文化保护，事关文化血脉的传承。

一个地方最能体现地方特性的，莫过于本土文化；最能展现地方魅力的，也还是本土文化。芜湖，历来重视对本土文化的传承与弘扬。以修志为例，自南宋至民国时期，芜湖共纂修县志、专志12次。最早的一部方志可追溯至南宋时期芜湖人王柖所著的《芜湖志》五卷。明清时期，芜湖更是迎来了方志编修的一次高峰。方志之外，这方热土上还先后涌现了一批古代先贤，他们或在芜湖为官，或生活在芜湖，或从芜湖走出，与芜湖有着千丝万缕的联系，为芜湖典故搜集、史料挖掘以及历史文化传承作出了重要贡献。比如：元代芜湖县尹欧阳玄评定的“芜湖古八景”对当时芜湖域内山水人文第一次进行了系统总结，提升了芜湖的历史文化底蕴，也为后来的“芜湖新十景”提供了借鉴；姑孰画派创始人萧云从一生大多时光生活在芜湖，所绘的《太平山水图》保留了不少芜湖古山水风貌；历仕乾隆、嘉庆、道光三朝的清朝大臣黄钺出生于芜湖，晚年回芜，探赜索隐，史海钩沉，为我们留下许多珍贵的史料，其《于湖竹枝词》更是详记了不少芜湖典故，弥足珍贵。

遗憾的是，这些方志、史料大多因兵燹战乱湮没于历史烟尘，有幸遗存的又因年代、语体晦涩等原因，与普通读者产生一定距离。近年来，负责党史研究和地方志编纂等的相关部门在地方历史文化的弘扬方面做了大量工作，成果丰硕，先后出版了《芜湖历代诗词》《国史中的芜湖》等一批有质量、有影响力的地方文化读本，对本土历史文化的传承起到了促进作用。不过，作为专业读本，这些图书更多侧重于专业或学术范畴。

更为重要的是，随着信息传播方式的变革，芜湖历史文化逐渐成为新媒体内容生产的富矿。但是，本土文化引发“新媒体热”的同时，也存在一些自媒体对芜湖历史典故解读不准不深的现象。基于此，撰写一本传播地方本土文化、适应年轻读者阅读习惯的通俗读本显得尤为必要。

作为一名从业多年的新闻人，笔者工作中时常接触芜湖历史文化，也曾在报纸上发表过相关稿件。2019年，芜湖市委宣传部推出的芜湖市第二批宣传文化领域优秀人才项目，使笔者的这一想法获得政策方面的支持；加上芜湖市委党史和地方志研究室提供的丰富资料支持，最终促成了本书的面世。

本书分“山”“水”“人”“节”四个部分。限于篇幅等缘故，笔者做了一番取舍：在“山”“水”篇中，遴选了赭山、神山、荆山等12座芜湖域内名山，流经芜湖或域内的长江、青弋江、漳河等12条大川，以讲述历史典故的形式，展现芜湖山水魅力；在“人”篇中，遴选10位与芜湖有关的代表人物，以期“窥一斑而知全豹”；在“节”篇中，介绍了春节、元宵节、清明节、端午节等8个中华传统节日，结合“节”的习俗文化，重点讲述芜湖本地的节日习俗。芜湖“第一高山”三公山，“第一大湖”竹丝湖以及丫山等名山未能最终成文，是本书一大遗憾。

三年磨剑，终成一集。拙文几十篇，之于本地深厚历史文化不过沧海一粟，很难在一本书中彰显芜湖深厚历史文化底蕴的全貌。冠以“读懂芜湖”之名，难免诚惶诚恐。庆幸的是，通过撰写此书，笔者对身边的这座城市有了更深入的了解。

道阻且长，行则将至；行而不辍，未来可期。如若能讲好芜湖故事，展示“五史”中的芜湖元素，强化基于地方优秀传统文化而树立的文化自信，并以此激发芜湖人的自豪感、使命感，外来人的认同感、参与感，那便是本书之最大慰藉。

是为序。

戴　卿

2022年6月于芜湖

目　录

球萼绕群螺

江静听潮声

江东多传奇

事逐岁时迁

琭萼绕群螺

芜湖山水辉映，有“半城山半城水”之雅称，境内大大小小有名之山水就有数百之多。不过，由于地处长江中下游两岸，地貌以平原丘陵为主，境内山峦普遍不高。中心城区最高者不足百米，南北山地高峰见多，也不过数百米高。这些山或大或小、或高或矮，或隐于闹市、或巍于乡野，与境内的众多河流、湖泊共同绘就了江城芜湖的秀美画卷，形胜江南。

假设芜湖是一所学校，数百座山是一众学生，要举行一场全校的评选，我想至少这几位同学会站出来一争高下。神山首先会提着干将莫邪剑登台，给我们讲述一段传奇；荆山与白马山也许会联袂出场，他们是当年“邑庠之文笔峰”；天门山带着诗仙的名气会撑个头；南陵县境内的大工山可能也会过来，因为他曾经是很长一段时间里校内个子最高的学生（海拔558米）；2011年随着行政区划调整“转学”而来的今无为市昆山镇的三公山肯定是要露面的，因为他是目前校内个子最高的学生（海拔675米）。

这几座山或历史文化底蕴深厚，或身材魁梧挺拔，各有特色。然而，综合衡量之下，最终能问鼎“芜湖第一山”的恐怕还得是市中心海拔不过百米的赭山。

| 赭山："芜湖第一山"的那些事

一　且从山名聊起

赭，《现代汉语词典》上的解释言简意赅："红褐色"。相关词条仅收录"赭石"。查《康熙字典》，又引申有"赤土"之意。

正因为"赭"字意思的相对单一，作为山名来用反而不多，远不及青山、马鞍山、凤凰山等山名那么讨喜。即便如此，放眼全国，赭山至少还有四座，分别在济南市、杭州市、宁波市以及我们隔壁的南京市。其中，杭州市与宁波市的赭山在史料中出现较多。此外，句容市境内有一座赤山，历史上也称赭山，还与芜湖赭山有过一段笔墨官司，后面再说。

我们知道，芜湖赭山的得名，公认说法是"因其山石土呈殷红色，故名"。其他几座赭山的得名也如出一辙。

芜湖赭山得名的起始年代，已无从考证，但我们依旧可以依据手边的一些史料，对它的来路做一些梳理，觅得雪泥鸿爪。

先来看一份档案。

姓名：赭山

别名：玉峰

年龄：未知

身高：84.8米

气质：

霸气。郡因山名。

秀气。“芜湖古八景”“芜湖新十景”之首、国家AAAA级旅游景区。

文气。黄山谷读书处、中江书院、安徽建校最早的高等学府。

佛气。金地藏山中结庐。

王气。曾挂赭黄袍、上皇易青衣。

稚气。辟为公园，成为芜湖人的童年记忆。

民国八年（1919，后文均为此版本）《芜湖县志》：“赭山在县西北四里，高三十丈，周九里。”《江南地理志》云：“赭山丹赤，故郡名丹阳。”如果此句坐实，那么，有丹阳郡之名时已有赭山之名。很可惜，史海钩沉，我们如今很难找到《江南地理志》这本书。

丹阳郡是一个很古老的地名。《汉书》载：“丹阳郡，故鄣郡，属江都。武帝元封二年（前109）更名丹阳，属扬州。”一说汉武帝元狩二年（前121）改名。同在这一段的还有“芜湖”，最早见诸二十四史：“清水西北至芜湖入江……芜湖，中江出西南，东至阳羡入海，扬州川。”也就是说，赭山得名最早有可能追溯至西汉时期“芜湖”名第一次见诸国史时。

全国有赭山多处，因而卷帙浩繁的史料中，赭山出场甚多。那么，丹阳郡的“赭山”二字直接出现于国史中又在何时？《隋书》在介绍丹阳郡一节时有：“开皇九年废丹阳郡入，十八年改焉。有赭山、庐山、楚山。”不过，这里的赭山明确指向溧水。溧水古称溧阳。因溧水与句容接壤，与赤山相距很近，这里指的很可能就是今天句容的赤山，与芜湖的赭山关系不大。

北宋时期的《元丰九域志》有：“丹阳城，丹阳郡北有赭山丹赤，以为郡名。”这可能是最早提到丹阳郡“郡因山名”这一说法的典籍。只因历史上，句容的赭山与芜湖的赭山同属丹阳郡，之后两地方志及相关史籍中介绍各自的赭山，都曾有“郡因山石丹赤得名”的表述，这就是前文所说的笔墨官司的由来。

明代以降，郡因芜湖赭山“山石丹赤而得名”的说法开始出现并逐渐明朗。比如，《明一统志》：“赭山，在芜湖县东北五里，《江南志》：汉丹阳郡，北有赭山丹赤，故郡名丹阳。”清代的《江南通志》：“赭山，在芜湖县西北五里，《江南地理志》云赭山丹赤，故郡名丹阳。”清初地理学家顾祖禹《读史方舆纪要》则有：“赭山，县东北五里。《志》云：其山丹赤，汉丹阳郡，盖以是山名。”

值得注意的是，因《景定建康志》《太平寰宇记》《六朝事迹编类》《至大金陵新志》等史籍成书早，且均持“丹阳之义出于绛岩山”的观点，而芜湖赭山又暂时缺少更早的史料支撑，丹阳郡因芜湖赭山而得名的说法讹传于赤山的可能性还是比较大的。不过，1992年出版的《句容县志》提到赤山时反而未引用赭山这一说法，只是提及“境内赤山，《明弘治句容县志》载曾名绛岩山、赭山、丹山”。

其实，不论是芜湖的赭山也好，句容的赤山也罢，“郡因山名”都只是古籍中的一种说法而已。比如，《晋书》又将丹阳写作丹杨，并解释为：“丹杨，丹杨山多赤柳，在西也。”古代限于交通条件、人力等没法做到一一亲证，再加之历史长河浩瀚、朝代更迭、天灾兵燹，好多古地名本身就是一笔糊涂账。唯一可以坐实的恐为一众赭山都有一片赭色山石罢了。

二　山掩县城当北起

芜湖有文字记载的历史2500余年。但爬梳史料，早先，赭山其实一直是比较落寞的，在很长一段时间内没有存在感。直到北宋年间，一位清高且个性十足的诗人途经芜湖，才让赭山隐约展露在世人面前。

这位诗人，清高到什么程度？梅妻鹤子，通俗地说是将梅花当老婆，认仙鹤为儿子。个性到什么程度？灵感一来，写了诗随手便扔。边上有好心人就劝他，为什么不留点给后世呢？他回答道：“我本来归隐山林就不指望以诗文闻名一时，何况后世？”

没错，这位诗人就是林逋。

也正因为如此，如果你不知道这个人也没啥不好意思的，人家本身就低调。好在，当时还是有好事人留心帮他整理了300余首诗歌，其中就有一首写芜湖的。这首诗叫《过芜湖县》，也作《过芜留咏》。里面有这两句，写的是宋时芜湖的景致："山掩县城当北起，渡冲官道向西流。"（"县城"一作"肥城"）民国《芜湖县志》记载："县署居城之中，北负赭山，南望白马诸峰，距长河不远。"又有本土方家考证，宋时芜湖城比我们今天所说的芜湖古城（即县志中所言古城）还要大，还要靠北。也就是说，诗句中的山指的就是赭山，当然还包括周围的一众小山。这可能是现存的最早写到赭山的诗句，还比较隐晦。

不过不着急，与林诗人生活在同一时代的北宋大臣、合肥人马亮的一首诗明确写到赭山，他当时为芜湖知县。这首诗写的是夏日赭山，诗题《滴翠轩》。"高阁登临暑气空，绿槐蝉噪咽清风。"从这一句可以看出，宋时的赭山山林葱翠，楼阁高悬。不过据《太平府志》《芜湖县志》以及其他史料记载，宋时滴翠轩应叫桧轩，因轩前有古桧一棵，"松身柏叶，苍翠干云"。

滴翠轩在今赭塔旁（也有说在赭塔前），历史上因北宋大诗人黄庭坚曾在此读书而闻名。关于桧轩的改名，就不得不提到与马亮同一朝代但晚出生几十年的北宋诗人、当涂人郭祥正。因诗风纵横飘逸，酷似李白，此人历史上甚至被誉为"诗仙转世"。

《太平府志》提到一段轶事。当年，黄庭坚旅居赭山桧轩读书时，对好友郭祥正咏古桧的"青幢碧盖俨天成，湿翠濛濛滴画楹"一句非常欣赏，因而把桧轩改名为"滴翠轩"。黄庭坚于赭山读书也留有五律《赭山》一首，此处不表，后面专门再说。

虽说早在唐时，赭山南麓已建有永清寺（广济寺前称），但赭山真正的声名鹊起恐怕还得从黄庭坚读书时算起。到了南宋词人张孝祥的笔下，赭山的景致则又平添了几分凄凉与家国情怀。

赭塔亭亭，古刹森森，竹树掩冉。那是一个雪霁的冬日，暖阳洒在厚厚的积雪上，远远望去如虹气升腾，张孝祥登临赭山。山巅远眺，大江蜿蜒，镜湖如磨。广济古寺已历经数百年沧桑，"屋古少完壁，堂空有危灯”，一直令诗人青睐有加的赭麓却是眼前的一派苍凉，诗人一声长叹：忧国空含情！

历史的车轮滚滚向前，来到元朝。延祐年间（1314—1320），芜湖来了一位叫欧阳玄的县尹。这位欧阳父母官，还是个文学家，冗繁公务之余颇好游山玩水，吟诗作词，敲定了芜湖八大景致，并作诗以记，这就是我们今天所说的“芜湖古八景”。

芜湖有赭山这么一处胜景，欧阳玄自然不会放过，大笔一挥，居“芜湖八景”之首。应该说，赭山能被尊为“芜湖第一山”，欧阳公功莫大焉。且看欧阳笔端流云。

赭　山

山分一股到江皋，寺占山腰压翠鳌。
四壁白云僧不扫，一竿红日塔争高。
龛灯未灭林鸦起，花雨初收野鹿嗥。
千古玩鞭亭下道，相传曾挂赭黄袍。

这是民国《芜湖县志》提供的版本，与乾隆版《太平府志》收录的略有不同。最大的区别在于首联“山分叠巘接江皋，寺古山腰压翠鳌”，诗题也变成了古八景的《赭塔晴岚》。平心而论，府志版本的更胜一筹，比较符合欧阳玄的文风。

不过，无论是哪个版本，我们都能看出，当年芜湖城西江滨一带大大小小众多山丘，赭山一枝独秀，赭塔更是傲立山腰。诗人说，古寺山腰，白云缭绕，僧人都懒得打扫，寺庙后的赭塔甚至敢与旭日（府志为“三竿红日”）一争高低。这，就有点吹大了。

古时芜湖没有今天“皖江第一楼”侨鸿鸿汇城这样的高楼大厦，赭山矗立“城北”，在山顶的确能够一览全城，但也不至于高成这样吧？老实说，我一直觉得，古代诗人运用夸张手法时实在太没节制。不过思及诗仙的“黄河之水天上来”“飞流直下三千尺”“手可摘星辰”之类，深感我们的欧阳兄还是有所保留的。

历代诗人笔下的赭山秀色，就像集体创作的一幅丹青。宋初林逋途经芜湖时惊鸿一瞥，点题；两宋文豪勾勒线条，构图；到了元代欧阳玄这里已然成熟、丰满。这之后明清乃至近现代，有关赭山的诗文已是迭出不穷，缤纷多彩，仅县志收录的就有数十首。这些诗作或写实、或畅怀、或用典，既有相同处，又各有亮点。限于篇幅，这里不表。

最后重点聊聊欧阳玄的另一首五言排律《登赭山》，原诗如下：

登赭山

涌出沧溟外，孤高色更嘉。气通丹穴雾，光映赤城霞。
坠石藤还络，尖峰树不遮。烟墩尽鹾户，茅屋半渔家。
烽起狼烟直，帆翻海舶斜。平沙层作籀，碱土润生花。
晚渡喧商旅，严城沸鼓笳。独行惟雁鹜，四顾尽蒹葭。
蓬岛知何处？乡园望转赊。离心正欲绝，霜角起呕哑。

这首诗在康熙《太平府志》、乾隆《太平府志》、嘉庆《芜湖县志》、民国《芜湖县志》等多本方志中均有收录（府志中“嘉”作“佳”）。特别是诗的前两句写得很有气势，“涌出沧溟外，孤高色更嘉。气通丹穴雾，光映赤城霞”，连我们今人所编的志书、所撰写的推介赭山秀色的诗文都多有引用。

不过，细品之下，笔者以为，这首诗归于欧阳玄笔下是值得商榷的。

首先，诗中提到的众多意象与芜湖、与芜湖赭山相去甚远。除了渔家、晚渡，诗中难以找到半点芜湖赭山的韵致。欧阳玄个人文集《圭斋集》未收入此诗，他的其他诗作中也很难找到类似的意象。狼烟、平沙、霜角……更像是边塞的风光，军旅诗歌的味道，至少是有过行伍经历的人所作。

再查其他史料发现，明代诗人、藏书家曹学佺编纂的《石仓历代诗选》将此诗归入明代诗人朱纯名下。朱纯又是何许人也？绍兴人，明代学者，著有《淘铅集》《驴背集》《自怡集》《农余杂言》等，正统元年（1436）官兵科给事中，后刑科给事中。

最后这点很重要，他在军队干过。《明史》载：“正统元年，给事中朱纯请修塞垣。”这说明，朱纯是有边塞、大漠军营经历的。他的诗中出现边塞意象毫不为奇，反观欧阳玄，起于翰林，一生大多都是文官经历。因而，《登赭山》出自朱纯的可能性大得多，或是当年修志人太偏爱这首诗，将它误录入欧阳玄的名下。

不过，个人以为，以欧阳玄对赭山的偏爱以及该诗写赭山的气势，即便当年真弄错了，这位亲自排定“芜湖古八景”的芜湖父母官也会感到宽慰的。

三　古剑摩空宇，寒光启太阿

北宋大文豪黄庭坚读书于赭山的故事，了解芜湖历史的人都知道。

黄庭坚，字鲁直，号山谷道人、涪翁等，洪州分宁（今九江市修水县）人，北宋著名文学家、书法家，江西诗派开山之祖。

关于黄庭坚留迹芜湖，有三处之说。一是芜湖吉祥禅院，即鹤儿山脚中江塔附近的吉祥寺（实为东退庵，今新芜路一带，已不存），此有收录其《山谷集》中的《评书》《太平州芜湖县吉祥禅院记》为凭；二是我们今天要提到的赭山滴翠轩；三是赤铸山。

其实赭山和赤铸山之说，都源于府志和县志中收录的黄庭坚的《赭山》一诗。我们先看原诗。

赭　山

读书在赤铸，风雪弥青萝。汲绠愁冰断，村酤怯路蹉。
玉峰凝万象，琭萼绕群螺。古剑摩空宇，寒光启太阿。

《赭山》一诗虽然未收入《山谷集》中，但考虑有众多志书的记载相印证，且明确提到“滴翠轩在赭山广济院塔旁。旧名桧轩，即黄山谷读书处”，可信度较高。反观黄庭坚读书于赤铸山，仅仅依据诗中“读书在赤铸”一句，历代方志中只字未提，显然证据单薄，很可能是后人附会出来的。

那为什么作者诗题《赭山》，起笔一句却是“读书在赤铸”呢？有观点认为可能是当年诗人把两山“看成一体”；还有观点认为两座山名称可通用。

窃以为，这两种可能性并不大。其一，两山在历代志书中一直单独作为山峰存在；其二，二者直线距离有六里之遥，不像铁山、凤凰山与赭山那样近在咫尺，何况神山一带当年都区分了神山、赤铸山、马鞍山等诸峰；其三，黄庭坚作为一代文学大家，每到一地，定然会对当地的风土人情感兴趣，详细了解当地的人文典故，加之又有好友郭祥正的陪同讲解，将赤铸山与赭山看成一体或混为一山的这种低级错误应该不会犯。当然，这也并不是说当年黄庭坚在芜湖时就没有游览过赤铸山。

这里不妨做一大胆假设，此处的“赤铸”，只是“赤色铸成”之意，而非特指赤铸山。类似的有诗仙李白笔下的“碧山”，大多泛指青美之山，而非某山。因赭石丹赤，诗人在这里把赭山比喻成赤色铸成的一座山，“赤铸”不过是“赭”的替代词而已。此外，本地也一直有赭山石赤的说法是因为当年干将莫邪神山炼剑炉火烧冶而成的传说。首句用“赤铸”既增加生动感，又与尾联写到“古剑摩空宇，寒光启太阿”用典“干将莫邪炼剑传说”相呼应。

大师级人物的首用，使得后来者写赭山时纷纷效仿。如明末清初书画家汤燕生的“赤铸山头鸟不飞，上皇曾此易青衣”（《赭山怀古》），清人邓世杰的“曾说涪公此读书，轩留赤铸肯成墟”（《赭山访滴翠轩故址》）等。

赭山文气氤氲从黄山谷读书于赭山肇始，千百年来一脉相承。赭山秀色引来无数文人吟咏，留下不少诗篇。清末以来，更是逐渐成为教书育人的圣地，杏坛传道、弦歌不辍。

在赭山西南麓现存有皖江中学堂暨省立五中旧址，2019年被公布为省级文物保护单位。初夏的一个上午，从安徽师范大学西大门沿赭山西坡而上，一路草木葱茏、林荫茂密，走过音乐学院、继续教育学院，一栋四合院式的砖木平房跃入眼帘。在赭山山麓已矗立百年之久的皖江中学堂已是满目沧桑。

这栋并不起眼的建筑，却大有来头。正是这里，开芜湖官办近代初等教育之先河。门前的数十级花岗岩麻石台阶见证了风雨，一旁光影斑驳的铭牌上简述着这座看似普通房子的光辉过往。

皖江中学堂的前身可追溯至创办于乾隆三十年（1765）的中江书院（位于弋江区）。《芜湖市志》（1993年版）载："光绪二十九年（1903），皖南道员刘树屏就梧桐巷中江书院改办皖南中学堂，年底迁赭山，更名皖江中学堂。"1914年易名为安徽省立第五中学，成为安徽省最早的省立中学之一。后相继易名为省立芜湖初级中学、安徽省立第七中学、安徽省立芜湖中学、省立芜湖高级中学、芜湖中学等，也即今天芜湖一中前身。教育家刘希平、阿英，革命家陈独秀、高语罕、蒋光慈等都曾在此工作，为推动新文化运动和马克思主义在安徽传播特别是安徽近现代革命史发展作出了重大贡献。

民国三十五年（1946）的金秋十月，赭山南麓迎来安徽建校最早的高等学府——安徽大学，即今安徽师范大学前身。不过很短暂，这年11月安徽大学又在安庆原校址复校，改名"国立安徽大学"。

《芜湖市志》记载，安徽大学于1928年4月，在当时的省会安庆创办，后因日军侵华，一度停办，并辗转多地办学，几更校名、校址。1949年10月，国立安徽大学再次由安庆迁址芜湖，与省立安徽学院合并。12月，新的安徽大学在芜湖赭山成立。1954年，安徽大学农学院迁往合肥，原址改办安徽师范学院。后又相继更名为皖南大学、安徽工农大学，直至1972年更名为"安徽师范大学"至今。

掐指算来，从1946年第一次邂逅秀丽赭山到今天，这所安徽建校最早的高等学府在赭山脚下坐拥镜湖一泓碧波已70余年了。

四　每个芜湖人的心中，都住着一座赭山公园

每一座城市都有自己的一座标志性公园。

北京的朝阳、广州的越秀、汉口的中山、南京的玄武湖、昆明的翠

湖……在芜湖，恐怕要数赭山公园。

虽然“赭塔晴岚”早在元代就被列为芜湖八景之首，然而一直以来，除了古刹庙宇占据的局部山体，整座赭山为荒山。

1933年，芜湖人迎来了自己的第一座公园——芜湖公园。《芜湖市志》记载，这一年，芜湖公园由本土绅士、县长王铸人联合当时的芜湖中学校长柯德发等人共同开办，即今赭山公园前身。当时，在赭山南麓兴建“皖南图书馆”（今中山纪念堂），并修建弹石路面从“一天门”直达山顶，于1934年春天开放。这样算来，当年游览芜湖公园和我们今天从小九华广场处赭山公园小门出发的登山路线差不多，不过当时芜湖公园的面积比我们今天的赭山公园小得多，应该只限于大赭山甚至大赭山南麓的一部分区域。

1937年，日军占据了赭山，禁止百姓通行，公园名存实亡。直到1945年8月，日军投降时，公园景观已被毁坏殆尽。同年11月，市政筹备处恢复了公园管理处。

日军对公园和赭山的破坏程度，从市档案馆馆藏的一份1945年12月14日关于赭山勘查的报告可窥知一二。报告中明确提到，当时的中山纪念堂、山顶的爱晚亭、山腰处的游泳池以及周围房舍、茶酒馆、苗圃等等尽毁，只剩公园大门的牌楼幸存。

《芜湖风光揽胜》一书记载，新中国成立后，芜湖市人民政府经过多方规划和建设，筑路护林，1952年将大赭山大部和小赭山全部辟为公园。1958年正式建成赭山公园。

1954年，郭沫若来芜湖视察时题写了“赭山公园”四字，现悬挂于赭山东大门。今西大门墙壁“赭山公园”四字后由书法家舒同题写。

1959年，赭山南麓的赭山动物园开始兴建，由当时的长林、山林、和平三个私营动物园合并而成，同年12月对外开放，是当时皖南唯一的动物园，建园之初，已有动物54种共计275只，2002年又进行了全面改造。

20世纪80年代以来，赭山公园景观面貌有了很大改观。1982年新建了儿童乐园、翠明园和西园；1984年建成大草坪和凝芳园；1989年新建月季园、杜鹃园，山顶建造了舒天阁。至此，赭山公园景观与我们今天所见大体无殊。如果你是个有心人，在游览赭山公园时，就会很容易发现今天的很多石椅上还刻有20世纪80年代的字样。2004年5月1日开始，赭山公园免费向游人开放。

赭山公园园中带园，就山修湖，景点星罗棋布，移步换景。在很长一段时间里，山巅的瞭望塔（也作瞭望亭）一直为城市的制高点，直至今天，尽管高楼林立、林木葱茏，在城区的不少地方还能远远望见这座亭台。

瞭望塔边，原有“一览亭”。历史上的一览亭很有名气。民国《芜湖县志》记载，一览亭始建于南宋淳祐年间，明嘉靖年间重修，之后历经天灾兵燹，几经毁修，最后于光绪年间被拆除。关于拆除的原因，县志有这样九个字：“因众议有碍风水，拆废。”也就是说，大家讨论认为山上矗着这样一座亭，风水不好。聊到这里，笔者只好长叹一声，封建迷信害人不浅哪！哦，“害亭不浅”！

一直被历代题咏的一览亭说拆就拆了，却挡不住它在史籍中的翰墨飘香，县志收录的《一览亭记》就有两篇。清人胡应瀚的《一览亭记》不但文采斐然，而且提到了建亭的原因。细品之下，拆与建的原因竟如出一辙，光绪年“众议”的那班人真应当读读。

1932年，为了纪念著名教育家刘希平，一览亭旧址兴建了爱晚亭，1950年又改建了“六角亭”，1954年11月，又在“六角亭”旁新建了“瞭望塔”。

有人可能会问，什么叫瞭望塔？瞭望什么？当年，通信远没有今天这么发达，瞭望塔为城市消防之用。因是城市最高点，在这里能将江城一览无余，哪里有火灾也能及时发现。瞭望塔后来被辟为游览点，也就是我们今天看到的赭山山巅的那座楼阁。瞭望塔六面三层，登塔远眺，江城风光尽收眼底。

2000年，赭山公园风景区被评为国家AA级旅游景区，2006年被评为国家AAAA级旅游景区。

近年来，尽管随着环保意识的增强和生态文明建设的推进，江城涌现了众多新兴公园，但要论及芜湖公园的“老大”，恐怕还非赭山公园莫属。

每一个芜湖人的心中都有自己的一座赭山公园。不只因着那大小赭山的秀色，还有它悠久的历史，更重要的是它几乎是每一个芜湖人童年记忆的存储地。

五　寺古山腰压翠鳌

“寺古山腰压翠鳌”是当年欧阳玄题咏“芜湖八景”之首“赭塔晴岚”中的一句，收录于《太平府志》，《芜湖县志》各版本均作“寺占山腰压翠鳌”。

个人以为，“古”比“占”更好，“占”既生硬，又与后面的“压”同有强势的味道，短短七字，两字意近，不似大家手笔。古，于无声息处点出宝刹之沧桑。

如果说，历史上赭山的一山锦绣半在古刹、在古塔，相信没有太多质疑的声音。这点，从历代题咏赭山的诗篇中大多会提及广济寺和赭塔也可窥一二。

广济寺傲立赭山南麓，为当年芜湖四大名寺之一，也是唯一现存的。四大名寺即吉祥寺、广济寺、普济寺、能仁寺。这四大寺庙，地理位置相对于当年的芜湖古城正好是四个方向。

吉祥寺，位于城西。《芜湖县志》载：吉祥寺在县西五里，旧名永寿院。晋永和二年（346）建，宋景祐中赐名吉祥院。该寺在今新芜路与新横街交叉口一带。这是当年芜湖历史最悠久的寺庙，因毗邻两江交汇处，曾留下不少名人事迹及典故。

普济寺，位于城南。县志载，普济寺在县河南，旧名水西。宋天圣九年（1031）改今名。明洪武十一年（1378），僧惠吉重修佛殿。结合县志所绘《河南图》知，寺在禹王宫与青弋江之间，或在今花津桥南岸附近。

能仁寺，在城东。县志载，东能仁寺在县东，即南唐古城院。宋大中祥符元年（1008），改东承天院，政和间迁城东。结合县志所绘《城图》知，寺应在今芜湖二中一带。因而，历史上芜湖有北广济寺、南普济寺、东能仁寺、西吉祥寺之说。包括广济寺在内，这些佛寺在历史上都因战乱等各种原因，多次毁修。

乾隆《太平府志》载，广济寺始建于唐乾宁年间（894—898），《芜湖市志（1986—2002）》（2009年版）核定为乾宁四年（897）建。广济寺一开始叫广济院，光化年间（898—900）赐名永清。北宋大中祥符年间（1008—1016）改广济寺，明景泰年间（1450—1457）由吉祥寺僧人宏德重修，后又毁坏，经历代重修。如此算来，广济寺已有1100多年历史了。

广济寺依山而建，天王殿（三门殿）、大雄宝殿、地藏殿（九华行宫）、药师殿四座主殿因山势殿殿相接，后殿比前殿高出十余米。特别是大雄宝殿之后，为一线天，经八十八级石阶陡峭直上，两边石栏杆贯以铁链直上地藏殿，有“九华行宫”玄匾金字，蔚为壮观。九华行宫左为1919年重建的滴翠轩，后便是高耸的赭塔，有“百尺浮图”之誉。

广济寺素有“小九华”“九华行宫”之称，民国《芜湖县志》有：“山寺自昔香烟最盛，故俗又称为小九华云。”说明广济寺一直香火旺盛。说到这里，就不得不提到金乔觉赭山结庐的故事。《安徽省芜湖市地名录》（1985年版）、《芜湖市志（1986—2002）》（1993年版）等多本书中均提及这一传说。相传，唐永徽四年（653）新罗国（今朝鲜）王子金乔觉来中国，遍游名山大川，到芜湖时，先至四褐山，后在赭山结庐驻锡，开坛讲经说法，之后去九华山，开辟道场，创立九华山佛寺。唐肃宗至德二年（757）敕颁金印一枚。为此，一直以来，凡是去九华山朝拜者，必先来广济寺进香。

每年农历七月三十，广济寺都会举办庙会，吸引了来自芜湖及周边各地，乃至江浙一带的香客到此进香、守夜，后逐渐演变成佛事活动与民俗活动相融合的广济寺庙会。2010年7月，广济寺庙会入选安徽省第三批省级非物质文化遗产名录。

最后，来聊聊赭塔。民国《芜湖县志》载：“赭山塔在地藏殿后。

宋治平二年邑人孙日汇建。为邑中八景之一。”宋治平二年为1065年，如此算来，赭塔已有近千年历史，不愧“寺古山腰压翠鳌”，2019年，赭塔被列为全国重点文物保护单位。《芜湖风光揽胜》一书记载，赭塔塔高20.8米（今塔下铭牌记为28米），五层六角，为楼阁式砖石结构，穿心式螺旋阶梯直通塔顶，为典型的宋塔风格。《芜湖市志》（1993年版）中提及，塔内曾供“谛听”神兽，即当年金地藏渡海南来的坐骑。

关于赭塔，有一则有趣的故事。据说当年大风将塔顶吹掉，塔顶漏水不止，有一天突然一口大锅飞来扣在顶上，从此不再漏水。清人黄钺在其《于湖竹枝词》第七首中就曾提及这一传说：“飞锅来覆塔尖穿，风铎无声不计年，汉瓦秦当收拾尽，何人藏弆赤乌砖。”诗后有注：“赭山普济寺（应为广济寺，笔者注）塔顶毁，有飞锅来覆之，至今犹在。塔砖间有堕者，乃赤乌二年造。”黄钺是清朝中晚期人，诗中提到“至今犹在”，想必当年塔顶风化倾圮，真的曾被人以一口大锅扣住挡雨，又或当年塔顶状如锅底也未可知。如今赭塔下有铭牌，记载赭塔曾于1996年大修。

又有传说当年大风刮倒了赭塔顶，等工匠登塔修葺时，见塔砖上嵌有“赤乌”二字。赤乌是三国时期东吴孙权政权年号，这一算起来又要再往前推近千年历史。那时，芜湖县治刚从鸠兹迁至鸡毛山一带，赭山估计还杳无人烟。显然这则传说玄而又玄，难以令人信服。因而，百年前的黄钺就发出质疑，戏谑道：秦汉的砖瓦早都连“骨头”都不剩了，哪里还有谁藏赤乌年代的砖石？（“汉瓦秦当收拾尽，何人藏弆赤乌砖？”）

县志上说：“（赭山）右控大江，舳舻云连，俯瞰城郭，历历如绘。每当雨后，岚光缥缈，八景中称赭塔晴岚者即此。”赭塔晴岚的最佳观赏位置据说在镜湖，20世纪80年代，芜湖改造镜湖公园时，在小镜湖假山半岛上修建了观岚亭。登亭眺望，赭塔与山光岚气可尽收眼底。此亭今天仍在，只是时过境迁，随着城市的发展，赭山镜湖一带早已矗立起幢幢高楼，镜湖观岚其实已大为逊色。

广济寺与赭塔虽地处市中心，近在咫尺，多年来游玩却并不多。6

月初的一个上午，正嫌一场夜雨缱绻不止，天空依旧浓云笼罩，不利于拍照，不一会竟云开日出。站在寺庙后山门处仰望赭塔，碧空如洗，干净透彻，除了云彩只有湛蓝的天空。古塔黄墙，茂林掩映，风铎无声，梵音隐隐，俨然一幅色彩缤纷的油画铺展在眼前。

赭塔晴岚，果然不负“芜湖八景”之首的赞誉。

六　千古兴亡多少事

芜湖偏居江南，历史上除了南北政权分立时期，一直与帝都京师相距甚远，帝王将相在芜湖的活动轨迹及相关史实也相对较少。其中有两位皇帝在芜湖留下过足迹，传说都与赭山有关系，比较勉强地让赭山沾了几分“王气”。

一位便是晋明帝。提到这三个字，有些人可能有些陌生，但我说出另外三个字“玩鞭亭”，应该说大多数芜湖人都熟悉。没错，他就是当年扔鞭脱险的那个皇帝。后人曾筑玩鞭亭、梦日亭纪念这段史话，并由此衍生了“芜湖八景”之一的“玩鞭春色”。

将赭山与晋明帝挂起钩来，始于元代县尹欧阳玄。也就是说，当年，他排定“芜湖古八景”时就定下了调子。在《赭塔晴岚》一诗中有“千古玩鞭亭下道，相传曾挂赭黄袍”，说的就是这段历史。

那么，晋明帝真的路过赭山了吗？有可能。当年，王敦筑营鸡毛山，赭山在其正北。晋明帝过来侦察被发现后，取道赭山下急还南京，是再正常不过的了。直到清康熙《太平府志》中所绘的“芜湖山水图”，芜湖县城北依然是一片小山，犹如“玉峰凝万象，琭萼绕群螺”。从鸡毛山往北只有过赭山、十里牌、玩鞭亭这一条道。人类改造自然地貌向来只有挖山取平，很少有人为造山，更何况技术低下的古代，因而，赭山沾了点晋明帝的几分“王气”是有可能的。

再重点聊聊另一位。这是一位有着末代帝王气质的开国皇帝，他是谁呢？南明弘光帝朱由崧。

崇祯十七年三月十九日（1644年4月25日），李自成攻入北京，崇祯皇帝吊死煤山，明朝灭亡。

当时，留都南京以及南方各省仍是明朝势力，所谓“国不可一日无君”，在南京的一班人急需一个精神领袖，于是思立新帝。

当时的情况是崇祯帝朱由检已死，他的三个儿子又都陷入清兵之手，生死未卜。这时，与崇祯帝血缘最亲、逃难到淮安的福王朱由崧在当时南方军阀势力——四镇的拥立下，位极九五，建立了南明，年号弘光。当然，这中间的过程是曲折的，涉及东林党人与地方军阀的博弈、较劲，限于篇幅，不作展开。

总之，朱由崧如愿当上了皇帝。直到今天，朱由崧的主要成就一栏仍记着“南京称帝，延续明祚”这样光辉一笔。但其实他也就这一笔拿得出手，后来的事实证明，这个南明和东晋、南宋简直没法比，只存在了18年，而他在位前前后后不到1年。

朱由崧即位后，由于各派势力依旧窝里斗，他本人又没多大能力，整天沉湎酒色（这里据说是东林党人抹黑他的，但估计与他本人表现也差不了多少），不晓得修理内政，风雨飘摇中建立起来的南明没多久就“飘摇风雨”了。

弘光元年、顺治二年（1645）四月，扬州失陷，史可法殉难，清兵直逼南京。南京城的官员、百姓终日惴惴不安。五月初十这天，弘光帝朱由崧慌乱下做了一生中一个“伟大”的决定，竟抛弃一城子民独自溜了，真是少有啊！

往哪跑呢？奔芜湖而来。为什么往这边跑？因为当时驻守芜湖的是江北四镇之一的靖国公黄得功，朱由崧比较信任黄得功。后来，事实证明，他看人的确没有走眼。问题是大厦将倾，纵然黄得功忠心护主，骁勇善战，也无济于事，没法力挽狂澜。紧接着，黄得功战死，弘光帝在芜湖被俘，当年即被押往北京，第二年，就被多尔衮找个理由杀了，令人唏嘘。

交代了这么多，就是因为有一种说法，认为弘光帝当年是在赭山被俘的。查正史，只提及其在芜湖被俘，如《明史》：“癸巳，由崧至芜湖……丙午，执由崧至南京。”

黄得功忠勇护主、弘光帝被俘这一段堪称壮烈，史籍中有多个版本，细节有所出入但大体一致。因明史学家顾诚的《南明史》博采众长，这里以其版本为准。

当时，黄得功见朱由崧逃来大为吃惊，明知已无可能扭转战局，仍勉强支撑。清军统帅多铎得知弘光帝出逃后，当即命刚投降的刘良佐带路，追至芜湖。黄得功部下将领田雄、马得功见大军压境，偷偷降清。主帅黄得功却不知军心已变，结果被敌军射中喉部，自知生还无望，自刎而死，弘光帝被田雄等活捉献给清军。

历史学家钱海岳的《南明史》则提到，当时芜湖各营仍有20万兵力，弘光帝打算逃往浙江，最后被黄得功以“堂堂天子，岂有奔窜，以河山拱手退让之理”一句劝住。于是，黄得功请弘光帝登船，屯兵于岸。敌军追来时，黄得功坐船中指挥手下迎敌，连败清军。杀过赭山时已斩刘良佐兵力过半。这时，刘良佐设计引出黄得功骂战，黄得功中计被人暗箭射中喉部后，自杀而亡，田雄和马得功劫持弘光帝出降。

由此可见，弘光帝被俘应在舟上，多部史料也佐证了“田雄和马得功犯御舟劫弘光帝”的说法。

那么，朱由崧赭山被俘的说法又是怎么来的呢？可能与明末清初书画家汤燕生的《赭山怀古》一诗有关。该诗收录于《芜湖县志》，里面有这么一句：“赤铸山头鸟不飞，上皇曾此易青衣。”青衣，指古代帝王、后妃的春服，在这里代指龙袍。易青衣，自然是脱掉龙袍，指被俘。赤铸山这里指赭山如由赤色石铸成，结合诗题“赭山怀古”，似乎坐实了朱由崧被俘于赭山。其实，仔细品读之下，诗人这里的“此”不能狭隘地理解为赭山，可能指赭山附近一带，或芜湖的江面。只是诗人登赭山眺望远处的大江，遥想到了当年这一幕。

明末清初有个叫钱肃润的无锡人，这个人很有气节，明亡后他一直隐居不出。他写了一部《南忠记》，记载南明殉难诸臣事迹，其中也提到了这场战斗。因其就是当时人，又详细提到芜湖的一些地名，殊为难得，转述于此，权且一观。

书中说，当时弘光帝依仗芜湖的20余万官兵，准备逃往杭州，于是让黄得功率部殿后。当时前方部队已行进20里，黄得功正侍奉弘光帝于识舟亭歇息。识舟亭在哪？识舟亭原名八角亭，在滨江的鹤儿山后腰，即原芜湖市委党校背后与今天的锦天花苑小区一带。

这时，清兵大军于下游追来，众人赶忙护送朱由崧进芜湖城中。黄得功未来得及穿战甲，刚过北门时，城墙上就有人指说，前面两里远的地方就是清军。黄得功于是着葛衣策马迎敌，斩杀数十人。杀过赭山下时，刘良佐从山上喊了一声“黄大哥”。因二人之前相熟，刘良佐有心劝降，被黄得功严词拒绝。这时，有人在刘良佐后射中黄得功咽喉，黄得功遂拔剑自刎。田雄于是执弘光帝出降。如此一说，朱由崧又于芜湖城被俘了。此外，还有黄得功战死板子矶一带江面的说法。

千古兴亡多少事？悠悠。其实不管弘光帝在芜湖哪里被俘，作为“芜湖第一山”的赭山，都见证了当年黄得功忠勇护主这段悲壮的历史与一个朝代的没落。

只是今天，青山默默，有多少人还记得故纸堆深处的那段往事，想起当年赭山山麓的厮杀声？

神山：城东有座山

一　“神”说神山

芜湖境内多山，如果说成名最早的，或推神山。

我们今天所说的神山其实至少包含两重意思，一是单指神山这一座山峰，二是指包括神山在内的这一带群峰。

神山因何而名，史籍方志中并没有像赭山那样给出明确解释。结合该山厚重历史及秀美风光，笔者以为，神山之“神”至少可以从这五个方面去理解。

一是地位神圣。神山在芜湖诸山中占有着重要地位。历代本土方志介绍群山时，都会从神山说起。如民国《芜湖县志》就有：“《图经》：郡南二十里凤凰山之脉，迤逦入芜湖北境复西，起为神山，为赤铸山，是为山之来垄。”同时认为当年的芜湖古城都坐落在神山的余脉上。郡，指太平府，府治在今当涂县。来垄，即来龙，一开始是一个风水方面的词语，表示山脉的来势和去向，后衍生出一个成语“来龙去脉”，比喻一件事的前因后果。这里沿用原意，表示当时芜湖境内青弋江以北的山都是当涂南面的凤凰山余脉，而神山是府治往南进入芜湖境内的第一座山，堪为群山之祖。古人认为，在神山之后，才有了赭山、弋矶山等。邑人夏冲当年在《重修神山殿宇序》一文中也认为神山是诸山鼻祖，并将它与传说中东海的三神山作比，还说芜湖一城的繁荣昌盛“莫不从此山为根蒂。则山之维系，合邑顾不重且大哉”！这就厉害了，神山相当于西方神话中“宙斯”的地位，完全当得起这个“神”字。

当然，站在今天的角度来看，未免荒唐。民国时期的县志编纂明显已受到现代科学思想的影响，编纂者也对此质疑，在县志“凡例”一节中特意指出之前历代县志对境内山脉走势强行解释，太过牵强。

我们知道，今天神山公园一带除了神山以外，还有赤铸山、大小火炉山、马鞍山。那么，凭什么神山能得此殊荣呢？这是由其地理位置决定的。当年，天门山、四褐山等属太平府当涂县，芜湖境内最靠北之山就是古城东北的这座神山，尽管赤铸山等近在咫尺，毕竟还是往南靠了那么一点点，所以才有了“起为神山”之说。

二是传说神奇。干将莫邪神山炼剑的传说，大多数芜湖人耳熟能详。相传春秋战国时期，著名铸剑师干将与妻子莫邪曾在此一带铸剑，三年乃成。至今，神山之巅仍留有淬剑池、砥剑石、铁门槛等遗址。又有传说，神山之上曾有一石人修行多年，一朝终成。成仙之日竟想去调戏大江对岸的蛟矶娘娘，结果被娘娘拔箭射杀，至今九眼箭孔仍留石上。今天神山山顶的山石的确有不少孔洞，我们知道这是千百年来雨雪侵蚀的结果。只不过这个传说生动有趣，在古人的视角下跨越芜湖城和长江，一下跳到江对岸的蛟矶庙，将芜湖一地最悠久的两大历史人文景观相串联，殊为难得。

三是旧祀神人。神山山麓原有李卫公祠，敬奉的是唐初名将李靖。这是个神人，准确地说是战神，一生为大唐的建立及稳定立下了赫赫战功，后被唐太宗册封为卫国公，因而后来又称“李卫公”。

这么个神人的公祠为什么从大老远的西北跑到了芜湖？因为当年江南的一场叛乱，李靖奉命在此平叛。因为太神勇，李靖在后世中逐渐被神化，最后成了托塔李天王，对，就是一直托着一座塔来来去去的那位老兄。

四是求雨神验。据说，古人在神山求雨颇为灵验。南宋时，芜湖县令沈端节曾在神山求雨成功，这是有史料佐证的。沈县令于是在山顶建了一座亭子以示纪念，引苏东坡《喜雨亭记》，取名志喜亭。到了元朝，欧阳玄以“神山时雨”入“芜湖八景”。这也是历代文人雅士吟咏神山时用典最多的。将神山与求雨挂钩，其实也与前面的神人李靖有关。神山之巅今有志喜亭，不过是后来重修的。

五是风光神秀。神山虽然算不得高，且比一旁的赤铸山还矮了那么几分，但风光旖旎。县志上提及神山说的是“山势逶迤，蟠结幽邃”。古人王椿说神山“嶒崒森耸”。20世纪，芜湖市评定“十景”，神山以“赤铸青锋”跻身其中。

今天的神山一带，古木葱茏，山水相映，已被辟为神山公园，随着社会发展和城市框架的拉大，已然成为城中绿肺；加上雕塑公园及步道的修建，已成为众多芜湖人日常锻炼及周末踏青、郊游的首选，俨然是众多公园中最为神气的一座了。

二　那炉火，映照千年

聊到神山，就不得不提干将铸剑的传说。民国《芜湖县志》载：“神山在县东北六里，高二十八丈。《图经》云：干将淬剑于此。上有磨剑池，俗名仙池。砥剑石，俗名石卵。其与赤铸山相连处名二龙口。”县志又有：“赤铸山在县东北六里，高二十余丈，周七里。《图经》云：楚干将造剑之处，山有干将墓。”

《图经》即《芜湖图经》，这是一本早已失佚的古籍，也就是说，我们今天已找不到这本书了，但因这本书涉及诸多芜湖历史典故，所以常在历代本土方志中被引用。有史籍认为《图经》作者为南宋的韩杲卿。查县志，此人当年在芜湖当过县丞，或有可能。《芜湖风光揽胜》一书认为《图经》成书于汉唐时代，不知所引何来。

那么，干将神山铸剑传说见诸史籍最早可能到什么时候？至少是北宋。

成书于北宋初年的《太平寰宇记》载：“楚干将坟，在县东北九里，楚干将莫邪之子复父仇，以三人头共葬在宣春县，即芜湖也。”其实，江南一地，历史上并无宣春县这个地名，倒有宣春城，在今神山附近。

这个宣春城是怎么回事呢？又要追溯到东晋时期。晋成帝咸和四年

（329），为安置中原南渡的百姓，晋成帝（就是“玩鞭亭”典故中弃鞭戏王敦那位晋明帝的大儿子）在芜湖侨立豫州，治芜湖。《舆地纪略》一书中提到，宣春城也大概是这个时候侨立的。

侨置郡县是东晋南北朝时期的一个产物，当时北方百姓跟随晋元帝南渡，来到江南定居后，中原的家乡已经沦没，这些百姓因难舍故土，仍在江南沿用旧郡名。历史上芜湖还曾侨立上党郡，置襄垣县，这都是中原一带的地名。因中原并无宣春县，只有古宜春县。“宣”“宜”二字字形实在太相近，让人很怀疑宣春其实是宜春手写讹化而来（古宜春县恰恰与干将之子复仇有关），而《芜湖县志》猜测是因为当时处于宣城县和春谷县之间而得名。到了明代万历年间，芜湖修筑城垣时，芜湖正东门即叫宣春门，纪念的就是这个宣春古城。

说了这么多，就是想告诉大家，干将铸剑传说在神山，其实是多方史料共同支撑的结果。

干将铸剑传说有多个版本，也被不少古籍收录，内容大抵相似。这一传说最早或见于西汉刘向所著的《列士传》与《孝子传》，但最著名的还要属干宝的《搜神记》。

在《搜神记》中，有一篇《三王墓》的故事。大致情节如下：干将为楚王铸剑，三年才成，楚王怒，竟把他杀了。（估计是嫌他磨洋工，只能说这个楚王没有一丁点工匠精神，不知道“慢工出细活”的道理。）

好在干将也是一个聪明之人，留了一手。当时他老婆莫邪正怀孕待产。干将告诉他老婆，我这回是死定了，剑有两把，一雌一雄，我带雌剑去交差，必被杀害。我们的孩子如果是儿子，长大后一定要让他带着雄剑来给我报仇啊。

结果，楚王防得太紧，干将的儿子赤比长大后报仇无门，只能躲在大山中哭泣，一位侠客听闻他的不幸遭遇后告诉他：“我可以助你完成心愿，不过要借你的一件东西一用。”侠客说的那件东西便是赤比的脑袋。赤比听完，二话没说，自刎而死。

接下来的更加血腥，侠客带着赤比的头颅去见楚王，并告诉他，这个头颅应该用锅煮烂。结果煮了三天三夜也没烂，引得楚王向前观看，侠客趁机将楚王头斩下，又将自己头砍下一并落入锅中。三个人头都煮烂了，无法分开，人们于是将他们一块埋葬，统称“三王墓”。记得小时候读到这则故事时，不亚于看一场恐怖片。

通过这则故事，我们发现前面《太平寰宇记》中最后一句是自相矛盾的，“三人头”中“三人”指的是干将之子、楚王、侠客，并不包括干将本人。三王墓自然与芜湖无关。《搜神记》明确说到的是在“汝南北宜春县界”，即今河南境内，与干将墓无关。当年，芜湖侨置的宣春城很可能对应的就是这个宜春县。

干将铸剑在芜湖神山（这里指神山诸峰）的说法，屡见史料。如《舆地纪胜》：“赤铸山，在芜湖县东北八里，旧经云：楚干将铸剑之地。”南宋诗人周必大《泛舟游山录》载：“饭罢，出上东门北行九里，访赤铸山，高十丈，周回七里，旧经云楚干将铸剑之地。干将被诛后葬古宜春县，即此地，其坟见在。”周必大还告诉我们，神山上多石，有水塘，当地村民告诉他这里传说是干将淬剑的地方。清代《江南通志》有：“赤铸山在芜湖县东北八里。《图经》：云楚干将造剑之所，今山有干将台。相连有神山，是其淬剑处，上有磨剑石并池。”

历代本土方志中对神山干将铸剑表述得更加详细，神山上有淬剑池，是当年淬剑的地方。神山南面连着赤铸山，那是干将铸剑之处。赤铸山西南连着大、小火炉山。两山中间为铁门槛，相传当年干将设炉于此。神山山脉往赭山逶迤而来，中间曾有破山（今已难觅其踪），是当年试剑的地方。

这一传说也为历代文人吟诵。如北宋诗人黄庭坚读书赭山时，曾写下“古剑摩空宇，寒光启太阿”，提及的就是这段传说。明代汤显祖寓居芜湖时曾写有《赤铸山》一首：“干将昔此铸芙蓉，风雨千年古上松。借问阊门腾虎气，何如江上镇蛟龙！”明代王浃《神山》则写出了这一带的荒芜：“地僻招提静，云凝时雨来，剑池仙迹杳，流水暗生苔。”清代袁昶《干将试剑泉》：“泉无一日竭，剑有千年锈。唤良工淬治，光腾尚方宿。”

1978年，我国著名历史地理学家、北京大学历史系教授侯仁之先生曾亲临芜湖神山考察。经过慎重而细致的考证后，他认为干将在芜湖赤铸山铸剑之事屡见史乘，文字记载很早，且山上现存干将铸剑遗址，因此，干将在芜湖铸剑是可信的。这是业内专业人士对干将神山铸剑的认可。

令人遗憾的是，20世纪末出版的《中国民间故事集成》一书中，干将铸剑传说并没有收录芜湖的版本，只有江苏苏州、浙江德清（莫干山）和福建南平三地，且与当地的名胜古迹相联系，内容又各有侧重。近年来，随着旅游业的蓬勃发展，不少地方加大了对传统历史人文景观资源的挖掘。而反观我们对神山铸剑文化的挖掘力度，除了20世纪80年代神山公园改造时恢复的一批景观以及后来在市中心镜湖边修筑的干将铸剑雕塑外，着力不多。外地的一些做法值得我们学习、借鉴。

其实，站在今天科学的角度来看，芜湖更有铸剑的物质基础。芜湖境内富含优质铁矿的山头随处可见，而且品类齐全，磁铁矿、锰铁矿等一应俱全，比如，市中心的赭山山赤就因含铁锰矿，境内南陵县的铜矿以及邻近的铜官山、马鞍山铁矿等等，都为干将在芜湖铸剑提供了得天独厚的物质可能。

从干将神山铸剑发端，芜湖自古铁冶业发达，更有“铁到芜湖自成钢”的美誉，无论是之前的“芜湖三刀”，还是后来被列入首批国家级非物质文化遗产名录的“芜湖铁画锻制技艺”，都让干将神山铸剑的传说变得更加厚重、可信。

2500多年前，神山山麓的那炉火，映照千年。

三　这时雨，润泽万年

我们今天所说的“芜湖古八景”有多个版本，最常见的为：赭塔晴岚、荆山寒壁、玩鞭春色、吴波秋月、镜湖细柳、雄观江声、蛟矶烟浪、白马洞天。

其实，当年欧阳玄圈定的芜湖八景中，是有“神山时雨”一席之地的。只不过，后来随着县城中心向青弋江岸以及大江边推移，特别是后来李鸿章之子李经方对镜湖一带的用心经营，才使得“镜湖细柳”成功挤掉了“神山时雨”，跻身“古八景”之列。这一点，从历代文人题咏芜湖风光鲜有“镜湖”二字以及清代黄钺《壹斋集》中的相关诗文便可看出。

神山时雨的由来，与宋时芜湖县令沈端节曾到神山祈雨，两日后而得雨的一段轶事有关。民国《芜湖县志》有：“宋乾道七年，县令沈端节祷雨李卫公祠，越二日得雨。”

那么，一直有铸剑传说，与“火”相关的神山又是怎么跟“水”搭上关系，让一邑之主屈尊来此祈雨的呢？

说来话长。七弯八绕的竟然与一场平叛相关。

隋朝末年，隋炀帝杨广荒淫无道，农民起义此起彼伏。

在当时的江南一带，有一支农民起义军，为首的两人叫杜伏威、辅公祏。这两人关系很铁，一开始只是想找条活路，弄口饭吃。没想到这件事干起来有瘾，结果越干越大，最后竟攻下了历阳（今和县）。到了唐朝建立时，他们一看人家体量更大，竞争不过人家，招降使者一到，就主动投靠了。

后来发生的故事和很多电视剧桥段差不多。两人可共患难，却不能同富贵。归附唐朝后，两人官越当越大，杜伏威开始猜忌起辅公祏来，预谋夺其兵权。辅公祏也不是善茬，假装迷恋道术来伪装自己。

这边是他们互不信任，那边李渊也不信任他们。也难怪，好不容易打下了江山，岂容你们兵权在握。

终于，辅公祏等来了机会。武德六年（623），杜伏威奉诏入朝，留辅公祏守卫丹阳（今南京）。辅公祏趁机再次造反，干掉了杜伏威的人，夺回兵权并称帝，国号宋，当时的芜湖一带便在这个宋国的范围内。

朝廷于是派出多支兵马前来围剿，其中就有一个叫李靖的悍将。唐军的战斗力不容小觑，加之又有了这么个悍将，第二年便灭了辅公祏和他的宋国。令人唏嘘的是，杜伏威也因辅公祏的关系，死于同一年，果然是难兄难弟了。

后来，剿灭辅公祏的李靖因战功赫赫被封卫国公。芜湖人为了纪念他在这一带平叛的功劳，在神山修建了李卫公祠。

在神话中，播雨大多是龙王的事。可能是因为李老兄实在太能干了，以至到了唐朝末年，他已经被百姓神化，还成了神话中的“雨师”。

李靖与播雨结缘还有一段故事。传说这位老兄有一次在山中打猎，投宿在一户人家中。结果半夜有人敲门喊主人的儿子去下雨。老夫人于是喊来李靖，告诉他：“你现在住的是龙宫，人间急着要下雨，可是我儿子外出没回来，你就代劳一下吧。”

老夫人牵来一匹马，拿出一个水瓶递给他说：“很简单，你就骑着这马，别管它，由它走，到了哪里它停下了，你就把瓶里的水滴下一滴即可。”哪晓得这位老兄是个实诚人，到了地方，想到人间久旱无甘霖，一下子滴了二十滴。结果回来时，老太太哭着责备他：“说好的一滴，你却私下滴了二十滴。你哪知道天上一滴水，人间一尺雨啊！你害我受了八十棍棒。”这当然只是一个传说故事，收录于《续玄怪录·李卫公靖》，后人因此又以“马鬣一滴”来表示下雨，民间则让李卫公与祈雨产生了联系。这也就是后来芜湖大旱，县令沈端节到神山李卫公祠去祈雨的起因。

神山上曾有李卫公祠，屡经修废。李卫公祠曾经殿宇林立，百年前仍有祠宇三间，如今已经难觅踪迹。到了民国八年重修《芜湖县志》时，神山一带已是荒冢野岭，不复往日热闹，修志者自然将“芜湖古八景”的位置让与了“新贵”镜湖。

不过，20世纪末，芜湖市重新评定“芜湖新十景”时，神山一带的赤铸山因干将铸剑、李卫公平叛以及沈端节祈雨等历史，以“赤铸青锋”跻身其中，神山景致得以重归人们视野。

值得一提的是，“赤铸青锋”常被人误作“赤铸青峰”，一字之差，却让一个拥有厚重人文历史的景点沦为单纯的一座山峰了。

如今的神山，随着城市的扩张，早已成为市中心。座座山峰古木葱茏。神山山巅的志喜亭、淬剑池默默讲述着时光背后的故事；马鞍山上的神山革命烈士陵园庄严肃穆；山脚的雕塑公园青春时尚、艺术气息浓厚；群山环抱的芙蓉湖，湖光山色，波光潋滟；环山的5公里步道更是成为市民健身的首选。

这座古老而年轻的山，其实从来就未曾走远。

荆山：曾经有座芜湖山

一　文笔一支矗东南

芜湖境内众山虽普遍海拔不算高，但数量并不少，鲜为人知的是其中还有一座曾经叫“芜湖”的山。而早在100多年前，就有一位芜湖人考证出芜湖山的具体位置。

芜湖山的由来，要从北宋的一部名叫《太平御览》的类书说起。

这本书了不起，号称“中国类书之冠”。什么是类书？“摘录各种书上有关的材料并依照内容分门别类地编排起来以备检索的书籍。”这是《现代汉语词典》上的解释。

通俗点说，我们今天动不动就说要运用大数据，让数据“跑路”，给群众方便。在没有计算机技术的古代，一本书如果能够做到包罗万象，成为一个索引的大数据库，那就很厉害了。这样来看，有点类似当年的黄页和如今的百度。

《太平御览》就是这样的一本书，重要的是它引用的一千多种古书，大多是我们今天很难见到的宋代之前的文献资料。这本书初名《太平总类》，后因被宋太宗瞅了几眼，更名《太平御览》。

这本很厉害的书中就记录了“芜湖山”。“芜湖山，《宣城图经》曰：芜湖山，在县西南，山因湖以名之。汉末于湖侧置芜湖县，以其地卑蓄水非深而生芜藻，故因以名县焉。晋为重镇，谢尚、王敦皆镇于此。”这段话不但提到了芜湖山，而且提及了我们今天耳熟能详的芜湖得名的由来。

那么这座芜湖山在哪里？是哪座山呢？极大可能是大荆山。

清人黄钺认为，唐末宋初时，芜湖属宣州，城池在芜湖古城东北一带，所以《太平御览》中提到的“县西南”应为荆山一带。而这一带高山除大荆山外别无他山，因而推断芜湖山就是荆山。这一论断是有一定道理的。

不过，比之黄钺的推断，个人更倾向于“芜湖山，在县西南”这里的县指的是于湖县，而不是芜湖县，因文后明确提到了“晋为重镇，谢尚、王敦皆镇于此”。历史上这个于湖县的县治就在后来芜湖县的王旭乡，即今鸠江区方特梦幻王国一带。这个地方还有个名字叫“王拐”，老芜湖人都知道。

如果是于湖县，大荆山正好在县西南。重要的是，不管这里指的是哪个县，荆山的历史人文底蕴也完全担得起“芜湖山”的称号。

提起荆山，大多数芜湖人脑海中闪现的可能只是“荆山寒壁”四个字。早在元代，荆山就因山石奇崛而跻身“芜湖古八景”。

其实，荆山在古代芜湖人特别是读书人心中的重要性远不止这四字，在本土方志中可见一斑。以民国《芜湖县志》为例，在介绍芜湖群山的“地理志·山”一节总共5800多字中，仅大、小荆山就有2300余字，几近一半，令众多兄弟山峦好生羡慕。

当年偏于一隅的荆山为何能独得此殊荣，连靠近古城的赭山、神山都自愧弗如？这与大荆山一直被当作芜湖的文笔峰有关。

这就牵扯到明朝的一段轶事。

嘉靖二十五年（1546），芜湖来了一位叫许用中的朝廷官员。他来芜湖不是任职，而是视察水利方面的工作，当时在芜湖当知县的是另一位叫邵稷的人。

这两人在历史上原没有什么名气，却因为荆山的一段故事，在芜湖历史上留名。两人工作之余闲聊，聊着聊着就发现本地科举不兴，不及从前，于是就有心把众人招来询问。

结果这些人一个个唯唯诺诺不敢作声，只说了一句：“风水先生的话，不太敢说。”这是典型的心理战术啊，先放一句话垫在这里，你肯定会更加好奇，追着问。说对说错，是你自己要听。

许用中果然上当，让他们放心直言。这些人就说：“大人你有所不知，在我们芜湖东南面有一座大荆山。山上景致优美，历年来有不少文人雅客游玩、题咏。重要的是，从县城城墙的金马门一带眺望，这座山的外形就像一个站在朝堂之上手持朝牌的大臣，因而又称‘贵人峰’，那可一直是咱芜湖的文笔峰啊。”

说到这，如果这个许大人是个急性子，估计肯定会插话：“我又不是来游山玩水的，你们也不是导游，不要跟我扯七扯八的，说重点！”

重点来了，这群人接着说：“近年来，荆山脚下很多人偷偷跑到荆山上去采石卖，把山挖得坑坑洼洼。风水先生说，芜湖书生这些年考不好是因为山民采石破坏了文笔峰的风水。”

好嘛，听到这里，真是无话可说了。考不上就考不上呗，你可以说没准备好，押题押错了之类，别找这理由呀，还顺带把黑锅甩给了风水先生。

这种说法在科学昌明的今天看似荒唐不经，但在古时还是很有市场的。这位许大人和邵知县听完后很重视，于是实地考察了一番，果然发现荆山山石被严重盗采。实际上，在这之前，也有一些芜湖有识之士牵头保护过荆山，只不过都是严于一时，后来不了了之。

要说这个许用中也是一个为民请命的好官。了解了具体情况后，叹声道：“大家都是奔着钱去的，简简单单禁止采石而不想点法子是不行的。”他于是捐出了自己的一部分俸禄。这一举动一时感动了不少人，大家纷纷跟着义捐，凑得百金，一并交给了采石的山民，告诉他们，领了钱后不可再去凿山。许用中随后又在荆山之巅立石碑禁采，还建起了梓潼祠，雇人守山。荆山开山由此得以平息。

这段佳话被当时的南京国子监司业卢宗哲记述在其《荆山文笔峰记》一文中。作者在文中还感慨，难道许大人和邵知县真的只是相信风水之说吗？当然不是，更主要的是为了勉励我们芜湖士子们务必求学上进而已，你们千万不要辜负两位大人的厚望啊。

个人以为，风水之说虽不足信，但客观上，许、邵二人的做法代表了古代芜湖人最朴素的生态理念，是当年芜湖主政者保护自然环境的生动实践，值得我们后人思考。在那之后的较长一段时间里，“荆山之石，不可采也”几成全体芜湖人的共识。

文笔峰的说法未必从明嘉靖年间起始，但的确因为这段义举而自此流传开来。到了清乾隆年间，又有人在一湖之隔的小荆山上修建了文星阁。文笔峰、文星阁与芜湖古城大成殿（原芜湖十二中内）前的大成坊遥相呼应。一时人文渊薮，不绝于书。

二　卞和得玉大荆山？

中国有个“完璧归赵”的成语，说的是战国时期，秦昭王听闻赵国得了和氏璧后，要用十五座城池来换，后来又缺乏诚意，赵国名相蔺相如于是机智应对，设法将和氏璧完整送回邯郸的故事。这则成语后来用来借指将原物完整无损地归还本人。

和氏璧其实原本也不属于赵国，而是赵国从楚国手中获得，最初又是由一名叫卞和的楚人所献。

关于卞和，还有一则“卞和泣玉”的典故，说的是一个性格倔强的人为自己的倔强性格付出了沉重代价的悲惨故事。

春秋时期，楚人卞和有一次在荆山中得到一块璞玉，于是拿着玉石跑去献给了当时的楚厉王，结果却因此招来横祸。楚厉王喊来玉匠鉴别：“假的！”愤怒之下，他下令砍去了卞和的左脚。幸亏当年楚王宫中没有开办鉴宝类的栏目，不然被一锤子下去砸了就没有后面的故事了。

等到楚厉王死了，楚武王杀了兄长的儿子即位，倔强的卞和第二次去献玉。结果相同的情节恍然又重来了一遍，这次，卞和又失去了右脚。

到了楚武王去见了他哥哥楚厉王，楚文王即位后，这个倔人终于向现实屈服，没再去献玉，而是怀抱玉石在荆山脚下哭了三天三夜。结果楚文王听说后就派人去询问原因。

要说派去的人也没得眼力劲，问他："天下受断足之刑的人多着呢，就你非得哭得这样昏天黑地的?"卞和止住了哭声："脚被砍了有什么好哭的？我哭的是有人把玉石说成普通的石头，把忠贞的人说成是骗子。"楚文王听说了之后，大受感动，就让玉匠加工玉石，果然发现是块宝玉。因是卞和发现的，于是将之命名为"和氏之璧"。

这段典故出自《韩非子·和氏》，文中并未交代之前两任玉匠为啥看走了眼，冤枉了好人。老实说，我比较关心他们的命运。

为什么要说卞和献玉这段典故？那是因为在芜湖的大荆山一直流传着卞和得玉的故事，传说卞和得玉的荆山就是芜湖的大荆山，甚至还有一些史料佐证。如南宋《舆地纪胜》："荆山，在芜湖县东十六里……《九域志》云：卞和得玉之所。"当年，南宋文学家周必大游历芜湖时也曾提道："闻荆山在县东南十五里，高二十五尺，周回九里。《旧经》云卞和得玉之所……"（周必大《泛舟游山录》）清代顺治年间《太平三书》则在芜湖的篇章中收录了唐人李咸用的诗《荆山》一首："良工指君疑，真玉却非玉。寄言怀宝人，不须伤手足。"似乎也将卞和得玉的荆山坐实为芜湖的大荆山。乾隆《太平府志》又有："大荆山，在县东南十五里……又相传为卞和得玉之所即此。"历代《芜湖县志》均有"《九域志》云：卞和得玉之所"的文字等等。

历史上，芜湖地处"吴头楚尾"，现在又有众多史料佐证，那么，"卞和得玉大荆山"真的就发生在芜湖吗？

当然不是。这是一个美妙的误会！

关于这一点，前人早有定论。历代《芜湖县志》引用《九域志》说法之后，编纂者都谨慎地给出了自己的观点："此名，志引作芜地，非是。"也就是说，《九域志》把"卞和得玉"的荆山当作芜湖的大荆山，是错误的。现在问题又来了，被不少方志古籍引用的这本《九域志》又是一本什么书？错误又是如何产生的呢？

《九域志》全名叫《元丰九域志》，是北宋时期王存主编的一部历史地理名著，详细记述了当年的州县沿革以及城、镇、山、岳、河、泽的分布，是我们今人了解古代人文历史地理的重要史籍。然而，查《元丰九域志》，书中提及芜湖时，并无“卞和得玉之所”的说法，甚至连荆山都只字未提。

这就得提到它的“孪生兄弟”《新定九域志》了。原来，历史上除了《元丰九域志》之外，还有一部《新定九域志》的书也记在王存的名下。这部书与《元丰九域志》正文部分都差不多，唯独多了《古迹》一门。而清代纪晓岚等编纂的《四库全书总目》认为《新定九域志》“详略失宜，视原书颇为芜杂”，特别是“古迹”一门很可能是南宋时人后来另外增加，假托原作者著述的。

再看《新定九域志》，提到芜湖古迹时果然有：“荆山，《图经》云：和得玉之所。”如此来看，“卞和芜湖大荆山得玉”的来由便逐渐脉络清晰了。此处的《图经》可能是指已经佚失的《宣城图经》或《芜湖图经》。周必大所说的《旧经》或也是此处的《图经》。

关于卞和得玉的荆山，据记载在全国有多处，比如湖北南漳县、陕西富平县西南、河南省灵宝县、安徽怀远县荆山等等。其中，怀远县荆山还有卞和洞，加之有历代文人题咏以及众多史料支持，属比较公认的之一。芜湖大荆山的“卞和得玉”传说很可能与怀远县荆山有关联，限于篇幅，不作展开。

既然不产玉，那么历代锲而不舍地开山凿山采的又是什么呢？

答案：其他矿产。一是石膏石。宋《太平图经》云：“（寒水石）出芜湖荆山。”清末《皖政辑要》也记载：“寒水石即石膏，产芜湖荆山。”二是“佳石”。《安徽通史》记载，明嘉靖年间，徽商来芜开染坊，取荆山“佳石”为碾石，碾压染布，使棉布浆染质量大为提升。三是石灰石。这是生产水泥的重要原料和建筑材料。《芜湖市志（1986—2002）》（2009年版）有：“（石灰岩矿）分布于市东郊卡子口、小荆山。”

《芜湖风光揽胜》一书记载，荆山开山采石始于明成化年间。《芜湖县志》记载，到清末民初甚至有了“荆山石捐”。

三 逝去的胜景

一直以来，荆山以“石”形胜本地群山。

荆山石之秀，屡见史乘。如《读史方舆纪要》：“荆山，在县东十六里，有大小二荆山……有岩石之胜。”本土方志中也有：“擅荆山之胜者曰石壁。”

逝去的众多古迹胜景中，首先要说到的就是摩崖石刻。在很长一段时间里，荆山石壁上曾有“寒壁”二字，为明代监察御史骆骎曾所书。骆骎曾为万历年间人，曾巡按应天（今南京），此二字或为其此段任职内所留。值得注意的是，今人不少在介绍“荆山寒壁”的文章中又常误写为骆骎，这可能是对县志“直指骆骎曾大书‘寒壁’二字刻岩际”一句断句之误，历史上并无骆骎其人。

早先，“寒壁”二字后曾有骆骎曾的留名。只不过时代久远，后逐渐风化，到清时，姓名已模糊不清，因而又曾被讹传为欧阳玄所书。清人黄钺晚年一次与三两好友游历荆山，泛舟山下欧阳湖时见石壁之上“寒壁”二字后隐约见马字偏旁，进而认为地方志书水平实在太次。其实无论查乾隆《太平府志》，还是黄钺生活的嘉庆年间的《芜湖县志》，都明确记为骆骎曾所书，不知他当年为何生此感慨。

与“骆骎曾”三字不同的是，“寒壁”二字则走过了更多风雨，彰显了惊人的生命力，芜湖特别是荆山一带上了年纪的老人都应当得见。《芜湖风光揽胜》一书记载，20世纪50年代，包括石刻在内的荆山一带的古迹曾被列为省级重点文物保护单位，1964年，省政府还拨款进行了维修。

“文革”期间，荆山开山炸石，众多古迹毁于一旦，“寒壁”二字奇迹般幸存下来。《芜湖市志》（1993年版）载：“荆山秀色解体，石刻寒壁毁于1967年夏，荆山名胜消声灭迹。”2004年秋，芜湖县文物部门（当时荆山属该县）历时38天，将这两个字精心从残壁上完整切割下来，异地封存保护起来。

与“寒壁”一样颇负盛名的另外一个古迹则没有这么幸运了，那就是荆山的石壁佛像群。有山的地方，常有古刹。民国《芜湖县志》记载，荆山上曾建有荆山寺。该寺始建于明嘉靖年间，清代历经乾隆年间大修、同治年间重建、光绪年间两次扩建，遂成规模。荆山寺现已不存，现荆山上的荆壁禅寺建于2006年。

有寺自然有佛像。荆山寺佛像的特别之处在于，都是刻在石壁之上的，色相庄严。众佛像雕刻于石壁，浑然天成，或闭目沉思，或双目圆瞪，或开颜大笑，座座栩栩如生。

荆山佛像之珍贵，除了目前残存的一些珍贵史料图片外，权举几例。明人朱衡在其《荆山寺千佛石壁歌》一文中表示，看过了荆山的佛像群后，都没必要去杭州灵隐寺看飞来峰的石刻造像了（荆山流览自足擅千古，何必置身灵竺飞来峰）。

或许你会认为这只是古人吹捧过度，其实也不尽然。1964年，国家文物部门开展文物普查考察荆山时，曾给予过高度评价。又说，民国时期（一说1949年后），曾有一位法国艺术家来芜看到荆山石壁佛像群后称赞，荆山石壁可与敦煌龙门石窟相媲美。

荆山佛像的形成并非一时之功，历经明清两朝。《芜湖市志》（1993年版）记载，当年经专家鉴定，荆山佛像群右半壁佛像始于明代，极为精美。左半壁则延至清初，刻工稍差。前后工程延续140余年，总计有佛像200余尊。

当年，大小荆山之间水面旷阔，初名荆山湖，后为纪念欧阳玄更名为欧阳湖。沿湖一带，土地肥沃，曾为江宁将军牧马场。大荆山下又有巨石名“鹤迹”，传仙人所遗；小荆山南有巨石，称“龟文”。两山夹湖对峙，就像女子蛾眉，因而荆山又有蛾眉山的别称。每逢五月初五，芜湖男女必泛舟欧阳湖，并游览荆山瞻仰佛像。场景很是热闹。

荆山下，曾有朱孝廉读书处。朱孝廉大名朱万爵，明万历年间举人，县志说他终老不仕，在荆山下建了别墅，与两位弟弟终日读书其中，后来竟引来当时的芜湖父母官曾衮请教学问，相互诗词唱和，遂成佳话。

荆山一地，人文渊薮。除前文所述的奎星阁，还曾建有荆山书院。数百年来，不少文人雅客留下诗文。其中尤以欧阳玄的为最：“一山西出一山东，八字分明在水中。来往古今多少恨，客愁无不在眉峰。”到了清初，萧云从创作《太平山水图》时，正是以此诗入画图。

欧阳玄是一个“大玩家”，在芜湖任职的闲暇时常纵情山水，其中尤以荆山为多。他曾借荆山抒思乡之情，写下“三年楚客江东寓，每见荆山忆故乡”的诗句，引得后代文人多有提及。

遗憾的是，时光流转，这些古迹在后来的开山炸石中相继被破坏，如今已难觅踪迹，唯有山石嶙峋，讲述往日胜迹。

笔者走访芜湖人的文笔峰——荆山时，看到山下不少民居已经动迁，剩下的是破败的墙体，加上城镇化当下农村人口的流动，不少地方恢复了往日的宁静。拆是为了更好地建设，期待古老的荆山将在不久的将来迎来新生。

一座山、一条河、一个地名的形成，都有一个长期的历史过程，背后是穿越时空的自然地理与历史文化。老的地理坐标是一种文化传承，也是维系城市风俗和传统的重要记忆，更是城市文化遗产保护的重要载体。唯希望，相关部门在规划这一带时能尽量尊重荆山的历史文化，最大限度恢复当地原貌，留给子孙后代多一点荆山记忆。

白马山：芜湖“传说山”

一　众“说”纷纭指白马

山不在高，有仙则名。水不在深，有龙则灵。

放眼天下名山大川，稍微有些知名度的，大多背后都流传有各种传说故事。这些传说或源自古老神话，或源自真实的历史人物、事件，都有后人加工的痕迹，是劳动人民智慧的结晶，也彰显着深厚的历史底蕴。在芜湖众山之中，如果论及传说最多的一座，位于今天弋江区的白马山即便称不上第一，也不遑多让，堪称芜湖的一座“传说之山”。

白马山“出道”很早。按乾隆《太平府志》：“白马山在县西南二十五里，高五十丈，周九里，上有三圣祠，下有紫燕洞，土称燕巢洞，又名‘燕雏’。冬有紫燕来集，春则去。俗以牛饼祭洞神。宋大明七年勅禁之，燕遂绝。”宋大明七年指的是南北朝时期的刘宋大明七年（463），仅从此至今也有1500多年的历史了。

千载岁月悠悠，孕育了内容丰富的白马山传说。民国《芜湖县志》提及此山时用了“夙多仙迹”四字，很巧妙地概括了白马山的诸多传说。

白马山得名便涉及多则传说。相传古代有仙人乘白马停驻于此而化成山，远望山形恰如天马行空，状甚雄伟，故名白马山。这是《安徽省芜湖市地名录》给出的一个版本。

20世纪90年代出版的《芜湖县地名传奇》又告诉我们另一传说。

白马山东北方向的大荆山中，有一匹白马为镇山之宝，终年居于石壁之中。一次，白马受外界刺激往西南方向奔逃，最终消失在此处，因而得名白马山。

《芜湖风光揽胜》一书提供的传说则更为详细。在中国传统神话故事中，不少的“白马”都与龙王相关，这则有关白马山由来的传说也不例外。传说，很早很早之前，四海龙王一次欢聚，结果都喝多了。这其实也能够理解，就如我们今天，兄弟朋友之间平常忙于工作，难得一见，偶然一聚，难免喝多。毕竟，工作压力大啊！

但是，喝多了，你耍酒疯，那就不好了。

这龙王四兄弟看来酒品一般，喝醉之后就开始趁着酒劲兴风作浪。普通人酒后闹事也就摔个锅碗瓢盆了不起了，可他们是龙王呀，结果一时间掀起滔天巨浪，无数渔民葬身海底。东海龙王之子巡海时见人间惨状，于心不忍，率虾兵蟹将抢救渔民，忽然发现有一位少女平躺在水面上，已经全无气息。龙王之子赶忙从口中吐出龙珠，将其救活。原来，少女叫紫燕，是一位渔女，醒来后见到英俊的龙王之子，顿时双颊羞红。

一个英俊潇洒，一个纯洁美丽，一段英雄救美，二人互生情愫，结为夫妻。龙王见王子数日不归，于是将王子捉回龙宫，不肯答应这段婚事，要儿子履行自己给定的另外一个婚约。王子也是有个性，坚决不同意，父子关系就这么僵着了。这时，太上老君出面来做和事佬，献上一计。他告诉老龙王，说自己带王子到西天取经，可冲淡王子儿女之情。龙王答应了，太上老君于是把王子变成一匹白龙马，一路西行而去。

却说白龙马驮着经书与太上老君到了芜湖城南10多里处，但见此处沃野平畴，水草丰茂，景色宜人。白龙马顿时停下不走了，变成一座山，形似白马，因称白马山。紫燕姑娘后来寻夫来此，得知山为丈夫所化，于是变成紫燕，栖身山下洞穴，守护丈夫。又说山下有两股清泉长流不息，是紫燕思夫之泪。

这一传说略显冗长，且桥段老套，无非男女身份地位悬殊但冲破世俗勇敢相爱又遭受外界势力“棒打鸳鸯”，最终坚守誓言之类，又似乎糅杂了西游记中白龙马保唐僧西天取经的元素，更显得庞杂，但因其与白马山当年的白马驭经、紫燕洞等景点巧妙结合，堪值一提。

白马山西侧石壁上曾有“白马驭经”四字，字下有摩崖石刻诗一首：“奇曲目莲戏，有人变马鸣，要知人和事，四十二章经。”目连戏是有关佛教的一种戏曲，有中国戏曲“活化石”之称。这段摩崖石刻诗传说又与汉传佛教禅宗二祖慧可有关。传说当年，慧可驾着白马驮着经书追赶达摩祖师（也就是他师傅）路经此处，曾在紫燕洞中休息。

白马山旧有三圣祠，今已不存，最初供奉的是灵威公、灵佑公、灵显公三位圣人。这三圣在历史上痕迹鲜少，唯有《文献通考》有：“钦宗靖康元年（1126），三圣庙灵威公进封威成王，灵佑公追封威烈王，灵显公追封威惠王。”因而，当年博览全书的县志编纂者们写到这里也只好慨叹一声：“然不详为何神。”据今人研究，三圣神起源于泾原路平夏城（今宁夏固原黄铎堡镇），初为雨神，南宋时期传至江南一带，内容被逐渐丰富。可以确定的是，明初，“三圣祠”曾被敕改称“护明寺”，为道家活动场所。《芜湖县志》载：“白马三圣祠在白马山南……宋、元旧有遗宫，明成化间道士葛志宽募缘鼎新之。今倾圮已久，故址在娘娘殿西。”这说明，三圣祠是一座道观，且早在100多年前的民国初年就已不存。1993年版《芜湖市志》记载，三圣祠始建于唐朝。

岁月经年，如今的白马山上有庙宇两座，一为三圣古寺，坐落于白马山南麓；一为白马禅寺，坐落于白马山北麓，均为20世纪90年代建。今天，你途经火龙岗，在八里湾大桥一带往西眺望时，会发现远远的有一座佛塔鹤立山巅，那便是三圣古寺的标志性建筑——世界和平弥陀塔。

三圣古寺的由来，也有一段传说。相传北宋年间，有三位高僧路过白马山时，天空电闪雷鸣、突降暴雨，三人连忙躲进山脚的一棵白果树下。这时天空白光一闪，响起一声炸雷，将白果树拦腰劈倒，而三位和尚却安然无恙。其中一位和尚突然看见西方有佛光闪烁，隐约见观音菩萨正在对他们微笑，三人方知是菩萨护佑，便驻白马山结庐修行。当地百姓知道此事后，便在他们躲雨的地方盖了一座寺庙。后人为了纪念三位高僧，为寺院题名为“三圣寺”。此事后来传到了宋徽宗的耳中，宋徽宗欣然提笔赐书“三圣古寺”。三圣古寺、白马禅寺的名称及来历在历代县志及1993年版《芜湖市志》中都难觅踪影，唯于2009年版《芜湖市志》中始见其名，归于传说更为贴切。2013年6月，“白马山三圣古寺传说”入选芜湖市第三批非物质文化遗产名录。

此外，在白马山一带，还有放牛娃传说、娘娘殿传说、紫燕洞传说、结庐守孝传说、神仙洞传说、稻泥山李家出小皇帝传说等等，不一而足，限于篇幅，不再详述。

二　白马山与芜湖城

白马山傲居城南，与当年的芜湖城直线距离有10余公里。古时，芜湖城南一带沟渠纵横交错，交通不便，算不得近途。然而，白马山却与芜湖城有着千丝万缕的联系。

究其原因，主要是城南一带，山丘普遍不高，而白马山相对挺拔，成为芜湖南面的天然屏障。民国《芜湖县志》就有：“是为县前诸山，长河以南之界也，而白马山为最大。”白马山有多高呢？民国之前的历代县志记载的均为：“白马山，在县西南二十五里，高五十丈，周九里。”一丈约为3.33米，这样算来，山高约165米。《芜湖风光揽胜》一书给出的数据是“海拔134米”。两者相差30余米，或因参照物的不同，或为近代开山采矿的缘故。

白马山突兀城南，也就使得县志在介绍城南诸峰位置时都以白马山为参照。白马山也是当年芜湖城楼上远眺颇为壮观的几座山峰之一，明人卢宗哲在其《荆山文笔峰记》中有：“窿然实起者曰大荆山，与白马、蟂矶鼎而立。”作者更是认为，芜湖的山以青弋江为界，江北群山的大哥是赭山，江南群山的老大是白马山。

当年，芜湖城的一座城门的得名也与白马山相关。此门即金马门，为芜湖古城东南城门，约在今天弋江桥桥北十二中旧址附近。

金马门的“马”正源自白马山，“金”指的是大小荆山。

金马门又是如何与荆山和白马山扯上关系的？这段故事说来话长。明万历三年（1575），芜湖兴建城垣，三个月时间建成四方城墙。六年之后，全部完工，共开4个正门、1个便门、2个水门，计7个城门。东为“宣春门”，门外20余丈有“启春门”，亦称“启春关”；东墙上开便门名“迎秀门”；南临青弋江为“长虹门”，门外有月城（即瓮城，是围绕在城门之外的小城）；北为“来凤门”，也有月城；西连长街闹市，为“弼赋门”。此外，南墙西面还辟有2个水门，引青弋江水入城。

万历四十年（1612），应天府派周于蕃到芜湖督学。芜湖本地官方在文庙的泮池边摆了个场子，为他接风。这位周大人见文庙面朝城墙，位置阻隘，把荆山秀峰屏蔽在高墙之外，便指示当时的芜湖知县魏士前尽快开辟一个新城门，以便拓开文庙视野和儒学风气，给县学生员以“出路”。此话怎讲？因为古时，芜湖人认为荆山是芜湖的“文笔峰”。

城门开了该叫什么名字呢？众人一时不好私定。最终，还是这位周大人来拍板。

周于蕃问道：“南面是什么山？”

众人回答：“白马山。”

又问：“东南方向是什么山？”

众人回答：“大小荆山。”

周于蕃回头对魏士前说：“等城门建成了，就取两山之名，叫金马门吧。”

这段历史，在明人罗万爵的《开金马门记》中有详细记载：“会宋兆理周公于藩，奉檄核芜，主藏饮于泮，指授急凿之，问南面何山？众举白马对。问东南隅何山？众举大小荆山对。公顾邑侯魏公曰：门成，请撮两山名名之。名以金马，公所期许意良渥也。”

大家可能要疑惑了，那应该叫“荆马门”呀，为何是“金马门”？这中间又有多重考究。一方面是由于芜湖方言中，前后鼻音区分并不明显，荆、金算作谐音。最重要的是金马门正对文庙大成坊，回视棂星门，仿佛就嵌在金马门中。此外，古人为城门命名还讲究卦象与方位，金马门位于古城东南方，位于巽卦和离卦之间。《易·贲》：“文明以止，人文也。”取名“金马门”，寓意莘莘学子都能金榜题名，登堂入“仕”，字表与内涵结合堪称精妙。不得不佩服啊，古人真有文化，取个名字都这么讲究。

白马山上曾有古木两棵。一为白果树，“高十二三丈，围五丈余”，一为孤山树，一本九丫，常年不落叶，但不知是什么树。当年，芜湖城北门之内还有一棵皂角树。这三棵古木号称芜湖三神树，北门还曾有树神庙。

白马山上的白果树，树冠丰茂，当年在芜湖古城或在长江之上都能望见，远远望去如一座山峰兀立。当年从南面归乡的芜湖人，远远地只要望到白马山山顶的白果树，就意味着到家了。白果树之高，清人黄钺曾有诗赞：“唯余鸭脚参云上，高荫空山四十围。”白果树还有一则传说，太平天国时期，太平军曾刀砍此树，次日刀砍处竟然流血，于是作罢。此白果树于20世纪90年代毁于雷击。

抗日战争时期，白马山见证了一段中华民族反抗外来侵略的悲壮历史。民国二十六年（1937）对于芜湖来说真是一个不幸之年。史载，这年9月，芜湖发生3.5级地震，10月19日，又发生较强地震。12月5日，日军飞机轰炸芜湖，炸沉英轮大通号、德和号，市民死伤千余人；7日，6架日军飞机再次空袭芜湖，市民死伤80余人；8日，日军及伪军开始进犯芜湖；10日，芜湖沦陷。“芜湖党史方志网”《芜湖大事记》记载，到了第二年的1月28日，日军又在白马山以西烧毁民房1300户、4000余间，杀害无辜村民30余人。国民党川军五十军一四四师奉命由南陵三里店向驻芜日军精锐部队反攻。川军以四个团的兵力一万余人与日军三四千人，在白马山展开激战。双方反复拉锯争夺白马山阵地，经过七天激战，川军由于指挥不当，战斗消耗过大，伤亡近半而遭失败，史称白马山激战。

令人遗憾的是，这支军队后来在震惊中外的皖南事变中参与了对新四军的围堵。更令人意外和唏嘘的是，在抗战后期竟因内讧投降了日寇，成为川军之耻。

青山静默，白马不言，历史不会忘记所有因抗日救国而死难的勇士。

三 玉骢驰去竟无踪

历史上的白马山风光秀丽，“一壁凌虚，势雄千仞，丹崖叠翠，山洞深邃”。早在元代，“白马洞天”就以景色奇崛而跻身其中。

民国《芜湖县志》提到白马山，说此山“山面皆峻石嶙峋，内有洞穴，深广莫测，夙多仙迹，故称白马洞天”。乾隆《太平府志》亦载：“（白马山）山径萦纡敧连，从小庵而陟，苍松茂竹夹道，茂葱山脊，峰回石耸，与繁阳浮邱、空明对峙盘折。入洞，洞深广莫测，夙多仙迹。云气蒸布，诚为洞天福地焉。”从这段文字，我们大抵能感受到白马山当年的山高林密。

白马山风光，首指“白马洞天”，自然要说到的就是紫燕洞。乾隆《太平府志》有：“（白马山）上有三圣祠，下有紫燕洞，土称燕巢洞，又名‘燕雏’。冬有紫燕来集，春则去。俗以牛饼祭洞神。宋大明七年敕禁之，燕遂绝。”紫燕，是指生活在江南的一种燕子。这种燕子看来比一般的鸟儿要聪明，知道山洞中冬暖夏凉。每到冬天就成群飞来洞中越冬，春暖花开之时再飞走。《舆地纪胜》也有类似记载：“白马山，在芜湖县南三十里，上有一石洞，冬间有紫燕集于洞中至春初不见，俗称其洞曰：燕洞。”

据说紫燕翔集又与当时的风俗相关。古时，当地百姓认为紫燕洞有洞神，于是用牛饼祭祀洞神。牛饼是什么？其实就是牛的粑粑，再通俗一点讲，就是牛屎。因其状如饼而雅称牛饼。老实说，祭祀洞神竟然用的是这玩意，这种习俗实在让人难以理解。结果，紫燕这种鸟儿还恰恰就好这一口，一时招引了它们成群结队飞来。后来，到了南朝宋孝武帝大明七年（463），这件事传到了朝廷，皇帝于是下了一道敕令，禁止牛饼祭祀，紫燕也就看不到了。这样看来，这些紫燕也是一群吃货，虽然吃的东西实在不敢恭维。

朝廷为什么要下令“禁祭洞神”？《芜湖风光揽胜》一书给出一个说

法是当时南朝的宋政权皇帝姓刘，“刘氏”与“牛屎”音近，有人向皇上打了小报告，认为对皇帝大不敬。这可能是我看到的最早的谐音“梗”。

据说当年，紫燕洞中有石室、佛像、水池，还有密如蜂巢的燕窝。洞口还有棋盘石，可供人对弈。岁月经年，如今已不可考。

芜湖群山的历史在元代之前多是语焉不详，还兼有颇多神话色彩，白马山也不例外。到了元代，芜湖县尹欧阳玄排定“芜湖八景”时，此山以“白马洞天”入“芜湖八景”后，白马山的秀色才逐渐清晰明朗起来。“仙人邂逅此相逢，路入烟霞第几重？紫燕飞来如有约，玉骢驰去竟无踪。岩前雨露生芝草，涧底冰霜老翠松。几度攀萝寻胜迹，短筇扶我上虬龙。”这是欧阳玄题咏“白马洞天”的一首诗，或是历史上第一首有文字记载的题咏白马山风光的诗文。诗中既实写了白马山的秀色，又提及了白马山的诸多传说。

元朝以降，白马山更是引来后来历代文人雅士的到访，留下了诸多诗篇佳文。元末明初，当涂文人陶安在《白马山》一诗中道出了当年白马山之气势，“怪石嵯峨势欲摧，洞门岑寂断纤埃”；明代本土进士胡爟曾给予“桃花万树霞，瑶草千年翠”之赞誉；余志在《芜湖八景序》中写到白马山时给予高度评价，“白马南横，仙洞弘深，涵虚吸碧，昔人驾白驘驻此，而遗迹俨然。可以净神游也”。诗人周洪来到白马山，寻仙不遇，留下了诸多惆怅，“欲访仙踪无处觅，马蹄踏遍翠云巅”。与其同一朝代的王渼则以“无人知来去，深洞接沧州”一句写尽白马山的山高洞深。

白马山的风光同样吸引了历代画家的目光。“元四家”之一的王蒙，曾为白马山作有《白马洞天图》，并题诗赞曰：“芜北望南山，山形如白马。腾云如碧空，洞壑连清浒。紫燕避寒霜，万雏啄石乳。香泥含春融，奇峋峙霄府。风响百神来，千峰动灵雨。祠幢隐古仙，瑶琴夜中抚。”清初姑孰画派领袖萧云从的《太平山水图》中亦收录《白马山图》，生动再现了石洞、虬松、桃花、瑶草、烟露、丹灶、紫燕等景物。清代画家徐璋亦曾迷恋白马秀色，写有“爱尔洞山清且幽，仙翁曾此恣遨游”。

白马山北曾有集贤庵一座，传为清代名臣黄钺读书处。《芜湖县志》有：“集贤庵在白马山北，距城二十里。相传为黄左田读书处。”据说，当年宦海归来的黄钺爱上白马山的这份清幽，常在此邀集同时代贤人雅士在此吟诗唱和。不过，翻阅黄钺《壹斋集》，你会发现黄钺常去集贤庵邀友读书酬和的说法可能性不大，因为该书中仅一次提及白马山。

《壹斋集》中有“憩石人山集贤庵，遂至白马山顶，寻紫燕、白马诸洞”同题诗四首，这说明当年的集贤庵并不在白马山主脉之上。在其中的第四首中，黄钺提到了一件有意思的事，说当地村民告诉他，在他到白马山的头晚，山中两座庙宇的鼓夜半无人自敲了三下，似是预示着他第二天的到来。这当然是无稽之谈，连黄钺自己都认为“野语荒唐太不经”。不过，从侧面也说明，曾历经三朝的黄钺即使致仕归乡，也还是阵势不小，是一个“大人物”。

黄钺虽然可能去集贤庵不多，但对白马山的历史典故却了如指掌。对于历史上王蒙作画题诗白马山一事，他表示怀疑，推定是萧云从假托王蒙所作，而且对萧的《白马山图》写意画风不甚欢喜，因而写下“洞门一闭仙凡隔，真个萧郎是路人”一句，认为“萧尺木谬托王蒙……然于本山一无似处”。用我们今天的话来说，就是“画得一点都不像”。

风雨千年，如今的白马山已不复当年的雄姿。玉骢驰去竟无踪。曾经胜景也如有关它的诸多传说一样成为一道传说，徒留于故纸深处。

四褐山：曾经市区第一峰

一　“四褐山”拍了拍“四合山”

“芜湖北望褐山苍，七宝鞭留山道旁。”这是元代芜湖县尹欧阳玄题咏“玩鞭春色”中的一句。我们从中依稀能见四褐山当年的苍秀。四褐山矗立城北大江南岸，曾为市区第一高峰。

四褐山是一座调皮的山。调皮在哪呢？名字超多。随意翻阅史料，你会发现它的别名很多，就像我们今天取个网名一样随意。四褐山、褐山、曷山、四合山、四华山、四蹄山、四个山、褐山矶……

四褐山山名众多，究其原因，无外乎以下四点：一是民间传说；二是四褐山由四矶（一说四个山头）组成，而四褐山一带又有众多山丘，极易混淆；三是古代方志记载不够严谨，字音相近，常以讹传讹；四是古人为书写方便，简化代用。众多山名中，以四褐山、四合山最为常见，也最为今天芜湖人所接受。两者之间，则又以四褐山为正。因而，放在当下网络语境中来看，四褐山完全可以“拍了拍”四合山，然后写上一句：“兄弟，我是真迹，你是假货。”

众多别名中最为玄而又玄的说法是由四蹄山音讹传为四个山，最后演变为四褐山。这一说法涉及四褐山的一则神话传说——“泥马渡康王”。

“泥马渡康王”讲述的是一匹泥马搭救康王赵构的故事。赵构即后来的宋高宗，泥马就是指泥做的马。这一故事在历代的口口相传之中又衍生出多个版本，故事发生的地点也从中原演变到江南。四褐山就是其一。

北宋靖康年间，金兵南下攻破京都汴梁，掳走徽、钦二帝，史称靖康之难。话说康王赵构被手下保护一路南逃。这天，好不容易到得长江北岸，却见江波浩渺。此时，坐骑因一路奔波早已奄奄一息，赵构跌落在地。回望来路，但见烟尘滚滚，旌旗蔽日，敌兵越追越近，大江之上又无一人一船渡江。惊慌之余，康王赶忙躲进江边一座年久失修的关帝庙中。庙宇破旧不堪，只有一匹泥塑的关公坐骑赤兔神马，康王纳头便拜。这时，追兵逼近，康王情急之下，骑上泥马，忽然间觉得自己腾空而起，耳畔风声呼呼作响。再睁眼一看，自己已经成功脱险，到了南岸，只留得北岸的金兵望江兴叹。

泥马过江之后，由于四蹄沾水，一到南岸就化作了四座土堆，瞬间又幻化为四座小山。当地百姓于是称之为四蹄山，又因芜湖方言的缘故喊成“四个山”，再后来逐渐演变成了今天的四褐山。这是山名由来最为奇特的一种说法。

还有一种说法。因山有四个山头，草木葳蕤、茂林深篁，相传古时那里漫山遍野生长着桂皮树。这种树春开黄花，秋结黑果，远而望之，一片褐色，故名四褐山。

又说因山石褐色，而得名四褐山，此一说法与“赭山”得名颇为相似。

矶，《现代汉语词典》解释：“水边突出的岩石或石滩。”通俗点说，就是江边凸起的硬石，长江芜湖段就有不少著名的矶石，如板子矶、螃蟹矶、蛟矶、弋矶等。因褐山矶为四褐山“四矶”中的第一矶，因而有文献资料中以褐山矶指代四褐山，逐渐成为四褐山又一别称。

“四合山”之名，有一种说法，与金乔觉来芜湖第一站驻锡于此相关。相传当年金乔觉来芜时先至四褐山，后到赭山结庐驻锡，开坛讲经说法，之后再去九华山，开辟道场。

或许因众多山名纷纷扰扰，2009年版《芜湖市志》提出：“四合山应是四褐山。褐，黄黑色，四褐山是因四个山头（四褐山、管山、马鞍山、龙头山）的土壤是黄褐色而命名的。”算是给出了官方的结论。《安徽省芜湖市地名录》则注为：“（四褐山）因由四矶组成，山石土块呈黑褐色，故名。”四矶与四个山头应该是不同的意思。

对于“四合山”名称的来历，市志认为，这是由于新中国成立后的较长一段时间内，人们把以颜色命名的山全部改为以形状命名，将四座山头理解为“峰峦四合”之意而误写为“四合山”的。其实，四合山之名出现得更早。早在清朝，黄钺在《于湖竹枝词》第四十五首中就提道：“《入蜀记》：便风过大小褐山。今讹四合山。”光绪《安徽通志》有：“褐山，府西南三十五里，临大江，亦曰曷山，亦名四合山。”民国版的《当涂县志》也明确提到“四合山”。可见，“四合山”的提法历史悠久。个人以为，四褐山写成“四合山”的原因可能十分简单，就是古人舍繁就简，偷懒的缘故。毕竟，“合”即便是繁体也比“褐”笔画少，写起来更方便。这与四褐山偶尔被写作“褐山”“曷山”是差不多的意思。

四褐山还是一座很有意思的山，它兀立城北大江南岸，在很长的一段时间里，一直是芜湖市区海拔最高的，而在更长的历史长河中，相当于芜湖、当涂两县的分界山。

历史上的四褐山，最开始属于当涂县，是当年芜湖县的最北方，因而在两地的方志中均有提及。如民国《芜湖县志》：“褐山在县西北二十五里，山属当涂南麓，在芜西临大江。”民国《当涂县志》：“（四褐山）在县西南四十里，南界芜湖。《嘉庆一统志》：在当涂县西南三十五里，西临大江，一名曷山，又名四合山。”

四褐山主峰海拔132米，东南有马褐山、官山二山互成掎角之势。1956年随着区划调整，四褐山正式划入芜湖市管辖。当时，市区赭山、赤铸山等一众群山，海拔均不足百米。四褐山一度成为芜湖市区的最高峰，直到2006年马塘区更名弋江区，划入芜湖县火龙岗镇。海拔134米的白马山以多出两米海拔的些微优势“夺”走了这一殊荣。掐指算来，四褐山在市区群山中当“大个子”正好半个世纪。

二 古来褐巅烽火稠

四褐山自古耸立江滨，突兀陡峭，西控大江，一直为兵家必争之地，历史上战事纷扰，是芜湖一地为数不多的古战场之一。

三国时期，孙权曾在四褐山对面的裕溪口一带建造兵船，训练水兵，北拒曹操，西防刘备。《三国志》中有："建安二十一年（216）冬十月，治兵，遂征孙权……权在濡须口筑城据守，遂逼攻之，权退走。"濡须口即巢湖入江口，也有人认为即今裕溪口。因有裕溪口古称"濡须口"之说。当年，孙权驻兵濡须口时，据说曾在一江之隔的四褐山上囤积粮草，以备军需。

来到唐朝末年，当盛世的繁华湮没在历史风尘之后，华夏大地再次迎来战火纷纷，在四褐山也发生了多场战事。这里，就不得不提到一个叫杨行密的人。

杨行密，合肥人，出身贫寒。这个人很有作为，后来一手创立了五代十国中的吴国，史称"杨吴"。吴国虽然只存在了30余年，却历经四代，一度成为当时南方最强大的割据政权。只不过后面的三任没接好班，不是欢淫放纵就是沦为武臣傀儡，因而导致了杨吴政权名声不显，连带着杨行密也不算多出名。据说这个人年少时就表现出了异于常人的气质，和小朋友们玩游戏时，常常一本正经地举着旗帜排兵布阵。

到了20岁那年，一支农民军经过他的老家时，小杨就懵懵懂懂地跟着去了，结果没多久便被官兵抓了。好在当时的刺史看好他，觉得他相貌不凡，说了一句："你会大富大贵的，为什么非要做贼呢？"便将他放了。被释放后的小杨学乖了，后来应招州兵，立功当上了队长。由于小伙子作战勇敢又挺能干，人缘又好，结果遭到当时都将的忌恨，派他外出戍边。到了快要走的时候，都将还假惺惺地跑来问他："杨队长哪，外出辛苦呀，还缺些什么？要些什么？跟我讲就是！"结果把小杨气得大叫一声："我要你个头！"这是气着说出的话，但绝对不是气话。因为小杨说到做到，话音刚落就斩下了都将的头。众人大乱，小杨于是自封

为八营都知兵马使。（将行，都将问所乏，对曰：“我须公头！”即斩之，自为八营都知兵马使。——《新唐书·杨行密传》）

刺史也吓得逃走了。当时，唐政权已经差不多名存实亡，上头的淮南节度使只好封他为庐州刺史。年轻的杨行密就这样当上了家乡的父母官。

我们常把做生意赚的第一笔钱称作“第一桶金”。杨行密怒杀都将后掌握的这支军队就成为日后攻伐征战、建立杨吴的“第一桶金”。

唐朝末年，藩镇割据，群雄四起。杨行密在各股势力中游走，逐渐壮大。在这过程中，杨行密遇到了他人生中的“福山”——四褐山。

为什么这么说？因为在他势力扩张、不断做大的过程中，其中有几场比较重要的战役都发生在这里，而且都是他笑到最后。

唐文德元年（888）八月，这似乎是一个很吉利的数字，但对杨行密来说未必如此。那时，中原一带一个叫孙儒的军阀势力很强大，大有吞并他的意思。既为了避其锋芒，也为了拓展地盘，杨行密决定进攻宣州（今宣城）。谋士袁袭建议他带兵赶到四褐山，建筑坚固工事。当时，宣州被托给池州刺史赵锽代管。赵锽派部将苏瑭、漆朗带兵两万赶来，屯兵四褐山下。杨行密又听从袁袭建议，对山下敌军的叫战不予理睬，并故意示弱，等到对方懈怠之后，出奇兵砍树开辟道路四面出击。苏瑭大败，杨行密随即长驱直入，攻克宣州。可以说，正是四褐山大捷直接促成了杨行密攻宣目标的实现。对于这一战，民国《芜湖县志》有记载：“行密乃引兵攻锽，战于褐山，大败之。”

乾宁三年（896），杨行密以大将田頵守宣州。此时，其势力在江东一带已如日中天。升州（今南京）刺史冯宏铎举州归附。天复二年（902），冯宏铎反叛，突袭宣州。与田頵又战于四褐山。冯宏铎大败，打算收拾残兵准备逃往海上。杨行密听说后，派人传话：“老冯啊，胜败乃兵家常事。一战失败而已，何苦跑到海岛上去受苦？我这里虽然不大，但还是有你的位置的。”冯宏铎听后大为感动，二次归附，不再反叛。所以说，怀柔攻心有时候比刀光剑影更加有用，杨行密也还是有一定人格魅力的。

想来，杨行密那些年真是糟心。到了第二年，平叛的田頵又叛了。他以宣州为根据地，还派手下郭行悰、王檀、汪建镇守芜湖，以防杨行密反击。咋办？那就打呗，杨行密派遣部将李神福攻打田頵，地点又选择在四褐山，结果田頵大败而逃。

所以，我说四褐山是杨行密的福山。在这里，他打谁谁服。

到了南宋时期，四褐山的战略地位显得更加重要。宋兵与金兵多次交战于此。为巩固长江天险，抵御金兵继续南犯，偷袭京城杭州，主战派将领李纲在四褐山之巅建造了一座烽火台，以便昼夜监察敌情，随时预警。四褐山的这座烽火台据说是有史记载以来的皖南地区的第一座。《芜湖县志》："宋绍兴二年，命沿江岸置烽火台于褐山，皆此也。"《当涂县志》也有相关记载，只不过时间标注不同，"烽火台，在褐山，宋绍兴三年建，今废"。

明清时期，四褐山江防要隘地位逐步确立。《芜湖风光揽胜》一书载，清顺治十六年（1659），抗清名将张煌言曾率水师镇守四褐山，抗击清两江总督郎廷佐。七月初七，张煌言攻克芜湖，扎营大成殿（今十二中旧址）。一月之间连克周围4府3州24县，后因郑成功进攻南京失利退至厦门，芜湖旋被清军包围，张煌言后突围败逃海岛，最终被俘而遭杀害。

到了清中后期，四褐山又重燃战火。清咸丰三年（1853）一月，太平军连克安庆、芜湖，清朝江南福山镇总兵陈胜元率水师清兵千余人防守江面，阻止太平军东下。两军在四褐山一带发生激战。激战中，陈胜元中炮弹落水而亡。3月，太平军彻底攻占芜湖后，在弋矶山、四褐山、澛港、范罗山分兵建筑堡垒，并精心构筑了从四褐山到澛港的35里水陆防线。此后，一直到咸丰十一年（1861），太平军与清军围绕争夺芜湖进行了多次拉锯战，一时生灵涂炭。陈胜元死后，被清政府追封提督衔，予骑都尉世职，被谥"忠勇"。

民国时期，芜湖水师营改办安徽长江第三区水上警察，第二分驻所所设长江南岸七汛，四褐山为其一。

风雨千年，四褐山战事纷扰、硝烟不断，这正是：

桂皮千载立青丘，阅尽碣山烽火稠。
浩荡江波拍岸去，犹闻铁马啸新洲。

（注：新洲，即曹姑洲，又名新沟，在四褐山下江中。）

天门山：芜湖第一诗山

一　吞吐大荒说天门

千百年来，不少文学大家、诗人骚客或途经芜湖，或来芜湖游玩，于芜湖留下了众多壮丽诗篇，芜湖山水因此平添了几分厚重，其中的佼佼者，非天门山莫属。

以天门山之名气，丝毫无愧于“第一诗山”的赞誉。

“天门中断楚江开，碧水东流至此回。”诗仙李白的《望天门山》脍炙人口，千古流传。天门山开篇脱俗，俯瞰广远，吞吐大荒。此诗作于诗人25岁时。

当然，我们也很难相信有关天门山的第一首诗就始自诗仙笔下，也许这之前他人的诗作早已佚失，又或者因李白这首诗太过霸气，让后来人觉得之前的都不值得一提。

为什么这么说？因为天门山“出道”实在太早，早在《左传》中就有记述：“〔昭公十七年（前525）〕战于长岸，子鱼先死，楚师继之，大败吴师，获其乘舟余皇。”这就是历史上春秋时期有名的“长岸之战”。长岸，即今天门山及附近一带的长江沿岸。

“鲁昭公十七年”这个时间点是什么概念？只比我们今天官方所认可的芜湖有文字记载的历史“〔襄公三年（前570）〕春，楚子重伐吴，克鸠兹”晚了还不到半个世纪。

天门山之名屡见史乘，又有多个别称。长江在芜湖段走向由东西转为南北，两山夹江对峙。天门山实为东、西梁山的合称，也常单指东梁山，如清乾隆《太平府志》：“天门山，在郡西南三十里，本名博望，亦称东梁山，与和州西梁山夹大江对峙如门阙，故曰天门山。”这段话的意思再清楚不过，天门山本来叫博望山，又称东梁山，西面叫西梁山。这两座山在大江两岸就像一道门，因而一起叫天门山。《舆地志》《舆地纪胜》、《大明一统志》、《大清一统志》、民国《当涂县志》等均有类似记载。还有一些史籍也将西梁山称作天门山，如北宋《太平寰宇记》：“天门山，在（当涂）县西南三十里，有二山夹大江，东曰博望，西曰天门。”

那么，“天门山”之名又始于什么时候呢？按《太平寰宇记》引《舆地志》的说法，至少是南北朝时期就有了。

《舆地志》云：“博望、梁山东西隔江相对如门，相去数里，谓之天门。”宋孝武诏曰：“梁山层岫云峙，流间海岳，天表象魏，以旌国刑，乃以二山为立阙，故曰天门焉。”这段话读起来比较累。其实前一句是对两山地理位置的描述，后一句的华丽辞藻大多都是对梁山的夸赞，很夸张，都不用管，只要理解其中“象魏”一词即可。象魏，《古代汉语词典》解释为：“古代宫廷外的一对高建筑，用以悬示法令。又称‘阙’‘观’‘魏阙’。”也就是说，南北朝时期的宋孝武帝曾经下了一道诏，在当时的东、西梁山上各立了一个代表国家的建筑“阙”，故称天门山。

古代皇帝又称天子，所以这样说来，“天门”至少有三重意思：一是天子所立之门阙；二是两山之上有阙，两阙状如天门；三则是我们今天公认的“两山夹江，有若天门”。

《舆地志》说的这件事靠谱吗？去查正史《宋书》，果然有“于博望梁山立双阙”一句，这是发生在南朝宋大明七年（463）十一月的一件事。《昭明文选》一书收录南朝文学家陆倕的《石阙铭》，里面有“乃假天阙于牛头，托远图于博望”一句，说的也是这件事。

那么，宋孝武帝刘骏为什么要跑到天门山来立双阙呢？皆因一段与鸟有关的故事。

这并不是骂人的话，在民国《当涂县志》中，对此一事有着详细的记载。说是这一年，宋孝武帝刘骏在天门山一带检阅水军的时候，刚好有两只雀儿飞来，落到了皇帝的伞盖之上，群臣顿时齐呼“万岁”。刘骏一时龙颜大悦，诏立双阙于两山。看到这里，仔细一回味，“雀”与“阙”谐音，原来如此啊。《重修安徽通志》上也有相近的记述：“宋孝武帝阅水军，有双爵集所张盖，因立双阙于博望。”爵，在古代也通“雀”，这里唯一的区别是说双阙都立于今天的东梁山。

那么，这里的“雀”是什么鸟呢？白雀，古时以为代表祥瑞的一种鸟，难怪宋孝武帝高兴。

这时候，有拍马屁的人就上前了，说，哎呀！白鸟祥瑞这是好事啊，应该改年号为“神雀”。

皇帝不许！

得，这马屁拍马腿上了。

这段描述在《南史》中有明确记载：“癸巳，祀梁山，大阅水师。于中江，有白雀二集华盖，有司奏改元为神雀，诏不许。”

白雀祥瑞不祥瑞，我不知道，但可以肯定的是，这是两只勇敢的鸟。你想啊，皇帝检阅水军那是多大阵势？它们竟敢往人群中飞，还落到了天子的华盖之上。

《当涂县志》中又提到一件事挺有意思，说西梁山高，东梁山低。在冬天水位最低的时候，当地人曾经以绳索测东梁山的水深，发现在四十八丈水深之下竟有巨石横亘江底。巨石足有数丈之高。看来东梁山虽不高，但根基着实不浅哪！这也说明东、西梁山同属一脉。

天门山还有一别称：蛾眉山。《太平府志》上说，因两山卧于大江两岸，从江上远远望去就像人的两簇眉毛，因而称蛾眉山（卧江中远望如横黛，故又名蛾眉）。这一别称，我们今天已然很少见。

此外，《安徽省芜湖市地名录》又提及了天门山一别称：二虎山（“两山均像卧虎距于江畔而又合称二虎山”）。该书又说：“因两山形似屋梁，故从清末开始，即分别称东、西梁山。”始于清朝的说法显然站不住脚，因为至少南宋时就已有梁山之称出现，如南宋《舆地纪胜》：“天门山，在当涂县西南三十里，《晏公类要》云：有二山夹大江，东曰博望，西曰梁山。”陆游的《入蜀记》中也明确提到了东、西梁山。乾隆《太平府志》亦有东、西梁山。东梁山还有个别名“梁山矶”，《读史方舆纪要》：“博望山，府西南三十里，亦曰东梁山，与和州西梁山夹江对峙，石矶北出，江流激射，亦谓之梁山矶。”

现在，问题来了，南北朝时期的宋国定都建康，即今南京，离天门山有数十公里。宋孝武帝为什么要舍近求远跑到天门山一带检阅水军？皆因天门山地理位置的特殊，从春秋时期一直到新中国成立前夕，在天门山发生了十数次大战。

二　长江锁钥　吴楚天门

天门山雄踞大江两岸。从今天的卫星地图上看，长江流经芜湖后，在天门山前骤然收窄，东、西梁山夹江对峙，恰似咽喉。过天门山，顺流而下，除了采石矶等极少数江边石矶孤立一岸可为屏障外，一马平川直抵南京。

因而，一直以来，天门山素有“长江锁钥”“吴楚天门”之称，为兵家必争之地。历史上，南北政权分立特别是南朝政权定都南京时期，天门山更是成为攻守之要。

春秋时期的“长岸之战”拉开了天门山战火纷飞的序幕。史载，昭公十七年（前525），吴国攻打楚国，两国战于天门山江面。这次战役的结果是吴国大败，被抢了一艘叫艅艎的大船。这艅艎不是普通的大船，乃是吴王的御舟。

当时，吴国的公子光，也就是后来的吴王阖闾想了个计策。他招来三个身强力壮之人，让他们设法潜伏到大船附近，并告诉他们，我喊“艅艎”，你们就答应一声。夜里，三人听到喊声依次答应，楚军以为军中进了内奸，一时大乱。这三人最后被揪出杀害，公子光则带领吴军趁机杀入敌阵夺回了艅艎。

三国后期，天下趋于一统。晋武帝司马炎兵分六路，水陆并进攻打东吴，直逼建业（今南京）。当时，东吴的皇帝孙皓是一个暴君，自恃长江天险，外不备敌，内不恤民。等到晋军杀来，才赶忙派游击将军张象率上万水军到天门山防御。那张象一看到晋军从上游遮天而来，旌旗蔽日，早就吓破了胆，直接认怂。晋军径取建业，东吴灭亡。也有说法是，吴军遭遇暴风，军士逃散而降。果真如此的话，那真是无道者天灭啊。

东晋时，王敦和桓温觊觎南京而移镇姑孰（今当涂）时，都曾先后倚重天门山之险。

南北朝时期，天门山最是热闹，发生在这一带的战事频见正史，宋、齐、梁、陈四朝皆有记载。宋时，北魏一统北方后，与南朝的刘宋政权之间攻伐不断。元嘉二十七年（450），北魏太武帝拓跋焘屯兵瓜埠（属今南京六合），声言渡江灭宋。刘宋沿长江南岸布防，在东梁山有据点。后来，拓跋焘见对方防御戒备以及江北仍有不少宋国城池未被攻克，害怕腹背受敌撤军北归。

宋朝虽然短时间化险为夷，祸根却早已埋下。原来，两国多年来的无休止征战，使得朝内分化为北伐与反对北伐两派，宋文帝刘义隆与太子刘劭也因此产生矛盾，逐渐动了废太子的念头。

元嘉三十年（453）二月二十日晚，刘劭以讨伐反贼为由，攻入宋文帝禁宫，弑父篡位。同父异母的弟弟刘骏，也就是后来的宋孝武帝正在长江上游平蛮族内乱，听闻此消息后大哭不已，随即从寻阳（今九江）起兵，一路沿江东下平叛。刘劭的手下萧斌建议刘劭亲自带兵到上游迎战，说即便败了，也可以退守东梁山。不过，刘劭没能听从这个好主意，从而失去战机，失掉天门之险，直到最后南京城破被杀。因“弑父”，刘劭自此被钉上耻辱柱，更是被《宋书》冠以“元凶”。刘骏也就是前文提到的到天门山立双阙的那位。

皇帝的位置是坐上了，但屁股还没焐热。第二年，一直在荆州担任刺史的叔叔刘义宣眼红了。他在江州刺史臧质等人的鼓动下，于荆州称帝，举兵起事。坦率来说，刘义宣反叛多少有些被动，自己在荆州经营十数载，势力强大，也参与了平叛刘劭的战争，功高震主。再加之他人的怂恿，内心一下子膨胀起来，忘记了自我。于是，他亲率十万大军沿江而下，来和刚当上皇帝的侄子掰手腕了。

刘骏一看，这老叔不是来走亲戚呀，赶忙命大将柳元景戍守采石矶，王玄谟进驻天门山，水陆全面设防。叔侄在天门山一带展开对峙。当然，交战的双方都还没到需要亲自动手的时候。代表叔叔出场的是前锋臧质，侄子一方的代表则是大将王玄谟。当时，东、西梁山之间有沙洲——梁山洲。王玄谟的船队进驻梁山洲后，同时在两岸的东、西梁山上修建了半月形营垒，即偃月垒。臧质的大军风尘仆仆从上游呼啸而来，一看前方南京来的这批人一点都不好客，不像是迎接自己的，只好远远扎下营寨。得了，还是等老大过来再说吧。

好不容易等刘义宣到了芜湖，臧质赶忙献上一计。他建议刘义宣分兵围困梁山，从而牵制柳元景与王玄谟的大军，自己则亲率水军沿着外江直趋石头城，进逼建康。应该说，这是一个不错的建议，可将敌人分而歼之。结果刘义宣和前面的刘劭一样，也未曾听进这一建议。臧质只得趁着陡然刮起的西南风攻下西梁山。刘义宣大军屯兵西岸，又派臧质等进攻东梁山，最终被王玄谟所败。按《读史方舆纪要》的说法，一直到清朝，东、西梁山上仍有偃月垒遗址。

到了齐朝时，朝廷曾诏立梁山二军，以御北魏。永元元年（499），南齐名将陈显达起兵反叛，齐炀帝萧宝卷命将军胡松据守梁山。梁朝后期，一代猛将陈霸先即后来陈朝开国皇帝也曾派遣大将在梁山立栅拒敌。

唐朝时期，辅公祏叛乱，曾派手下大将冯慧亮帅舟师屯兵东梁山，在梁山间架起铁索，锁断江面，并在东梁山上构筑却月城，“延袤十余里”，场面甚是壮观。不过，好看不中用，不久就被大唐派来的猛将李孝恭所败。

南宋时期，虽然当时的都城临安府（今浙江杭州）离长江较远，天门山同样被倚为屏障，置寨驻军。绍兴三十一年（1161），金主完颜亮亲率60万大军大举南侵，至和州（今和县），饮马长江，准备在天门山一带渡江，后被虞允文在采石之战中击退。加之金国内乱，完颜亮后来在军中被杀，南宋这才转危为安，王祚得以延续。

清咸丰三年（1853），天门山再燃战火。这年，50万太平军自武昌顺流东下，咸丰帝派钦差大臣陆建瀛督师九江扼守。当时有人谏言说太平军生猛应予以重视，陆建瀛却不以为然。等看到前方大败的惨状，陆建瀛这才吓得顺江一路逃亡。过安庆时，连安庆巡抚的邀请也不敢应约停留，只在芜湖、当涂两地收集兵士镇守东、西梁山，自己则径直逃入南京，东、西梁山随后被追赶而来的太平军夺取。

太平军攻陷南京后，以南京为都城，并在四周山川险要之处新筑城池，拱卫南京。罗尔纲《太平天国史》一书中，第一个提及的便是芜湖天门山："太平天国建都天京，近畿以芜湖为屏障，以东西梁山为锁钥，故在芜湖建置宁江郡，兴太平关，同扼守长江，以保卫京师。"天门山失守后，直到同治元年（1862），才在曾国荃、彭玉麟水陆夹攻之下夺回。光绪十年（1884），清政府在天门山设立炮台，作为军事要塞。

北伐战争时期，在天门山也有战事，限于篇幅，不再赘述。民国时期，天门山为江防要塞，在东、西梁山设有炮台，拱卫南京。1912年10月30日，孙中山乘"联鲸"号军舰自九江来芜视察，下午3时曾特地前往东、西梁山观阅炮台。

1949年4月，在天门山发生了壮烈的"西梁山战役"，为保百万雄师顺利过江，1500余名英烈血染西梁山。渡江前，中国人民解放军第三野战军9兵团30军90师奉命在西梁山率先打响了"渡江战役第一枪"。国民党军队凭借东、西梁山天门之险，据山背江，构筑坚固工事，负隅顽抗。解放军不顾敌人的猛烈炮火网和敌机战舰的扫射炮击，向固守之敌奋勇冲杀，诱敌陆海空三军往东、西梁山调兵增援，有效地削弱了南岸敌军的江防力量，为我中路大军突破长江天险、登陆长江南岸创造了有利条件。

如今，西梁山山脚建有和县革命烈士纪念馆，从纪念馆拾级而上，山腰仍留有战壕遗址。山顶还有人民英雄纪念碑供后人瞻仰怀念。

山顶凭栏，天门静穆，江波浩渺，浪遏飞舟。一时多少英雄往事皆成记忆。这正是：

大江东去浪如山，千古英雄未见还。

唯有涛声言不尽，至今犹绕水云间。

三　一山诗韵酬古今

开元盛世，万邦来朝。

大唐，似乎是一个后人最愿意提及的朝代。

开元十二年（724），一个青年向往远方。他从蜀地出发，顺江而下，一路吟咏，留下了诸多壮丽诗篇。

“山随平野尽，江入大荒流。”第二年，舟过荆门后，青山渐逝，平野一望无边。那日秋阳正好，江上白帆愈见清朗。青年的客舟刚过芜湖地界，但见目极处，两岸旷阔的秋野之上遽然各自耸立一座山矶，隔江对望，有若天门。青年情之所至，诗无不至。一首《望天门山》自此成为千古绝唱。

青年就是唐代著名诗人李白，这一年他才24岁。诗句气势磅礴，笔力遒劲，也难怪当时的宰相、一代文宗苏颋在这之前就惊呼其有“专车之骨”。

“天门中断楚江开，碧水东流至此回。两岸青山相对出，孤帆一片日边来。”一直以险秀著称的天门山由此浸润了满山诗意。这是诗仙第一次途经芜湖，《望天门山》也成为众多诗家和他自己写天门山中最脍炙人口的一首。

这之后，李白往来频繁，多次路过天门山。很多人不知道的是，除《望天门山》一首外，诗仙的其他诗歌还曾多次提及此山，天门山甚至成为李诗中的一个重要诗歌意象。如其《横江词六首》第一首中，为写横江的风高浪急、舟行艰难，诗人搬出天门山，以夸张手法写江风之劲：“人道横江好，侬道横江恶。猛风吹倒天门山，白浪高于瓦官阁。”在第六首中，则有“海神来过恶风回，浪打天门石壁开”，与“天门中断楚江开”的气势同出一脉。横江，即横江浦，是一个古渡口，在今和县东南的长江西北岸，与江东南的采石矶相对，离天门山算不得远，也就难怪诗人在《横江词六首》中两次提及天门山了。

“进帆天门山，回首牛渚没。”旅途中，途经天门山，李白也不忘告诉远在句容的友人，自己扬帆来到天门山，一回头时，已经望不见采石矶了。短短十字，诗人信手拈来，像极了我们今天拿手机给好友发去一段于船头拍下的江天影像。

月，是李白诗中最重要的意象，天门山的月色想必也颇为诗仙所钟情。在《献从叔当涂宰阳冰》一首中，诗人写下“月衔天门晓，霜落牛渚清”，以天门山对仗采石矶，诗仙屡试不爽，毕竟两山靠得着实不远。在《书怀赠南陵常赞府》中，诗人又有“歌动白纻山，舞回天门月”，托物言志，倾泻了主人怀才不遇的满腔愤懑，表达了诗人对风云开阖时局的深深忧虑。

天宝七年（748），当李白再次来到当涂时，还为天门山郑重写下了《天门山铭》。铭文中，作者不吝笔墨，通篇极尽辞藻之华美，以浪漫主义写下天门山之险峻、位置之要，特别是“开则九江纳锡，闭则五岳飞尘”一句，气势恢宏，意境开阔，让人读来精神振奋，拍手叫绝。用我们今天最通俗的话来讲，就是“用词好得不得了，简直要将天门山捧上天”。

说到李白与天门山，便不得不提“姑孰十咏”。“姑孰十咏”指的是吟咏当年当涂县境内代表性景观的十首诗，其中便有天门山。你用不着奇怪，因为天门山（东梁山）是20世纪因区划调整才划入芜湖的。所以包括之前提到的四褐山，尽管它们在历史上存在感很强，当年的“芜湖八景”中却没有它们的位置。

关于“姑孰十咏”的作者，其中还有一段轶事。一直以来，特别是当地方志里都认为“姑孰十咏”为李白当年在当涂时所作，当年的当涂城东还曾有过一座“十咏亭”。直到北宋时，大文豪苏轼有一次路过当涂，读到“姑孰十咏”时，认为这十首诗文辞太过粗陋，不像是李白的笔法。当时，著名诗人、当涂人郭祥正并不认同。苏轼于是笑着说：“恐怕是李白后身的杰作吧。”结果，郭祥正竟然有些恼怒了。原来，当时的郭祥正因诗风纵横奔放，酷似李白，而被世人认为是“太白转世”，或以为苏轼是取笑他呢。

苏轼说“李白后身所作”其实并非空穴来风。“姑孰十咏”的作者除了李白之说外，还有一说认为是李赤。这李赤是唐代的一个读书人，更是个奇人，因仰慕李白而改名李赤。赤，就是红色的意思。你我都姓李，你叫李白，那我就叫李赤，以表我对你的仰慕。

要说这李赤本来也是一个名不见经传的人，后来却因为另一位文豪柳宗元的《李赤传》而名世。这个李赤后来的死法很奇特，掉厕所里淹死的，原因竟是被“厕鬼”迷惑。在《李赤传》中，柳宗元对李赤被迷惑后，如何一心求死写得很是生动。故事就发生在宣州（今宣城），感兴趣的可以找来一读，有点《聊斋志异》的味道。尽管内容太过荒诞，但柳宗元一再声称李赤的事是真实的。在最后，柳大师发问，李赤这个病到底是心病，还是真有所谓“厕鬼”呢？你们都笑李赤被“厕鬼”迷惑而死，又有多少人能不为名利而改变自我？还有什么心情去笑他人？大师果然是大师，从不会随随便便写篇无聊的文字。

苏轼看来就有点无聊，竟然经过一番研究，考证出“姑孰十咏”就是李赤假冒李白所作，还说李赤之死就是心病所致，太想攀偶像的高枝而走火入魔了，哪有什么厕鬼。这对于我们今天仍有现实意义，它告诉我们“追星有风险，迷恋需谨慎”。

天门山的险峻秀色，李白的名人效应，加之又有这么一段传奇故事。诗仙之后，天门山自然引来众多诗家题咏。如北宋王安石的“崔嵬天门山，江水绕其下”（《寄曾子固二首其一》），梅尧臣的“东梁如印蚕，西梁如游鱼”（《阻风宿大信口》）……其中，当涂诗人郭祥正的“万群白马度天门，谁道澄江静如练”最是气派，的确颇有太白之风。

到了清初，太平府推官张万选编撰《太平三书》时，尽管并非完整收录历代天门山的诗作，竟已有十余首。其作者除李白外，不乏谢缙、于谦、王世贞等名家。姑孰画派创始人萧云从受邀所作的《太平山水图》中亦有天门山一席之地。

天门山除却满山诗意之外，还兼具几丝禅意。自古名山有古刹。史籍中多有提及东梁山山顶曾建有古寺、庵堂，但未提及具体名字。今东、西梁山二山山脚均建有庙宇，东梁山为铜佛寺，西梁山为普光寺。其中，始建于明末清初、复建于20世纪90年代的铜佛寺规模较大。黄墙黑瓦掩映于山石碧树之间，平添了几分古意。

此外，历史上此一带曾有天门书院。不过，认为曾建于东梁山上的说法值得商榷。天门书院历史上位于东梁山以东，只是因近天门山得名而已。

1999年8月，天门山凭借一山诗韵及厚重历史文化以“天门烟浪”入选“芜湖新十景”。围绕李白及天门山奇秀的故事还有很多，远不止山脚的那尊诗仙塑像及几幡风中摇曳的酒旗。

范罗山：芜湖“大隐”之山

一　“范罗”与“饭箩”

有这样一座山，毗邻最繁华的中山路步行街，俯瞰镜湖、眺望大江。千百年来，这座山似乎存在感不强，但你又能时刻感知它的存在；地方史籍中尽管着墨不多，却又一直保持着恰好的份量；没有赭山、天门山、神山那样的名气，提及芜湖却往往少不了它。它，就是范罗山。

小隐隐于野，大隐隐于市。

一直以来，范罗山就像一个孤傲的隐士，于四围的喧嚣与世俗间桀骜地站成一道亮丽风景。

当然，所谓闹中取静也只是站在我们今天的角度来看。参照当年的芜湖城，范罗山一带属于城西郊区，这里真正热闹繁华起来也不过是近代特别是芜湖开埠以后的事。因而，在更长的一段时间里，西面的鹤儿山因濒临大江，看惯商船忙碌穿梭、官员迎来送往，比范罗山受人待见得多，以至于到了元朝，欧阳玄排定“芜湖八景”时，一下子扔给了鹤儿山两处，即吴波秋月、雄观江声。

范罗山原名饭箩山，也有写作饭萝山。那饭箩山又是怎么来的呢？公开说法有二。一是说山形如“饭箩”。箩，《古代汉语词典》解释为“竹编盛物器，多方底圆口”。饭箩，顾名思义，就是用竹子编成的盛饭的器具，我们小时候常见。山形是否如饭箩我们今天自然不好评判，因为历史发展过程中，人们对此山改造较多。

饭箩山由来的第二种说法则涉及一则传说。传说很早以前，这一带住着一对善良的老夫妻。那年，芜湖遭遇水灾，家家断炊。偏偏这时邻居生了一个孩子，没有吃的。老夫妻口粮也不多，商量之后，就把仅有的一点米送给了产妇。老夫妻的这一善举感动了路过的麻姑仙子。仙子于是化成村姑上门交给老夫妻一个米袋子，并交代他们每顿只需煮一粒米就足够了。老夫妻在锅里下了一粒米，没想到竟煮出了一锅香喷喷的白米饭。两人很高兴，赶紧把乡亲们都喊过来吃饭。见来的人越来越多，老夫妻找来一口大锅，把米袋子里的米一股脑全倒了进去。哪晓得后来米饭煮熟了越涨越多，一下子把锅盖顶到了半空中，堆成了一座“饭山”。山顶上还有一个像稻箩一样的活眼，不停向外冒饭，大家于是就这样渡过了荒年。后来，人们就把这座山称作“饭箩山”，日久就音变成“范罗山”了。这是《芜湖市志（1986—2002）》（2009年版）记载的版本。而在《芜湖风光揽胜》一书中，仙子则变成了一个被老夫妻救了的逃荒老人。还有的书中则说的是老夫妻打鱼时从江里捞起了一只金盆，只要丢几粒米，就能煮出一箩筐白米饭，后来米饭垒成了山头。

无论哪个传说版本，都少不了善良的老夫妻、灾荒、米饭、饭箩这几个元素。历史上，芜湖一地滨江靠河，既得天地之利，享鱼米之乡之福，也饱受水旱之痛。范罗山的这些传说都带有浓郁的地理特征，同时表达了人们对生活衣食无忧的美好祈愿。

相对于域内的其他山，范罗山的历史显得有些单调。直到明末清初，范罗山才正式踱入人们的视野。这就不得不提及一个人，他就是姑孰画派创始人、画家萧云从。萧画家一生钟爱此山，平生为其着墨不少，特别是在其创作的《太平山水图》中，不仅有范罗山，还搜罗了南宋画家萧照的古诗《游范萝山》一首录入其中，这可能是我们目前可见的最早的关于范罗山的诗句了。

游范萝山

萝翠松青护宝幢，烟波万里送飞艭。
真人旧有吹箫事，俱傍明霞照晚江。

诗中，我们隐约一窥南宋时期的范罗山风光，林深挂翠萝、松浓掩古刹，站在山头能远眺大江的飞舟，后两句似有一丝宋人南渡后的故园惆怅。

萧云从晚年偏爱此山的幽美清净，曾在此有“授画室”，写下过长诗《范罗山》一首，诗中描述的范罗山景致似与南宋时期无异，山光水色，江天一画，远眺市井繁华、舟船来往，只是特别提到了范罗山上的松树，“濯枝屈拂松千株，忽使一山俱有骨”。范罗山上千株松，似乎有些夸张，但至少说明当年松树在范罗山上是常见的，一直是此山的一大景致。萧画家认为，正是松树给了范罗山以筋骨。不仅如此，他还在自己的名作《江山胜览图卷》中把范罗山的松树宣传了一下，画作诗跋中特别提到，家乡范罗山上的松树很有名，在郡志中都有记载。我早晚读书其间，乐享晚年。

其实，松树曾经是芜湖市区众山森林植被中的重要构成，赭山上曾有观音松，鹤儿山脚曾有吉祥寺古松等，只是后来因为虫害等先后绝迹了。

萧云从偏爱范罗山，死后也葬于范罗山南麓严家山的父亲墓旁，碑文古雅，坟上有古松一棵，正如他笔下之画。

此外，范罗山曾有“沈门三节妇墓”一座，这涉及明末清初的一段故事。沈，即芜湖人沈士柱，他的父亲沈希韶为明朝御史。沈士柱在当时很有名，崇祯年间便加入复社。明朝灭亡后，他流落杭州等地，后回芜隐居，秘密从事反清活动。顺治十四年（1657），沈士柱被捕，两年后的清明日在南京雨花台被害。消息传至芜湖后，他的妻子方氏绝食十日而死，妾汪氏、鲍氏上吊自杀，被当时的芜湖百姓誉为“沈门三烈妇”，一起葬于范罗山，一时传为奇谈，观察使张士范“垒石封其垄，建丰碑表之”。乾隆年间，芜湖县令还曾在其故居修建“三节妇祠”，供人祭拜。

以上可见，至少到明末清初，范罗山除了古刹庙宇，多为坟冢，林深幽僻，相比于同时期的附近山峦还算是人烟稀少。其实，范罗山同样历史悠久，《芜湖市志》（1993年版）记载，20世纪60年代，范罗山曾发掘出汉砖墓及六朝墓葬群，出土了铜器、陶器、漆器等文物十余件。

二　范罗山的前世今生

民国《芜湖县志》介绍范罗山时惜墨如金，言简意赅。“范罗山俗名饭箩山，在县西北五里，毗赭山西麓，近大江。”倒不如乾隆《太平府志》中来得详细，说范罗山丛林茂密，是夏日纳凉、秋日赏枫的绝好去处。山上古寺远远望去如天宫一般。站在山顶往南眺望则见烟火万家和舟船云集，因而喜欢登高游玩的人往往会带着酒水来此畅饮开怀。

详细介绍范罗山的要数清人汤圣侣的《范罗山赋》。汤圣侣是当时本地有名的秀才，精通诗赋。在《范罗山赋》中，他从范罗山的地理位置、四季风光、昼夜景色等方面入笔，为我们生动展现了一幅描绘范罗山秀色的绝美画卷。虽辞藻华丽，气势恢宏，却也不乏具体的景致描摹，比如提到在范罗山上能看到万家烟火、千里江涛，云影帆影齐飞、江声松声并起，也提及了范罗山夏日阴凉、秋日枫红，与《太平府志》中的记述一致。

范罗山的红枫，芜湖人黄钺应该最有发言权，他一生中曾多次登临范罗山，如《立冬日，登范罗山，玩枫叶，憩古香精舍》一诗中，就明确写到秋叶“繁霜一夜新，红紫冒村谷”。

自古名山藏古刹。历史上，范罗山一带寺宇众多，有法华庵、护国庵、集真庵、三昧庵、圆照寺等。这些庙宇大多建于明清时期，以清朝居多，又多毁于太平天国时期。

范罗山众多寺院中最有名的当属圆照寺。圆照寺俗名铁佛寺，始建于宋代，也是此山中建寺最早的寺院。这样来看，宋代画家萧照诗中“萝翠松青护宝幢”的“宝幢”当指圆照寺。历史上，圆照寺曾经历多次毁修，县志记载，明万历年间，清乾隆、光绪年间都曾先后重修。圆照寺位置即今铁佛花园小区一带。

圆照寺内当年有古梅一株。“枝干扶疏，色香迥别”，“根如虬蟠色铁铸”。县志上说当年此梅开时，赏梅的芜湖人络绎不绝，题咏颇多。

黄钺到范罗山最喜欢的就是圆照寺，最钟情的也是圆照寺的古梅。在其个人文集《壹斋集》中，多次提及范罗山、圆照寺与古梅，为此着墨颇多，更因此与当时的圆照寺住持结下了深厚情谊。宦海归航之后的黄钺多次造访圆照寺，与寺僧“看雪食园菘”。菘是什么山珍美味？个人实在经不住好奇，就查了一下，结果就是——白菜。

不仅如此，黄钺在其《于湖竹枝词》中还曾四次提及此山，算是浓墨重彩地宣传了一番。

咸丰年间，范罗山因战事走入正史。咸丰三年（1853），太平军攻占芜湖后，驻芜太平军指挥石国宗在弋矶山、四褐山、鲁港、蛟矶、范罗山分兵筑垒，更相传忠王李秀成与芜湖守将、侍王李世贤曾在范罗山驻扎，击退清兵。咸丰五年（1855），清军攻打占据芜湖的太平军。太平军在范罗山上构筑炮台，多次击退清军进犯。从6月20日起，经大小十余战，才勉强占据上风。咸丰六年（1856）十一月，清军攻克芜湖，直到十二月，才将范罗山上的太平军击败。此后，围绕芜湖的克复，太平军与清军攻伐不断，互有胜负。

清光绪二年（1876），根据《中英烟台条约》，芜湖被迫开埠。此后，英国人陆续在范罗山南坡及附近的雨耕山上，依地势建起四幢极具英伦风格的建筑，供英国驻芜领事署及税务司使用，范罗山“西风”渐盛。

这四幢建筑分别为英驻芜领事署领事办公楼、英驻芜领事署官邸、总税务司公所和洋员帮办楼。其中，英驻芜领事署是芜湖最早的近代西洋建筑，由英国建筑设计师精心打造，无论外观，还是内部设施都很精美。它也是早期西方列强在中国兴建的使馆建筑，是外来文化与本土文化碰撞的产物，见证了芜湖的近代历史。

英驻芜领事署办公楼坐落于范罗山山顶，《芜湖县志》载：“英领事署在范罗山。因《烟台条约》，于光绪三年，由英国领事馆建筑新式楼房一座，四围绕以垣墙，以为领事官办公之地。”1877年，英国政府在林荫如盖的范罗山顶部，建造了此楼。

英驻芜领事署官邸位于范罗山西南的雨耕山山顶，始建于1887年，建成于1889年。许多人常将雨耕山上的英驻芜领事署官邸和范罗山上的英驻芜领事署混为一谈，这是典型地弄错了宿舍楼与办公楼。

总税务司公所建于范罗山的半山腰处，从1912年建成起，直到1934年为止，这座办公楼总共迎住了28位税务司。洋员帮办楼位于范罗山接近山顶的一处平地上，山顶即英驻芜领事署。晚清名臣袁昶任徽宁池太广分巡道道员时，曾造访范罗山上的西洋建筑，写有诗《游范罗山海客别墅》《海客别墅》。袁昶是洋务运动的积极推动者，后因反对利用义和团来抗击八国联军而被清廷杀害，这里用“海客别墅”一词，多少能够看出一点他对外来事物的态度。

这四幢西洋建筑至今保存完好，新中国成立后的很长一段时间内，范罗山为市委机关驻地，山上的三幢建筑曾作为市委、市政府有关部门的办公用房，直至2010年市委、市政府搬迁城东。2013年5月，英驻芜领事署旧址与英驻芜领事署官邸旧址、总税务司公所旧址、洋员帮办楼旧址一起被国务院合并公布为第七批全国重点文物保护单位。

范罗山下书声琅琅，弦歌不辍。早在民国初期，山下冰冻街就有芜湖基督教来复会开办的毓秀女子小学和萃华男子小学。新中国成立以来，范罗山四周先后建有范罗山小学（1912年创办）、曾家塘小学（1929年创办）、华兴街小学（1964年创办）、中和路小学（前身为曾家塘小学）、十八中、二十八中等学校。这些学校都在后来城市发展过程中或搬迁他处，或逐渐退出历史舞台。2018年7月，育红小学新校区在范罗山小学原址建成，正式由原吉和街江汉里21号搬迁至范罗山下现址办学。育红小学是一座百年老校，创建于1879年，时称天主堂小学，至今已有140余年。学校发展过程中几易校名，1971年起沿用现名至今。

范罗山下几个街名皆有来历，华兴街因一百多年前此街生意兴隆得名，华兴街4号在很长一段时间内曾是芜湖日报社社址；冰冻街因新中国成立前建有冰冻房而得名；至于青山街就更加直接，因为毗邻鹤儿山与范罗山两青山而名。

青山默默，历史悠悠。如今的范罗山下早已车水马龙，商铺林立。

范罗山依旧林深邃密，少了袅袅梵音，多了琅琅书声；远了一片枫红，添了几许厚重。

风雨千年，范罗山宛如一位大隐之士，于闹市繁华之地，坐看白云苍狗。

鹤儿山：鸠兹形胜地

一　“亭”说鹤儿山

这是一座似乎已经走到了历史背后的山。

鹤儿山在哪？民国《芜湖县志》载：“鹤儿山，在县西北四里，临大江。”这就说得很笼统了，只知道在长江之滨。好在后面又带了一句“西南则与法国天主堂毗连”。鹤儿山即今天的天主教堂所在山麓，其山顶就是市委党校旧址。

鹤儿山西高东低，因形似仙鹤卧巢而得名。历史上，鹤儿山的显赫多因其特殊的地理位置。县志上说，登临其上，可“右瞰弋矶，左揽白马，后拥范罗，前临大江”。站在山顶远眺，北面可见弋矶山，南面是白马山，往东是郁郁葱葱的范罗山，西面则是浩荡大江。这自然说的是当年的景致。鹤儿山本身海拔不高，如今早已淹没于四周的高楼之间。常人路过如不细心观察，很难在意这样一座小山。

当年，鹤儿山以西，江水直抵山脚，水枯时涸为江滩。浩荡长江自西面奔涌而来，转而向北，青弋江在山南注入大江。当时，来往芜湖城的船只多在山脚青弋江口的码头靠岸。因而，此山可以说是看惯了古往今来的迎来送往。鹤儿山堪为鸠兹形胜之地，欧阳玄拟定“芜湖八景”时，此山独得其二，即吴波秋月、雄观江声。到了明末清初，萧云从创作的《太平山水图》中，关于当时芜湖县名胜的画作有14幅，鹤儿山独得其三。

其实，比鹤儿山更出名的则要数这一带先后出现又最终消失的三座亭楼，即吴波亭、雄观亭和识舟亭（八角亭）。从某种意义上甚至可以说是山因亭名。

民国《芜湖县志》记载，吴波亭在县西的大江边，即今青弋江口中江塔一带，始建于南宋隆兴二年（1164）。《芜湖风光揽胜》一书记载，吴波亭得名由来有二：一说芜湖地处“吴头楚尾”，曾为吴国西陲重镇，亭临江波，江波自然就是吴波了；一说亭名源自唐代诗人温庭筠《湖阴曲》中“吴波不动楚山晚，花压阑干春昼长”一句，后南宋词人、芜湖状元张孝祥化用有“吴波不动，楚山丛碧”。

据记载，此亭规模宏大，亭基为花岗岩垒砌的高台，亭下有一条麻石铺就的台阶一直延伸至江水边，亭边还建有接官厅。很显然，此亭便是官府迎送客人的一处码头。当时，来往芜湖城的客人均在此泊船登陆。比如：南宋词人陆游当年入蜀过芜湖时，就曾停驻此亭。到了明朝初年，芜湖知县杨偁将此亭扩建为有六个柱子的大亭台，正式作为迎来送往之所。吴波亭后来因江水不断冲击被毁。

吴波亭还是古时芜湖赏月佳地。青弋江口一带除了鹤儿山，几无高地。明月之夜，江天旷阔。欧阳玄“几回送客舣吴波，月上芜城夜若何”一句写的就是这里，“芜湖八景”之一的“吴波秋月”便由此而来。此亭虽早已不存，但留下了不少文人雅客题咏的诗词。其中，涉及吴波亭的最多，如南宋诗人吴潜的“吴波亭下系扁舟，轻雨轻寒又麦秋”，明代诗人郑延的“东吴日落晚风静，秋水平铺湛明景”等。

雄观亭旧名观澜亭，最开始在鹤儿山山巅，西面大江，后来被改建为面朝南面。南宋淳熙七年（1180）重建，后来逐渐废弃。到了明末崇祯年间，还在鹤儿山上建了“雄观江声”庙。“芜湖八景”之一的“雄观江声”指的就是这里。雄观亭留下的最后印迹可能就是20世纪末仍存的雄观江声巷了。

吴波亭、雄观亭有一个共同点，都曾由张孝祥题写亭名，到了元代都位列“芜湖八景”，清代都列入了《太平山水图》。

鹤儿山山巅另外一座亭楼八角亭虽建造稍晚，却同样名气不小。八角亭，县志称“最为地方名胜”，也就是说芜湖一地最出名的要数这里了。

这，有没有吹得太高？一点都没有！

八角亭始建于明代，清光绪年间废。该亭双层，因由八根红漆木柱支撑起飞檐翘角而得名。明崇祯年间，文学家王思任在芜湖担任榷使（明时掌管买卖的官）时，嫌八角亭名字俗气而取南朝诗人谢朓“天际识归舟”一句改名识舟亭。两江交汇处的码头，樯橹云集、商贸繁忙。江面上，千帆竞渡，百舸争流。登临此亭远眺，江天一色，尽收眼底，取“识舟”确见文学家的功底。

识舟亭在历史上了不得，存在感很强。明朝以来，不少骚人墨客皆登临此亭，鹤儿山一时翰墨飘香。如明代诗人方逢时、林中瑶，明末清初李明睿，清代潘岵、洪銮、王士祯等都留有诗句。其中，王士祯的《江行望识舟亭》最是有名：“鸠兹北面识舟亭，天际归帆望杳冥。松竹阴中孤塔白，楼台缺处数峰青。赭山人去生春草，江水潮回没旧汀。更忆于湖玩鞭迹，吴波不动客扬舲。”诗中既交代了识舟亭的地理位置在芜湖城北面（实为西北），也写到了识舟亭一带的风光，长江归帆、松竹掩映下的中江塔，还有望远怀古，联想起玩鞭亭的往事。

不仅如此，连清代鼎鼎大名的讽刺小说《儒林外史》中也有识舟亭。作者吴敬梓当年曾寓居芜湖一段时间，此书中有不少芜湖地名的影子，其中就有吴波亭一段。在《儒林外史》第三十三回中，作者写到了主人公杜少卿从安庆回南京停留芜湖时囊中羞涩，最后在识舟亭“他乡遇故知”的际遇。这段描写生动精彩，写到众人在识舟亭喝酒聊天，赏大江落日、观风向。“大家靠着窗子看那江里，看了一回，太阳落了下去，返照照着几千根桅杆半截通红。”当年，鹤儿山下舳舻相接、帆樯栉比，绝对是一个大码头。

黄钺之子黄富民晚年点评《儒林外史》到此处时，动情写下：“是芜湖江口景致，令我乡思之勃然。然以今思之，又惨然矣。”显然是作者写得太生动、太真实，勾起了他的思乡之情。

识舟亭当年还停留过御驾。据说，南明弘光帝朱由菘外逃芜湖时，就曾在此亭歇息，等到清兵追至才由手下护送入芜湖城中。

县志记载，识舟亭于光绪年间废。民国初期，在鹤儿山后复建有八角亭，再后来，连八角亭也逐渐荒废，只留下一条名为“八角亭”的小巷。笔者曾特意造访这一带，有关“八角亭”“识舟亭”的印迹已荡然无存。不过，“八角亭”依旧活跃于芜湖人的记忆中，上了年纪的芜湖人应该还记得一句口头禅：“一脚把你从八角亭踢到河南西瓜墩。”芜湖方言中，“角”与“哥”发音相近，因而“八角亭”常被念成“八哥亭”。西瓜墩在今南关附近的弋江小区。从当年的芜湖城框架来看，从八角亭到西瓜墩那是很远的一段距离了。因而，这句口头禅通俗点说就是“懒得理你，有多远滚多远”。

二　“寺”说鹤儿山

如果问芜湖历史最悠久的庙宇是哪座，相信绝大多数人都会脱口而出：广济寺。

然而，百多年前，答案就不一样了。因为那时的青弋江口、鹤儿山下还有一座古寺——吉祥寺。

吉祥寺在江城众多寺院中堪称老大。为什么这么说？

首先是历史悠久。《芜湖市志》（1993年版）统计，芜湖历代所建佛教寺院庵堂共计232座。而在这两百余座寺院中，建寺最早的就是吉祥寺。吉祥寺始建于晋永和二年（346），是与王敦筑城同一时代的事，比广济寺还要早500多年。唐朝著名诗人杜牧有名句“南朝四百八十寺，多少楼台烟雨中”，吉祥寺始建于更早的晋朝，“四百八十寺”虽是虚指，但也当有它的一席之地。

民国《芜湖县志》在介绍“寺观”一节，第一个提到的就是吉祥寺，也足见其地位。吉祥寺旧名永寿院。它从东晋的江南烟雨中一路走来，屡废屡修、屡修屡废，堪称命途坎坷。南宋景祐年间，该寺迎来第一个高光时刻，被皇帝赐名吉祥院；元代时，寺院遭毁弃；到了明初，由僧人净川重修，正式改名为吉祥寺。不过，仅仅过了二十来年，吉祥寺复遭荒废，那一带归于荒野丛林。从永乐元年（1403）开始又经历代增修，渐成广宇，建有山门、廊庑、佛殿、毗卢阁，还有一座藏经楼。明代御史、繁昌人吴琛在其《吉祥寺记》中，将吉祥寺几次遭遇浩劫的原因归结于个别寺僧的无道以及兵燹战乱。明朝倡修佛寺，当时太平府所辖三县（即当涂、芜湖、繁昌）复修庙宇无数。吴琛认为，其中最著名的当数吉祥寺。

清代，围绕着“毁与修”，吉祥寺见于方志更加频繁。康熙年间，吉祥寺再毁，雍正年间复建，至乾隆十四年（1749）增修月台等处，“宏整壮丽，古制聿新”。这应该是吉祥寺规模最大的时候了。当时该寺南至青弋江边，西濒大江，北到范罗山附近，东连街市。咸丰年间，寺又毁于战火。到了民国初年，吉祥寺的规模已大为缩小，仅存一座后殿和两旁的几间房子。不少地方将当时的襄垣学校租与他人，以作学费。寺前也建起了警察总厅，即今公安街一带。

吉祥寺在众多庙宇中的显耀，还在于留下了不少典故。旧名“永寿院”的由来便涉及一段故事。相传当年南唐开国皇帝李昪避祸曾逃难于此。李昪是五代十国时吴国大臣徐温的养子，为徐温众子所不容，其中又以长子徐知训为最。一次，徐知训喊李昪喝酒，埋伏剑士想加害于他，这是典型的“鸿门宴”桥段。当时，徐知训手下有个叫刁彦能的人发现后，就趁斟酒的间隙，用手掐了掐李昪。李昪经提醒后赶忙起身逃离，幸免于难。据说，李昪逃到了芜湖吉祥寺后的一棵古松下。后来，李昪建立起南唐，便下旨将这座寺庙改名永寿。由此可见，永寿之前，吉祥寺应仍有一个名称。

又传说该寺当年曾留有苏东坡、黄庭坚两位文学大家手迹，二者均为寺刻石，嵌于寺壁，苏东坡手书《花卿歌》，黄庭坚为之书跋。这其实是一个误传，苏东坡所到吉祥寺应为杭州吉祥寺。

误传归误传，影响却是深远的，以至于到了清代编纂《太平三书》时，竟将苏大文豪的《吉祥寺赏牡丹》一诗编入了鹤儿山名下。萧云从的《太平山水图》中鹤儿山的题诗选用的也是此诗。这处谬误，不但今人认同，连100多年前的黄钺也早就指出了。在《于湖竹枝词》中，他两次提及吉祥寺，在第十四首有“吉祥寺里花应笑，未见坡仙拄杖游”，意思就是说，本地吉祥寺里花都要笑死了，我们从来没见过苏大学士拄着拐杖来赏花嘛。文人之间的取笑都这么雅致！不仅于此，黄钺还在其后的诗注中，明确告诉我们，《太平山水图》用了苏轼《吉祥寺看花》一诗，太牵强了。

芜湖吉祥寺与苏大学士无缘，但和黄大文豪却真有联系。当然，与上文的“赏花”无关。当年，黄庭坚途经芜湖，停驻吉祥寺时，的确曾应寺僧之邀，作《太平州芜湖县吉祥禅院记》。在此记中，黄庭坚对吉祥寺的历史娓娓道来，写得颇为详细。

一开头就说，太平州芜湖县的吉祥寺，在一些典籍资料中都很难找到它的来处。当地父老说，之前寺前有石刻表明始建于晋永和二年(346)，但不知道当时叫什么寺名。

吉祥寺还有一则典故玄而又玄，连民国《芜湖县志》都把它直接归入了“仙释”一门。

那是北宋宋神宗在位时的事。当时，吉祥寺经历又一次颓败。宣州广教寺有个叫庆余的寺僧来此，有志复建。他到芜湖城内四处化缘，寺院渐渐有了起色。这天，城中有个屠夫准备杀一头牛，结果连续三天都用不了刀，杀不了牛。后来，屠夫做了一个噩梦，醒来后把牛送到了吉祥寺。庆余收下牛后，就把牛安排到了磨坊中。再后来，庆余圆寂时，这头牛竟然也跟着死了，连石磨也崩裂开了。

这件事一时传为奇谈。大文豪黄庭坚把它写入了《太平州芜湖县吉祥禅院记》。结果一时成了当时的头条，放到现在可能就是一篇“10万+”的网文。后来，这件事还被不少史籍所引用，不少诗家题咏吉祥寺时都忘不了提一下这个典故。

吉祥寺还是当年芜湖城西的地标，县志在介绍鹤儿山一带的许多建筑时总习惯以它为参照物。如：东退庵在吉祥寺左、西退庵在吉祥寺右、觉成庵在吉祥寺后、双槐巷在吉祥寺后街半边、警察总厅在吉祥寺前……值得一提的是其中东退庵、西退庵都与吉祥寺同时修建，东退庵因黄庭坚曾租住用来读书又名黄山禅院。

由此可见，当年鹤儿山一带香火弥漫、佛寺林立。此外，在鹤儿山麓明朝末年还曾建有雄观江声三元殿。相传殿边曾有响石一块，立石边能听闻江声澎湃。

吉祥寺西南有宝塔一座，即今中江塔。中江塔始建于明神宗万历四十六年（1618），竣工于康熙八年（1669）。中江塔并非佛塔，而是一座“风水塔”，也无直接史料证明其与吉祥寺有关联。

吉祥寺因地处大江来往要处，历史上也频受诗家关注，如南宋名将岳飞之孙岳珂有《入芜湖港过吉祥寺》，明清两代题咏更是接连不断。与识舟亭一样，吉祥寺曾被吴敬梓多次写入《儒林外史》。

风雨千年，当年的吉祥寺一带如今早已成为闹市，旧址已建起了住宅楼，留下的印迹也已无多。除了仍留在老芜湖人口中的“寺码头”这个地名外，只剩下几个带有“吉祥”“吉祥寺”字样的店家招牌了。

三　鹤儿山与雨耕山

在鹤儿山一带，有一个有趣的现象。随着“鹤儿山”这个名字的逐渐远去，而几乎在同样的地方，一个“雨耕山”的山名却逐渐声名鹊起。

那么，鹤儿山与雨耕山到底是什么关系？是不相干的两座山，还是根本就是同一座山呢？值得深究。

有意思的是，翻遍手头所能查找的资料，民国以前的所有史籍记述中只字未提“雨耕山”，这一带除了范罗山只有鹤儿山。

“雨耕山”名字第一次走进本土方志是民国《芜湖县志》，却是“犹抱琵琶半遮面”。为什么这么说？因为这三个字并非正儿八经地出现在县志的正文中，只是在卷首的“城西图”中标注了一下，而且极不明显。更令人不解的是，同一部县志里的另一幅《城厢图》中的相同位置标注的却是“鹤儿山”。除此之外，整部县志洋洋洒洒几十万字中再也没有出现一次“雨耕山”的影子。这就很容易让人猜想“雨耕山”这个名字可能出现得很晚，最多不过百年的光景。

那么，既然当初“雨耕山”如此不受待见，又如何能穿越百年时光，在我们今天开始混得风生水起，大有盖过鹤儿山的气势呢？这一切很可能与一所学校有关，它就是私立内思高级工业职业学校，也就是在很长一段时间内被芜湖人称为“电校”的安徽机电职业技术学院的前身。因为，目前笔者所能查找到的所有与雨耕山相关的史料除了县志《城厢图》中昙花一现般的标注外，均与这所学校相关。

这一段说来话长。1876年，《中英烟台条约》签订后，芜湖被辟为通商口岸，西方各国纷纷在芜湖抢占地盘，沿江一带随之诞生了领事署、教堂、教会医院、教会学校等一系列西方建筑风格的近代建筑，天主堂及内思高级工业职业学校就是其中的典型代表。

天主堂也就是我们俗称的天主教堂。民国《芜湖县志》有：“天主堂，在鹤儿山麓。光绪初，法国教士创建。”天主堂素有江南“小巴黎圣母院”的美誉，在华东地区仅次于上海徐家汇教堂。它规模宏大，从外观到结构，从建筑环境的选择到建筑材料的使用，都体现出极高的美学水准，具有独到的建筑技艺和表现形式。

当年，法国神父金式玉购得鹤儿山半部，计划建造天主教江南教区中心大教堂。1891年5月，教会与百姓发生冲突，爆发震惊全国的“芜湖教案”，教堂被烧毁。事后，清政府花费十三万两白银在原址重建。新教堂于1895年6月16日竣工。这座全新的芜湖天主堂坐东朝西，系典型的哥特式建筑风格，无论是整体，还是局部，皆为极规整的对称格局，从空中俯瞰，教堂呈一个巨大的十字架形状。天主堂已有100多年历史。2013年3月，芜湖天主堂入选第七批全国重点文物保护单位。

《芜湖风光揽胜》一书记载，芜湖天主教一开始属于上海法国传教士的传教范围，后来转入西班牙传教士之手。1934年，芜湖天主教总堂从英国人手中购买了英驻芜领事署官邸及旁边的大片土地，在领事官邸附近建造了内思学校男生部，同时将领事署官邸用作学校办公楼。

学校由西班牙修士蒲庐设计并监造，1934年动工，1935年12月16日竣工。内思高级工业职业学校建成后，成为当时安徽规模最大的私立教会学校。1949年后，学校与教会分离，1952年改名为芜湖工业学校，之后更是历经校名的多次更替。1978年，升格为安徽机电学院，后迁至城东（现更名为安徽工程大学）。原址保留中专部，后更名为芜湖机械学校。2003年6月，芜湖机械学校又升格为安徽机电职业技术学院。2011年，学院迁至城南高校园区。此后，经过不断修缮，旧址现成为雨耕山文化产业园的一部分。2019年10月，内思高级工业职业学校旧址入选第八批全国重点文物保护单位。

在安徽机电职业技术学院校史馆，一份“私立内思工业职业学校承报立案用表”的档案上明确记载校址为“雨耕山”。工作人员也表示自己在整理校史资料时从未见过“鹤儿山”这个名字。结合之前查阅的相关史料，笔者发现一个奇怪的现象：天主堂的所有介绍资料中提到的都是鹤儿山，而近在咫尺的内思高级工业职业学校则一律是“雨耕山”，只字未及“鹤儿山”。

可以这样说，很可能正是由于内思高级工业职业学校对雨耕山的坚持，才让这个山名能够穿越百年时光直到雨耕山文化产业园开放之后逐渐绽放异彩。因而，“雨耕山”的横空出世，很可能就是当年西班牙人建筑此校前后的事。

在一块巴掌大的地方，竟然出现两个迥然不同的山名，而且相关史料泾渭分明，实在令人费解。考虑到当年鹤儿山范围很大，南至青弋江边，是否可以这样认为：即便雨耕山与鹤儿山不是一回事，应该也是鹤儿山的余麓，是当年鹤儿山延伸至青弋江口一带隆起的一个小山坡，与凤凰山之于赭山的关系类似。

还有一个有趣的现象，法语与西班牙语中“鹤”的发音都与中文“雨耕”类似，特别是西班牙语中“Grulla”的发音像极了“雨耕”。究竟是巧合，还是当年西班牙人圈定此处后，用西班牙语翻译了鹤儿山，而后又被音化为“雨耕山”的呢？因缺乏足够的史料，只是猜想，不敢定论。

近来，又有“雨耕山”或为“禹耕山”的说法，个人以为可能性不大。芜湖一地虽有“大禹导中江”一说，也有禹王宫等古地名，但史料中一直未明确有“禹耕山”的地名及说法。如有“禹耕山”的典故，历代文人雅客题咏时不可能只字不提。清末，袁昶任徽宁池太广分巡道道员时曾著有《于湖小集》，里面记述了不少芜湖一地的风景名胜，确有《上禹耕山》一首，但《于湖小集》也不尽为芜湖物事，还有不少他处的景致。比如，在《上禹耕山》一首之前就有描写抱冲亭、芙蓉池、梅坪、云起石、嘉雨轩、藕溪楼、延年室等景点的一组五绝，这是当时徽州府歙县“不疏园”附近的景致。因而，并不能坐实了禹耕山就在芜湖，更遑论是雨耕山的别称了。此外，《上禹耕山》一诗中具体提到的“乱山环合”等景象也似乎与大江之滨的小山峦相去甚远。比如：“乱山环合”一词，苏轼就曾用来形容黄州地貌。

聊到这一带的古迹，还有一件往事值得一提。当年，天主堂建成后，金式玉还在鹤儿山建立起芜湖测候站开展气象观测。天主教会租下鹤儿山八角亭后，原本打算建造一座颇具规模的现代化天文台，后因种种原因，这一计划一直未能付诸实施。直到1931年才在八角亭的东北侧空地上，规划督造了一座日晷，这也是芜湖历史上有据可查的第一座日晷。这座日晷设计精密，报时准确，当时天主堂顶上的大自鸣钟就是以它为标准来校时的。可惜，这座日晷存在时间并不长，据说因它从空中俯瞰酷似一架防空炮，在抗日战争中被日寇飞机炸毁。2020年10月11日，芜湖国家气象站被世界气象组织（WMO）执行理事会认证为世界百年气象站，也与此段历史有关。

悠悠千载，时光犹如鹤儿山西面的大江之水流逝不息。如今雨耕山上霓虹闪烁，早已成为江城一个文艺范、小资范十足的休闲胜地，只是谁还能记起这座江滨小山的悠悠过往？唯有那一座座极具西方韵味的古建筑似在默默诉说当年的往事。

五华山：一山一寺说五华

繁昌平铺镇境内有一座山，隐于连绵众山之间，常年葱茏深邃，海拔算不得高，初见者或不以为奇。然而，当你走入历史深处，就会发现此山成名很早。它，就是五华山。

五华山，古名隐静山、五峰山。翻看方志，“隐静”之名时常可见。比如乾隆《太平府志》：“隐静山在（繁昌）邑东南三十里铜官乡，高二百八十丈，旧传杯渡禅师栖隐地。峰五：曰碧霄、曰桂月、曰鸣磬、曰紫气、曰行道。有泉二：曰金鱼、喷云。金鱼在碧霄峰，喷云在桂月峰下……”山有隐静寺，传为杯渡禅师创建。

杯渡禅师是谁？府、县志均有相关记载，传说他是西竺国高僧。杯渡并非他的本名，只是因他常常脚踩一个大杯渡水而被人们称为杯渡。也就是说遇到河，人家都是坐船，到他这里就拿个大木杯往河里一扔，踩着就过去了。挺好，免了船票！

杯渡是南北朝刘宋时期的人，到了明代，有个朱星祚的人写了一本《二十四尊得道罗汉传》，杯渡位列其中，排第十一。在这本书里，作者对杯渡其人做了生动描写，说他年少时喝酒吃肉，与平常人并没什么两样。平时又不修边幅，很不像个和尚。有一次游方化缘时，竟顺走了人家家中的金佛。

好嘛，施主这下子变成了失主。失主赶忙骑马去追，却怎么也赶不上他走路的速度，这才知道他是个得道高僧，于是顿悟杯渡偷金佛并非为利，而是不惜牺牲个人名声，让众生知道自己的非凡……当然，这本书里关于杯渡的故事还有很多，总的感觉是，把他刻画成了一个和济公一样奇异的高僧。

其实，不只是这本书，在本土的一些史料中，杯渡的故事也和济公很相似。五华山原名隐静山，山有隐静寺。到底是山因寺名，还是寺因山名，已不得而知。可以肯定的是，五华山，很早就因山中的隐静寺而闻名遐迩。据说，当年，杯渡云游至宛陵（今宣城市境内）时，将袈裟锡杖掷空，以袈裟锡杖落地处来选址修行。那袈裟与锡杖一路向西飞来，到了今天五华山的地界才落地。杯渡于是决定在此建寺。更令人惊奇的是，到了建寺时，竟有木头遮江而来，自山顶井中涌出，所需的木、米、盐、酱都从边上的四个池中涌出，而且用之不竭。这就几乎与“济公净慈寺古井运木”的传说如出一辙了。

杯渡建寺的传说不只停留在口口相传或文字中。当年，在五华山上还有一系列的古迹支撑，这在道光《繁昌县志》中有明确记载，如：落衣坛、木米盐酱四池、杯渡松、宿猿洞等，今已不存。

众山的早期传说很多都带有神秘色彩，大多荒诞不经，代表当时人们对自然的认识。值得指出的是，这些传说也并非全部空穴来风，而是建立在一定史实基础上的，是历代劳动人民集体智慧的结晶。近年来，繁昌一地多次发现晋代及三国时期的佛像砖石，五华山附近也曾出土过大量寺院砖瓦，经文物部门考证，都出自南朝，这也印证了隐静寺始于南朝的历史。

乾隆《太平府志》记载，隐静寺曾悬挂匾额“江东第二禅林”。后经隋、唐、五代十国时期历代的持续修建，规模渐大、名气愈显。北宋大中祥符年间改名普惠禅寺。宋仁宗嘉祐三年（1058），圆通大师怀贤，募里民杨绪建御书阁，收藏三朝御书一百一十轴。北宋诗人郭祥正《重建隐静寺御书阁记》记述了重建的御书阁，甲于他屋，共三十六间。

南宋时，妙义禅师建毗庐阁，嗣浚又建单传阁，列三十五祖神座。元时名士薛昂夫为寺题额“江东第二禅林”，明洪武年间改名为隐静寺。

隐静寺与五华山的声名鹊起，得益于诗仙李白。他曾写下名篇《送通禅师还南陵隐静寺》（唐时，五华山属南陵）：“我闻隐静寺，山水多奇踪。岩种朗公橘，门深杯渡松。道人制猛虎，振锡还孤峰。他日南陵下，相期谷口逢。”诗中，李白以“我闻”二字起笔，如话家常。用我们今天的话来说就是：“我听说隐静寺那，风景很好，是个网红的打卡胜地啊，我很想去。”诗中，诗人对隐静山风貌的描写颇为细致，想来要么当时隐静寺早已声名在外，要么诗仙身边的很多人都到过隐静山。

李白究竟是否到过五华山，至今成谜。可以确信的是，写这首诗的时候，他应该是没有到过的。未曾登临，又久闻其名，自然心生向往，所以，诗人最后跟朋友说：“哪天我经过南陵时，一起去谷口转转。”谷口，即平铺镇在唐代的古称。

连诗仙都向往的隐静山，历代自然笔墨不绝，唐有张佑、张乔，宋有杨杰、梅尧臣、郭祥正、张孝祥……据统计，府、县志书所见与隐静山、隐静寺相关的诗歌共24首，计18人，又以梅尧臣为最，一人便写下了近10首。一座最高峰海拔也不到300米的山峦竟引来众多诗家的题咏，还有不少是大家，这在繁昌乃至附近一带不算多见。

这些文字大多援禅入诗，透过诗意与禅意，我们眺望时空，隐约能瞧见隐静山当年的秀美风光：山有芦橘、枇杷、翠竹、五叶松、金桂、榧树、柏树、栗子树……野猕猴攀援林间，金鬣鱼静游浅底，频伽鸟时鸣山涧。清初，萧云从的《太平山水图》也有隐静山的一席之地，名为《五峰之图》，图绘碧霄、桂月、鸣磬、紫气、行道五峰，峰下隐静寺。画中的隐静山怪石嶙峋，隐静寺左有朗公橘，右有五叶松。诗题自然就是诗仙的这首《送通禅师还南陵隐静寺》。“隐静禅林”也是繁昌“古十景”之一。

五华山还是一座传说纷纭的山。比如隐龙太子的传说。隐龙太子墓历史上真实存在。《太平府志》中明确写道：“（隐静）寺左俗名天子坟，未详何代封鬣，尚存，踏之铿然，有声如洪钟。”据说此墓一直保存至20世纪60年代，后因修建水库被发掘。

如今的五华山，山腰处有水库，湖光山色，波光潋滟。水边不远处便是当年隐静寺的所在，寺后是连绵竹海。只是时过境迁，眼前的隐静寺显然为后来重修。车过水库之后，山路愈加崎岖，行不多时，便到了观音庵。庵院坐北朝南，沿石壁而建，庵堂的后墙便是碧霄峰的悬崖。

崖有石刻，传为北宋元丰年间物。观音庵边便有泉眼，泉水清澈见底，终年不断。据说泉井中鱼，名曰“金鬣”，只能在这一带的泉水中存活，曾有好事者捞出一两尾到别处，没过多久便死了。

过观音庵，只能步行。山路也比之前陡峭得紧。两旁奇石嶙峋，高低错落。拾级而上，不多久，便能见路边脚下的石头上有一石洞，形似足迹。传说这是地藏王脚印，当年地藏王菩萨金乔觉来中国修炼佛法，去九华山之前先到了五华山。一日，地藏王见西南方有九座莲峰高耸，祥云弥漫，情急之下拔腿跨去，便将一个足印留在了这里。于是，坊间又有“先有五华，后有九华”之说。

沿着石阶继续向上，山林愈见清幽。初冬时节，石阶上不时飘落的各色落叶，被踩在脚下，吱吱作响，似跨越千年的轻吟。一些知名不知名的鸟儿躲在林间，听着人的脚步声由远及近，冷不丁地在树梢上扑腾一下，远飞而去。翅膀扑打的声音骤起又悄然远逝，愈显山林幽静。

一岁一秋一地黄，一山一道一流光。

花开花落，叶枯叶荣。时光深处，在这条千年古道上演的是一次次的轮回，一代又一代的落叶默默见证了众多佛教高僧踏过的足迹。如今，残破的古道已被崭新的石阶路所替代，多了舒适与安全，却也少了几分岁月的沧桑。再向上，走过最后一段坡道，眼前闪现一片竹林，翠竹亭亭。过竹林，眼前便是地藏王正殿，红瓦黄墙在竹海翠波的映照下，更显夺目。树、竹、寺共同构成了一抹深山隐古寺的意趣。

马仁山："跨界"得双名

在芜湖，有一座山因地跨繁昌、南陵两地，而在各自境内各得一名，这就是马仁山与乌霞山。

翻阅方志，马仁山出名很早，而乌霞山之名的出现则很可能就是近百年的事。在浩繁的史料中，此山之名出现得最多的是马仁山，即便在民国《南陵县志》中提及此山，表述也是马仁山："马仁山，县西北四十五里，与铜繁连界。诸峰有人马状，上有石室。初名马人山。唐贞元人闻石马鸣，夷其首，改今名。"

其实，准确来说，马仁山是地跨繁昌、南陵、铜陵三区县，过去山顶一直有"一脚踏三县"的说法。马仁山南望九华、北瞰大江，东西绵延20公里，主峰海拔316米。

马仁山之名的由来有点意思。马仁山原名马人山。据说古时山中有一巨石，马首人身，日晒雨淋之后竟得道成精，日夜嘶鸣不已，山下村民不堪其扰。一日，一位仙人过此，挥剑斩断马头，自此便没有了马鸣之声。那马头与身体分别落到了太阳峰与月亮峰上。当地百姓为纪念仙人仁义之举，遂改"人"为"仁"。

因地处三地交界，这段民间传说在三地的方志中均有类似记载。道光《繁昌县志》："马仁山旧名马人，高二百丈，纵横耸峭，形类人马。唐德宗时石马妖鸣，断其首以厌之，易今名。"民国《南陵县志》中有类似的记述，不同的是事情发生的时间更为具体，为贞元年间（785—805）。嘉靖《铜陵县志》则将时间记为唐哲宗时期。历史上并无唐哲宗，显然是一处谬误。

马仁山山峦秀美，峰、石、洞、水、木、云，各擅其美。千百年来，大自然的鬼斧神工造就了它的瑰丽。

《繁昌县志》称马仁山“有峰六：曰韬玉，曰龙首，曰马人，曰罗汉，曰双桂，曰嫦娥。又有石庵、观音岩、双猫石、虎石”。岁月经年，当年的好多景点已杳然难寻。今天的马仁山又有新的奇峰，如：马仁奇峰、鲁迅峰、美女峰等。马仁山多奇石、石壁，石石成景，巧夺天工，马仁云壁横亘天地，被列为繁昌“古十景”之一。20世纪末，马仁山跻身“芜湖新十景”，马仁石壁功不可没。以太阳洞、月亮洞为代表的岩洞则是马仁山的另一大奇观，石屋洞、观音洞、漏月洞、乌霞洞……形态各异，洞洞天成。

山谷终年流水不绝。沿山道拾级而上，涓涓溪流隐现于山涧，水积成潭处澄澈透明，月亮泉、观音泉、月亮湖、洗砚池，相映成趣。山中植被茂密，空气清新，是一座天然氧吧。《芜湖市志》记载，山中有松、杉、竹、樟、椿等600多种植物。其中，半山腰的楠木林、山脚的竹海最让人津津乐道。

马仁山之云在春夏时节欣赏，置身山巅，云飞雾驰、群峰隐现，蔚为壮观。马仁山现为国家级森林公园、国家AAAA级风景区，2014年，跻身第七批国家地质公园行列。

自古深山有古刹。马仁山有马仁寺、乌霞寺。史料记载，马仁山与佛教结缘始于唐德宗贞元十一年（795），马仁寺为隐士王翀霄修建，算起来正是“石马妖鸣”的那段时间。清代繁昌知县王雄飞在《重修马仁寺碑记》一文中对马仁寺的历史有着详细记述。特别提到，此山多奇石，像人马，因而得名马仁山。寺因山名，和众多庙宇一样，历史上的马仁寺也历经多次兴废，曾易名莲社院，后又改回马仁寺。今天的马仁寺隐于山脚竹海苍翠之间，寺前竹林中有千佛塔。

乌霞寺在马仁山南麓，位于南陵县境内乌霞山上。乌霞寺又名乌霞洞庵、五霞寺、五霞洞庵。最初为奉祀陈翥而改陈公藏修书舍为乌霞洞庵。《芜湖风光揽胜》载：“（乌霞寺）始建于北宋庆历八年（1048）。”由此看来，今天的乌霞山很可能是因乌霞寺而得名。陈翥是我国北宋时期著名的科学家、林学家，铜陵县人，著有《桐谱》一书。此人爱好读书学习，常闭门不出，曾号闭户先生。当年，他来到乌霞洞时，流连乌霞山秀色，于洞前筑“乌霞洞学堂”隐居，著书立说。据说，连名臣包拯都曾两登乌霞，慕名拜访，并屡荐于朝。陈翥一心向学，不为所动。陈翥去世后葬于乌霞山，当地人遂将其书舍改建为“乌霞洞庵”，后更名为“乌霞寺”。乌霞寺虽与马仁寺一南一北，但同样四周是茂林深篁，竹林隐古寺。奇怪的是，乌霞山的这段历史在民国《南陵县志》中未有记载。

历代文人墨客在这里留下了诸多诗文佳作。如宋代鲍信叔的《马仁莲社院》，明代诗人潘之恒的《马仁山记》、崔涓的《马仁山记》、徐杰的《马仁山八首》，清代王雄飞的《重修马仁寺碑记》等，不一而足。这些诗文有赞马仁风光的，有记马仁历史的，成为马仁山弥足珍贵的文化宝藏。

明代戏曲评论家、诗人潘之恒对马仁山赞不绝口，他在《马仁山记》一文中认为，洞庭的石头、黄山的石笋、苏州的天平山都不及马仁山的险。这夸得让人吃惊。平心而论，马仁山之秀，还不足以胜过洞庭湖、黄山。但潘之恒告诉我们喜欢就是喜欢，喜欢不需要任何理由。如此偏爱马仁山，几乎让人错以为他就是当地人。

不仅如此，马仁山的秀丽还博得了画家的青睐。到了清初，萧云从的《太平山水图》中，马仁山以《双桂峰图》《洗砚池图》独占其二。

如今的马仁山已被开发为闻名遐迩的旅游景区，先后修建了人祖文化园、山中滑道、玻璃桥、绝壁天梯栈道、玻璃漂流等景点，每年节假日来此旅游观光的游客络绎不绝，已然成为欢乐芜湖的一张亮丽名片。

珩琅山：俯瞰青弋名古雅

驱车沿沪渝高速过南陵入宣城界时，远远地便能瞧见一座山峦矗立在左手边的青弋江畔，那便是珩琅山。

珩琅山位于湾沚区西南，地处湾沚、南陵、宣州三地交界附近。山呈东南向分布，东西两主峰遥相对峙，西边主峰海拔300余米，东边主峰250米左右，是湾沚第一高山。事实上，湾沚地处水阳江、青弋江交汇地带，境内水网密布，是典型的圩区地貌。因此从严格意义上来说，珩琅山也是该区境内唯一的一座山。

“珩琅”二字相当古雅，常被人误读为“xíng láng”，实则音为“héng láng”。“珩琅”并非一个词语。《现代汉语词典》中分开注释。珩，指古代配饰上面的横玉，形状像古代的磬；琅，有两层意思，一为一种玉石，二是洁白之意。由此可见，珩琅都有美玉的意思，有着美好的寄寓。

珩琅山的确担得起美玉之名。青弋江流入芜湖境内后曲折逶迤，犹如一条飘逸的彩带盘绕在江南沃野之上，而珩琅山青翠葱茏，就恰是彩带之间的那方碧玉。

珩琅山又名行廊山，因而，仅从读音上来看，前面的误读也算不得错。

在历史上很长一段时间里，珩琅山属宣城。行廊山之名的由来，《宣城县志》说因其两主峰对峙环绕如行廊，故而得名。珩琅山还有一名“青龙山”，这个名字就比较普遍而通俗了，有点俯拾皆是的味道，远没有前面两个名字来得雅致。

不过，个人总觉得“行廊”才是本名。以山形取名是民间惯常手法，最直接也最容易为百姓所接受，而“珩琅”很可能是后来某一位文人骚客对“行廊”的雅化。1985年版《芜湖县文史资料》（第一辑）记载，行廊山上怪石嶙峋、千姿百态。因石多奇异，美不胜收，后人才改“行廊山”为“珩琅山”。元代名僧释大䜣曾著《蒲室集》一书，书中收录有《宁国路宣城县珩琅山法云禅寺记》一篇，说“珩琅”之名来源于此山“仓润如玉”，山脉蜿蜒曲折像房屋行廊。可见，“珩琅山”之名早在元代就有了。不过，这里提到了“珩琅山”以及山形如行廊，却未提“行廊山”，又给两者到底谁先谁后打了个问号。

珩琅山曾为原宣城县四大名山之一。当年能在以敬亭山、麻姑山为代表的宣城县众山中占得一席之地，可见非同一般。不仅如此，“珩琅雪景”还被《宁国府志》推为“宁国十景”之一。在该志卷首的众山图中也收录有“珩琅山”秀色。

珩琅山，昔时香火旺盛。山有众多寺宇，最负盛名的是法云寺。《宁国府志》载：“寺乃南朝梁代高僧杯渡禅师建……山有杯渡岩，刻有梁武帝及杯渡禅师的像。”《法云禅寺记》中相传梁武帝曾临幸此山。府志中还记载，当年山上有巨人迹、白云池，为南朝梁代高僧杯渡道场，这就让人很自然联想到繁昌的隐静寺。

据说，当年珩琅山古建筑布局俨如九华山，有二圣殿、万年台、晏公殿、十王殿、塔、法云寺等，现仅存珩琅塔。

珩琅塔位于山西南峰塔子岗上，原名西峰塔，始建于南宋德祐元年（1275），也有说法认为是南宋淳熙五年（1178），明朝大修。塔为六面七层楼阁式砖木结构。顶部塔刹相轮七层，宝瓶莲花覆钵。在曾经很长一段时间里，塔刹向西北方向倾斜，据说是当年被日军侵华时的炮火所击歪。2009年，芜湖县政府对塔刹进行了修葺扶正。2012年。珩琅塔被安徽省人民政府公布为第七批省级文物保护单位。

珩琅山也是一座传说众多的山。山的由来就有一段传奇故事。相传玉帝派山仙从遥远的南方挑着两座大山去填东海。到了青弋江边时，山仙早已汗流浃背，又见青弋江水清澈，于是下水洗澡。等到想起手头工作时，赶忙挑起担子，结果一头没系好滑了下来，另一头被扁担弹去老远，落到了南陵县境内。滑落的一头变成了珩琅山，弹出去的另一头变成了弹弓山（即今大工山）。如此说来，珩琅山与大工山是兄弟，据说两座山外观一模一样，没多大区别。笔者未曾亲查，有兴趣的不妨一探究竟。

珩琅塔也有一则传说。说有师徒二仙分别在珩琅山和敬亭山造塔，约定连夜造好。结果徒弟为求省事，将敬亭塔造成方塔，半夜就完工了。跑到这边一看，师傅造的塔是六面的呢。弟子不甘落后，躲在一旁学鸡叫。师傅以为天亮了，匆匆赶工，顺手招来一口铁锅倒扣塔上，于是珩琅塔塔刹就歪了。从“塔刹歪了”来看，这则传说很明显时间不长，很可能诞生于现代。

关于珩琅山的传说还有很多，不一一详述。值得一提的是这两则传说，情节生动、立意通俗，在传播方式单一的过去很有市场，易于口口相传。何况作者谋篇布局大气，空间架构雄阔，不局限于一隅。一个从青弋江边一下子扯到了几十公里外的大工山，一个将珩琅山与敬亭山联系了起来。

老实说，这让人很怀疑两则故事的作者是同一人。

今天的珩琅山已被开发为旅游景区。山脚有湖名“归隐湖”。湖边修建有宽阔的停车场以及供游客休息的长廊。大门处一座牌坊，上书“珩琅圣境”四字，舍“胜境”而用“圣境”，或许是因循着当年法云寺的梵音与佛香吧。

在某一个暮春时节去珩琅山，阳光初见其烈。从大门入景区，一路林荫夹道，倒也凉快，行不多久便到了山下的观音寺。水泥山道打着“之”字形继续盘山而上，愈见陡峭。山道两旁能隐约遇见独属于那个季节的树莓。山道既有供车行的水泥道，也有让游客登山拾趣的石阶路，山花烂漫，石阶的错落之间隐约还能碰到几株荒茶，像掉队的小朋友一样，虽然孤单，却在五月的阳光下衬出几分倔强。

山腰修有步云亭，标牌上又有一段与李白相关的故事。再往上，便是山顶的灵观寺与八仙塔。以为八仙塔就是山顶，结果往上仍有一段台阶。又走过一段山石嶙峋的阶梯，到了真正的山顶却是一片平坦。主峰山顶少有大树，多为草丛灌木。登高远眺，四围尽收眼底。沪渝高速与青弋江在山下交织，见证的是从水运到陆运的嬗变。

下山时以珩琅塔为目标，沿塔子岗而下，显然比来时坡缓了许多。如今的珩琅塔下建有华严寺。近处，黄墙红瓦环绕古塔。远处，平畴沃野翠绿，隐约得见青弋波光，古意、禅意、春意共同构成了一幅暮春的江南绝美图画。

都督山：芜湖有座“九华山”？

“芜湖有座九华山”，这里的九华山非青阳县九华山，而是西九华。

西九华位于无为开城镇境内。准确来说西九华指的是西九华寺，只不过，寺名远播于山名，因而坊间常以寺名代山名。

西九华的由来，公开资料显示：“因南有九华山，故称西九华。”这句话本身很值得玩味。既然是南有九华山，应该称“北九华”才对。从地图上看，西九华也确实在九华山北略偏西位置。所以，如果真是按相对于九华山的位置来命名的话，叫“北九华”才是最贴切的。或许因长江在自九江往南京一段（皖江）为西南往东北走向，古代常将大江以东的地区称为“江东”，又称江左。九华山地处江东，而无为处长江以西，因有“西九华”。

西九华寺所在的山今天有个名字叫都督山，据说因三国名将周瑜曾在此山练兵而得名。但查历代无为地方志，均无此记载，也有一些业内人士撰文对此质疑。因而，“都督山”山名的由来只能算作传说，姑妄听之了。

都督山在当地人口中又称猪头山。据说是当地方言中，“猪头山”与“都督山”发音相近的缘故。这一说法在山脚下一户当地人家得到证实。当地人告诉笔者，自己祖祖辈辈生活在这座山下，一直喊的都是猪头山，但对于猪头山的历史却知道得不多。

结合史料文献分析，“都督山”这个名字可能并不长，连同此山所在的都督村，在20世纪90年代当地修撰的《无为县志》中也找不到踪影，而猪头山这个名字历史就悠久了。直到今天，百度地图中标注的也仍是“猪头山”。在清嘉庆《无为州志》中，我们找到了它的身影，还顺便牵出了它的另一个大名：豹儿寨山。“豹儿寨山，距城西六十里，俗名猪头山。”在明嘉靖《无为州志》中也有：“豹儿寨山，去城西六十里，开城乡二图。”嘉靖《无为州志》虽未记载其俗名，但也有遗漏或觉得不值一提的可能。因而，很让人怀疑都督山是后人对猪头山的雅化。

无为地貌总体特征是“山环西北，水骤东南”。都督山能在西部众山中脱颖而出，占的就是一个“险”字。

该山海拔200余米，本身算不得高，但车入开城镇境内，远远地就能见到一山拔地而起。山体朝东一面，西九华寺依山而建，沿山脚连亘而上，青山黄墙红瓦，特别是山巅突起一块九丈巨石更见险峻。悬崖峭壁之上，大钟殿耸入天宇，一幅青山托古寺、古寺绕巨石的画面跃入眼帘，甚是气派。

历史上，开城一地寺庙众多，有记载的如岩台寺、宝林寺、报国寺、西广德寺等。西九华寺始建于宋景德二年（1005），后历经兵燹战火，多有毁修。查嘉庆《无为州志》，“岩台寺，在开城乡。宋景德二年，僧妙胜开建，明洪武六年僧果谭修，国朝乾隆二十七年重修”。岩台寺可能是宋时此山上古刹的名称。如今的西九华寺为后来重建。因寺庙悬于九丈石旁，又得“九丈石庙”之名。《无为县志》（1993年版）：“九仗（丈）石庙，位于开城区刘店乡毛公村。建于清宣统年间……”可见，都督山一直都有庙宇，只是不断毁修，而且不同时期有过不同的名字。西九华传统庙会在当地乃至周边都小有名气，每年都会吸引周边及省内香客、游客前来。

历史上的都督山一带还发生过一段战事。“靖康之变”后，宋室南迁。高宗建炎三年（1129）十一月，金人进犯庐州，攻陷无为。无为人王之道当时正辞官归里，奉养双亲。遇此突变后，他毅然率领乡人于此山保护乡里，传为佳话。嘉庆《无为州志》中，豹儿寨山连同附近的狐避山、相山等都有相关记载。

去西九华适逢金秋，万山彩饰、层林尽染。自都督山下拾级而上，九丈岩下的黄墙之上，西九华几个红色大字，醒目耀眼。其中，从天王殿至大雄宝殿一段台阶最为陡峭，如今已修建成上百级整齐的水泥台阶，台阶两旁修有雕花石栏。扶栏而上，让你很难想象当年古人缘石索途的艰辛。行之半途，抬头仰望，殿额“大雄宝殿”四字仿佛悬于半空，更显庄严。钟楼更在宝殿之后的九丈石崖之上。

到得山巅，视野开阔。西眺，青山巍峨连绵。东望，沃野平畴之上，丘陵伏延不绝。

江静听潮声

芜湖，南倚皖南山系，北望江淮平原，襟江带河、依山偎水，是一座典型的滨江城市。如果说境内大小众山代表着这座城市的风骨，是一种阳刚，有着大城的雄阔；那么境内众水则是这座城市的灵魂，是一种阴柔，兼具江南的温婉。

芜湖境内以及流经芜湖的众水，江河湖塘，各展其秀。中国第一大河——长江穿城而过，在这里拐了一道大弯，直北而上，大江之畔留有诗仙千古名句“天门中断楚江开，碧水东流至此回”；六百里青弋江在这里汇入长江，杜牧诗云“正是客心孤迥处，谁家红袖凭江楼”；水阳江、青安江、漳河、裕溪河绵延大江两岸；镜湖、西洋湖、银湖、奎湖、龙窝湖、竹丝湖、汀棠、九莲塘等如碧玉一般点缀市井之中。芜湖得名的由来也与水相关，《太平寰宇记》《太平御览》等记载，古时的芜湖一带因地势低洼、有水成湖，水不深而有芜藻丛生，因而当时在此置县时取名芜湖。

长江：碧水东流至此回

一　芜江诸名

众水之中，其大者当属长江。自古以来，芜湖人滨江而居，得“江城”之名，又有“长江巨埠，皖之中坚”的美誉，与大江有着众多不得不说的故事。

先从长江芜湖段的别名聊起。长江芜湖段自无为市灰河口入境，至鸠江区大桥镇横埂头出境，流经芜湖市境内河道长度约114公里。千百年来，史籍、文学作品中，给了她各种别名。这些别名中，既有整个长江的统称而在芜湖被“发扬光大”的，也有特指长江安徽段甚至长江芜湖段的，还有指长江芜湖段某一小段的。它们之中有的今天已成了著名品牌，有的已沉淀为芜湖地名文化符号，还有的则渐行渐远渐无踪。

大　江

正如古文中的“河”特指“黄河”那样，“江”在古文中，常特指“长江”。《古代汉语词典》中，关于江的注释，第一条就是“长江”。大江，百度百科将其解释为“中国北宋时期至清朝末期长江称呼”，并认为是中国古代长江继江水、长江之后的第三个关于长江的称呼，最早文字材料见于苏轼的《念奴娇·赤壁怀古》，即“大江东去浪淘尽”。这是有误的，“大江”最早出现于《史记·司马相如列传》“缘以大江，限以巫山”一句。显然，用“大江”指代长江至少始于汉魏时期。

芜湖人也常称长江为“大江”。民国《芜湖县志》在介绍芜湖众水时第一条便是：“大江，在县西五里，上流起澛港口，过长河，经驿矶，下趋褐山，出当涂县境。”县志中提及长江，几乎都为“大江”，共出现了80余处。在本土一些历史地图中，也习惯将长江标为大江。

大江这个别名在芜湖得到了“发扬”，诞生了不少本土耳熟能详的品牌。如创刊于1996年1月1日的《大江晚报》（时称《芜湖晚报》）一纸风流，已经走过20多个春秋。此外，还有留在老芜湖人记忆深处的大江香烟、大江啤酒等。

中　江

中江是我国最古老的地名之一。《禹贡》中有“东为中江，入海”。《汉书·地理志》以今吴淞江为南江，芜湖市至宜兴市间的青弋江、水阳江、胥溪和荆溪为中江，长江下游干流则为北江，合称三江。芜湖一地向来有“大禹导中江”一说。今天比较公认的观点，中江指的是今青弋江、水阳江、固城湖至太湖一线，即今“芜申运河”中的一段。中国历史地理学家、复旦大学教授谭其骧主编的《中国历史地图集》中在东汉时期开始就将此一段河流明确标注为“中江”。

然而，由于历代对三江解释各异，有的甚至以长江上、中、下游为三江，认为长江芜湖段即属中江。县志中就提及，历史上有一个叫刘子澄的进士曾力证，中江即长江九江至镇江一段。将长江芜湖段称为中江，历史典籍中也确有痕迹可寻。如：《南史》中提及当年宋孝武帝刘骏在天门山一带长江检阅水军时，用的就是中江。民国《当涂县志》引芜湖志也有类似记述。

无论中江所指何水，总与芜湖有着千丝万缕的联系，也在芜湖留下了诸多印迹。如：历史上有名的中江书院，如今保留完好的始建于明代的中江塔以及后来的中江桥、中江商场、融汇中江广场、中江大道、中江公园、中江小学等。中江已成为芜湖重要的文化符号。

扬子江

扬子江也是一个古老的地名，本是长江下游的别称，因历史上有扬子津、扬子县而得名，也有因古扬州而得名的说法。隋唐以来，特称今江苏仪征、扬州市一带长江，又有指从南京以下直至入海口河段的说法。扬子江，古书中也写作“洋子江”。不过，近代以来的外国人又通称长江为扬子江。比如，芜湖长江大桥英文名称为“Wuhu Yangtze River Bridge”。

一切来自一个误会。当年，西方传教士来华最先接触的长江即南京以下这段。扬子江听多了就把长江统称为扬子江了，一直沿袭至今。民国版《芜湖县志》《当涂县志》中也偶有类似现象，更早的方志中则鲜见。由此可见，将芜湖段长江称扬子江的确是后来受“西风渐进”的影响。

无论是历史上，还是今天，在芜湖本地称长江芜湖段为扬子江的都很少。扬子江在芜湖虽然没什么太大印迹，但在芜湖境内却生活着一种与扬子江有联系的国家一级保护动物。它就是被誉为“活化石”的扬子鳄。扬子鳄因生活在扬子江流域而得名，是我国特有的珍稀动物，主要分布在江苏、浙江、安徽、江西的局部地区的长江水系中。

楚　江

楚江其实泛指的是今天湖北省及其以东的长江中下游河段，即历史上楚国境内河段。芜湖历史上地处吴头楚尾，长江芜湖段被称为楚江，最有力的佐证就是诗仙李白的名句“天门中断楚江开，碧水东流至此回”了。后人写芜湖风物，也常以楚江指代长江芜湖段和芜湖。如南宋张孝祥的《满江红·玩鞭亭》就有：“迷望眼，吴波不动，楚江从碧。”

吴　江

吴江的由来和楚江类似，芜湖历史上也曾属于过吴国。这主要集中于蛟矶。如明朝进士陶朗先的《蟂矶》一首中有：“欲将心事随流水，怕入吴江去不回。”历史上蟂矶庙曾有联：思亲泪落吴江冷，望帝魂归蜀道难。这里的吴江指的是长江芜湖段。此外，“芜湖古八景”之一

"吴波秋月"以及历史上的吴波亭也说明，这一带曾称吴江。

皖　江

皖江指的是长江安徽段。芜湖地处皖江之滨，以创新精神名世，又常被誉为"皖江明珠、创新之城"。皖江这一说法的历史算不得长。"皖"最早源自历史上的古皖国，而成为安徽省的简称可能一直要追溯到清代中期。顺治十八年（1661），清廷为方便统治，将原江南省一分为二，康熙亲政后，正式定名安徽、江苏。而"皖"成为安徽省简称可能更迟，甚至要到乾隆年间。皖江一开始专指安庆沿岸长江，即长江安徽段的上游，后随着"皖"成为安徽省简称而泛指长江安徽段，为安徽沿江城市共同使用。

皖江在芜湖也有不少印迹。民国《芜湖县志》将芜湖称为"皖江巨镇"。历史上，芜湖一地曾先后创立过皖江中学堂、皖江法政学堂、皖江报馆、皖江日报等。

鹊　江

鹊江指今铜陵、芜湖两市的一段长江，具体约为铜陵大通至芜湖三山一段。这一段南、北两岸皆有称鹊岸的说法，鹊岸、鹊江之说其实来源于古代一场著名的战役——鹊岸之战。

鹊江，在乾隆《太平府志》中也能找到依据。"鹊江，在（繁昌）县北境绕出芜湖。盖自铜陵鹊头山为鹊头，至三山为鹊尾。故江曰鹊江，岸曰鹊岸。"因而，板子矶又有鹊起矶的别称。此外，"繁昌古十景"之一的"鹊屿江光"指的就是鹊江一带。这一带至今仍有鹊江村、鹊江路等地名。

鸠　江

有一种说法，历史上，人们习惯将长江安徽段一分为三：从长江进入安徽境内始至铜陵市大通一段称皖江；铜陵大通至芜湖三山段称"鹊江"；芜湖三山段至长江出安徽界称鸠江。鸠江，顾名思义，因芜湖古称“鸠兹”而得名。各类史籍中，以鸠江指代芜湖比比皆是。如俞鹏程《小荆山文星阁记》中：“是山虽小，望之灵异非常，鸠江秀气所钟。”显然指的是小荆山集芜湖一城之秀气。在外地一些历史资料中，提及“下达鸠江”往往指的就是水运通达芜湖。

然而，卷帙浩繁的史料里，着实难以找到将芜湖段长江特别是三山以下江面称为鸠江的第一手资料。鸠江的由来，《安徽省芜湖市地名录》倒提供一种说法，认为历史上鸠兹位于东通震泽（即今太湖）的中江江畔，故芜湖别名鸠江。

无论指的是哪段江面，丝毫不影响鸠江这一重要的历史文化符号在芜湖的地位。历史上，芜湖曾有鸠江书院（后更名为中江书院），清末，本地又先后创办有《鸠江日报》（后改名为《皖江日报》）、《鸠江潮》。芜湖历史上还曾有过鸠江乡。今天，有屹立在市中心、早已成为芜湖地标之一的鸠江饭店，以及地跨长江两岸、已成为中心城区之一的鸠江区。长江流经鸠江区，将其辖区一分为二，的确可以称鸠江了。

西　江

古代又有将江西至南京一带的长江称为西江的说法。这其实很好理解，长江一路奔腾向东，在江西湖口至南京一段整体走向为西南往东北，因而有了东西之分，江在西面，自然称为“西江”。这与芜湖一地一直被称为江东、江左意思差不多。李白《夜泊牛渚怀古》一诗中有：“牛渚西江夜，青天无片云。”牛渚即今天的采石矶，这里的西江，说的就是芜湖、马鞍山这一段的江面。民国《芜湖县志》中就曾提及，裕中纱厂开在西江狮子山下。不过，乾隆《太平府志》认为，“大江，在（太平府）西，又曰西江，又名夹江”，显然将西江指为今江心洲以西一小段江面。

芜　江

这个别称相当直接，即芜湖辖区内的长江。虽说没有半点诗意，却为诗家引用，指代芜湖。如清代文学家施闰章的《闻乱怀徐程叔久客芜江》《雨泊芜江》等，既指长江的芜湖段江面，也指芜湖。

此外，还有夹江。夹江又称夹河，从严格意义上来讲，其实算不得长江芜湖段的别名，而更像是一个地理学方面的名词。长江中下游干流河道中，存在众多弯曲河段和江心洲，也就衍生了众多支汊河道。芜湖段最典型的要数繁昌境内河段以及入当涂县河段。史料中常将大江的这些分汊河道称为夹江。

道光《繁昌县志》有："（长江）自旧县镇至三山镇江心皆有芦洲，洲以内为夹江，洲以外为外江。"旧县在今繁昌新港境内，因明代以前繁昌县治在此，整个夹江统称繁昌夹，后随着县治的搬迁，又以地段不同分称旧县夹、芦席夹和三山夹。长江夹江冬春季水位低，来往船只都从外江通行，夏秋季节水涨，都从夹江通过。

历史上有名的大信河也被指为夹河。《大明一统志》、康熙《太平府志》等均提到，大江自天门山以南开始有夹河叫大信河，一直到采石矶附近才又入大江。不过，也有认为大信河不算长江夹江的说法，如民国《当涂县志》有"江自南来，过四褐山，其首受注之水曰大信河"，并认为其源自芜湖境内白岸湖。

值得一说的是，受长江河道的不断变迁，后人对长江岸线的改造以及防汛等因素影响，一些夹江、夹河今天已不复存在。

二　江中诸屿

细心的人可能会发现一个有趣的现象。历史上，长江芜湖段江中洲屿众多，名称又分矶、洲两派。矶有名的如板子矶、三山矶、螃蟹矶、蛟矶、弋矶、广福矶等，而洲则有关门洲、曹姑洲、黑沙洲、天然洲等。

那么问题来了，同样是江中的陆地（一些今天已经和岸线连为一体），为什么有的叫矶，有的称洲呢？这主要是由岛屿的地质构成决定的。矶指的是以矶石为主的江岛，一般认为都是江岸山脉伸入江流中的余脉隆起而成的，而洲常以流沙淤积而成，又称沙洲。因而，洲的形态往往没有矶来得稳定，经常崩塌。以1993年版《无为县志》记载为例，嘉庆七年（1802），当时无为大堤沿线江心洲有35个，而到了20世纪90年代只存13个，沉没消失了22个，同时又新生了16个。

蛟矶：江心第一境

近年来，芜湖江北一片沙滩因酷似海滩而一时大火，成为芜湖网红打卡点，引得不少人慕名前往游玩。那一带附近有个蛟矶村，很多人不知道的是，蛟矶之名其实来头不小。

蛟矶，原名蟂矶。“蟂”字今天已不常见，冷僻到连《古代汉语词典》也没有收录。蟂，音同“消”，是古书中水獭一类的动物，从这个名字上我们就能大致知道蛟矶的得名一开始是与一种叫蟂的动物相关的。当然，历史上是不是真有这种动物还两说。

蛟矶最早是兀立中流的一座石矶，与青弋江入江口的关门洲隔江而望，在大江之中耸拔突起，峭壁如削。历史上，蛟矶一带水流湍急，时常水雾缭绕。每到阴雨天，更是烟波翻腾，故有“江心第一境”之誉，后随着江道的变更和泥沙的常年淤积渐渐与北岸相连。

蛟矶在芜湖历史上很有名，也是芜湖一处名胜，还位列芜湖“古八景”之一。当年很多文人雅客或来芜湖或途经芜湖，都会登临此矶游览。南宋《舆地纪胜》一书记载，当时蛟矶的南面有一个石洞，深不可测，就是蟂的老巢。在更早的时候，蟂还经常从洞里出来害人。北宋诗人黄庭坚过芜湖时曾提及：蟂，就是长着四条腿能害人性命的像蛇一样的动物，也就是西汉文学家贾谊《吊屈原赋》中的蟂獭。大文豪就是大文豪啊，不但博闻强识，而且一下就点到蟂的来处，水平真是高。

可惜黄大文豪并没有给我们留下半点北宋时蛟矶的风貌。好在到了南宋时期，另一位大文豪西上川蜀也路过蛟矶。他把蛟矶交代得比较具体，这个人就是南宋词人陆游。

南宋乾道五年（1169）七月十九日，舟过芜湖。陆游告诉我们，蛟矶“在大江中耸拔特起”，这就指出了蛟矶的险峻，大有一丝中流砥柱的味道。陆游当年一路沿江逆流而上，把每天的琐事都写得非常清楚，后来编入了著名的《入蜀记》，堪称一部详细的长江游记。就凭这一点，我觉得陆游的名字中完全可以加个“导”字——叫陆导游也是很贴切的。

陆导告诉我们，据他观察，当时的蛟矶岛上房子有20余间，却只有一个道士居住。什么原因呢？陆导说，自己听到一个说法，当时只要有两个人住在蛟矶上，其中的一个人马上就会死去，所以只能一个道士住着，没人敢去。这，还真有点今天我们去某些景区旅游，导游绘声绘色讲故事的味道。

当然，陆导也特别提到了蛟矶有枭能害人的典故。请注意，在他的笔下，这里的“蟂”写成了“枭”。枭，指的是一种恶鸟。读音相同，指的物种已经有了变化，由兽变成了鸟。《入蜀记》中“蟂矶”也一概写作“枭矶”。

因为蟂能害人，名声实在不好。历史上的芜湖主政者很讨厌“蟂矶”一名，曾多次尝试更名。蛟矶之上有蟂矶庙，始建于晋代。唐时又称“水心禅院”，北宋政和年间被赐名“宁渊观”，地方官上报时就很不喜欢蟂矶一名，改成了浇矶。理由是，矶在水中，江水经常浇注在石矶之上。结果，本地人并不买账，“浇矶”并未流传开来，反而徒添笑料，宋末元初诗人董嗣杲的《蟂矶》一诗中即有：“或谓水沃石上来，以浇易蟂本无据。”到了明嘉靖三十三年（1554），又有一位张御史站了出来，要改“蟂矶”为“虹矶”，结果是一样一样的，“蟂声”依旧。

想来名人效应在任何年代都吃得开。相比较来看，陆游当年在《入蜀记》中将“蟂矶”写作“枭矶”的无心之作，反而有了很大市场。后来的明清两代，在《读史方舆纪要》《履园丛话》《弇州四部稿》等不少知名的史料中，用的都是“枭矶”。

到了明代，宋时的宁渊观早已倾圮，只成了一座小小的羽林庵。明成化年间，芜湖县令陈源在蟂矶上建起一座灵泽夫人祠。这座灵泽夫人祠的来由，按民国《芜湖县志》的说法，源自一直流传的一个传说。三国时期，孙权的妹妹、刘备之妻孙尚香从蜀国回东吴途中，听闻丈夫刘备去世的消息，悲痛欲绝，投江自尽，葬于蟂矶。这个传说到了后来又多了一个版本。比如1993年版的《无为县志》就记载，说当年孙夫人由蜀回吴，船泊于蛟矶，想到蜀吴矛盾，不忍心去见兄长孙权，投江以了却一生。人们怀念她贞节，在矶上筑台建庙藏其棺椁。台叫蜀望台，庙叫孙夫人庙。《安徽省芜湖地名录》上又有一说，说孙夫人是祭江于镇江北固山甘露寺边，投江而亡的，遗体溯流而上，欲归蜀汉，到了蛟矶段，回流阻障，不再向前，乡民于是捞起厚葬，立祠纪念。

其实，有关孙夫人的传说，无论哪个版本，很大程度是后人附会的，而且不会早于明朝，并很可能是在明成化年间随着灵泽夫人祠的建立而得到官方确认的。因为在这之前无论是正史还是民间史料在说到蛟矶时都没有提及这段故事，特别是黄庭坚、陆游等路过蟂矶，不可能缄口不言。如果说这些文学大家短暂过芜，可能一时难以熟知本土掌故，那么宋时张孝祥的《宁渊观》以及元时芜湖县尹欧阳玄拟定"芜湖古八景"写到"蟂矶烟浪"时也不可能一字不提。

那问题又来了，孙夫人又是怎么和蟂矶联系起来的呢？很可能来自一个谐音"梗"。历史上的孙尚香因才智敏捷、刚强勇猛而有"枭姬"的别称。正史中没有交代其最后归宿，只说孙夫人当年自荆州回东吴后便不知所终。孙夫人在《三国志》中虽然只是友情客串，在民间传说、民间戏剧中却很吃香，不但有了"孙尚香"的大名，而且有了她回吴后讹闻刘备死于伐吴之战而祭拜投江的生动故事，人设已经有了很大变化。

人物有了，情节也有了，民间文本最需要的是落地，找一个现实的地点，以增加真实性，提高传播力。这时，芜湖的"蟂矶"因与"枭姬"谐音，加之早在南宋时陆游又将"蟂矶"写成了"枭矶"有了一拨市场，也就自然而然脱颖而出了。这可能正是灵泽夫人祠（枭姬祠）最终"落户"蟂矶的原因。

于是，明代及明之后所有介绍蛟矶的文史资料中几乎都要提到灵泽夫人祠，并随着时间推移，这一说法被一步步发扬光大，在清代达到巅峰，还盛传有朱元璋、乾隆皇帝等到此的轶事，文人墨客更是题诗、题联不绝。明嘉靖年间，进士边维垣甚至编著了一部《蟂矶山志》。清康熙年间，进士柯愿督理芜湖钞关时，又对《蟂矶山志》进行了补增，并画了蟂矶图。有人曾统计过，在芜湖和无为的清代方志中，辑存的关于蟂矶的诗文就有近60篇之多。嘉庆二年（1797），皇帝还曾敕封“崇节惠利灵泽夫人”，颁赐“英灵惠济”匾额。

《安徽省芜湖地名录》记载，繁盛时期，蛟矶之上庙寺殿宇、庭院禅堂、亭台楼榭占地十余亩，共建屋宇九十九间半，寺内僧侣俗工数十人，寺庙有田百余亩。庙宇筑于矶上，庙基亭台均由花岗条石垒砌铺成，花岗石台阶一百余级，从庙门延至水边。门前曾立一雕石牌坊，高达数丈，横匾上刻有“江心第一境”字样，刻记年代为明万历年重修。牌坊前，有石雕狮子一对，高两米余。很可惜，抗战时期，日寇侵占蛟矶，蛟矶庙毁于1938年的战火中。唯一幸运的是，留下了一些当时的珍贵相片。如今，旧址仍建有蛟矶庙，当然已无当年规模。多年前，笔者曾慕名前往，得见“灵泽夫人祠”石碑和断损的“长江第一境”汉白玉石匾，历经沧桑，安静地躺于一隅。

如今，随着网红沙滩的声名鹊起，古老的蛟矶又一次走到世人面前，有望在当地的统一规划下再度迎来新生。

板子矶：势吞吴楚镇中流

板子矶，算得上是历史上长江芜湖段除蛟矶外最有名的一座江矶了。这座江矶兀立中流千年，至今仍需乘船登陆，唯有少数枯水季节才与南岸融为一体。

板子矶之名起于何时，又是怎么得来的，查了好些史料也没探出个究竟，倒是牵扯出一段改名的往事。长江繁昌段历史上又称鹊江。因而到了明万历四十年（1612），繁昌知县邓一儒就以板子矶“滨于鹊江”而将其改为“鹊起矶”。应该说，这是一次不错的改名，既交代了板子矶的地理位置，一个“起”字也烘托了此矶立于大江中流的气势，又平添了几分雅致。然而，这又是一次不成功的改名，比之前提到的蛟矶改“浇矶”好不了多少。

老百姓往往是哪样顺口哪样来，“鹊起矶”之名受待见程度也就有点不尽如人意了。尽管后来一些方志史料在介绍时将“鹊起矶”放在首选，直到今天，大多数人还是只知板子矶。这充分说明，名字很重要，不是说改就能改成的，还是要尊重客观现实。

板子矶的别名还有很多，雀屿、雀洲、返秦矶、坂矶、版矶……雀屿、雀洲都与鹊江相关，繁昌“古十景”之“雀屿江光”即如此。“板子矶畔草萋萋，乱石横江水欲西。极目烟波图画里，孤帆一片白云低。”这是清康熙年间繁昌知县梁延年所写的《繁昌十景》中的一首。板子矶孤阜临江，入夏四面皆水，矶畔荻草丰茂，矶上怪石嵯峨。浩荡东来的长江之水到了这里遇阻回旋，仿佛又要复归西去。站在矶上极目远眺，江天一际，宛如画图：烟波浩渺处，一片孤帆似与白云一争高低。

返秦矶，则更是一个古朴的称呼，总感觉背后该有一段故事。《江南通志》上说“返秦矶”出自《太平寰宇记》，遗憾的是笔者在这本书中并没有找到“返秦矶”的踪影。《太平寰宇记》的作者乐史为南唐末北宋初人，这从侧面也说明，板子矶在当时可能还没有太大名气。不仅如此，宋代很多史料在介绍繁昌一地名胜时，也少见板子矶。看来，尽管因为地势险要，“出席”了众多历史事件，宋以前的板子矶还是隐于鹊江、鹊岸两个古地名之后籍籍无名的。

坂矶，是清初剧作家孔尚任《桃花扇》中对“板子矶”的化用。《桃花扇》是一部接近历史真实的剧本，虽写的是侯方域、李香君的悲欢离合，却是借男女情事写家国兴亡。剧中第三十四出《截矶》写的是“黄得功战死板子矶”那段历史。黄得功为明朝虎将。明崇祯十七年（1644），明朝灭亡。福王朱由崧南京即位，是为南明。靖国公黄得功驻荻港至芜湖一线，朱由崧为清军所追逃至其军中。黄得功于是率军护送朱由崧逃跑，与清兵鏖战板子矶，被射中咽喉后拔剑自杀。黄得功死后，一直到了嘉庆十七年（1812），繁昌县令洪占鳌在矶上修建了黄公阁以纪念，至今仍存。

版矶，源自南宋官员陈造的《繁昌早发》中“版矶汇湍杀，荻港烟树碧”一句，写的是板子矶兀立江中，拥抱激流的壮阔。陈造曾当过繁昌令，应不会犯“板”误为“版”的低级之误，或有意为之。此外，又有回龙矶（回澜矶）的说法，其实不然。道光《繁昌县志》明确标注回龙矶是另有他处。

说回板子矶本名。板子，《现代汉语词典》的解释是："片状的较硬的物体（多指木质的）。"山川轮廓外形是古代劳动人民取名的首选。板子矶的岛形，传统的描述是呈椭圆形，南北短、东西长，因而"板子"应当不是对矶岛形状的描述。当然，受长期以来江流的冲蚀以及人类活动的影响，今天的板子矶已经有了很大变化，连同岛北的沙洲一起隐约成了一个梯形。

那么，"板子"这个名又是怎么来的呢？可能因矶下江石层叠如板。这点，在今板子矶北面的石壁依旧可见一斑。虽历经江涛千百年来的洗刷，但矶石依旧层层叠叠匍匐向一侧，恰似一块块石板。此外，元末明初文人陶安的《板子矶》中曾有："乱石纹如斫，双峦影共寒。"说明当时板子矶的矶石也和我们今天看到的相差无几，如斧斫一样纹理分明。这或许正是板子矶之名的由来吧？

板子矶上古迹、名胜颇多。庵、塔、寺、阁共同构筑了板子矶古建筑群。道光《繁昌县志》载，板子矶宋时就修有城堞，朝廷置戍于此。鹊起庵为明万历年间始建，嘉庆七年（1802）重修，有石碑，庵前旧有三官殿，后来毁于火灾。嘉庆二十五年（1820）又重修，并修建了庵前石栏。

板子矶塔曾一度成为该矶的标志性建筑。塔始建于万历三十六年（1608），也就是在前文改名的那个知县邓一儒手上修建的。到了清朝道光年间，已经被毁，仅存两层。塔有四门，中空，六面三额，分别为砥柱大观、天峰耸秀、学海回澜。多年前，探访板子矶时，两层古塔穿越了400余年依旧矗立，只是由于风雨侵蚀、年久失修，"砥柱大观"一额"柱"字已无存。残存的塔上长满绿色藤枝，天长地久，早已与塔砖浑然一体，在亘古的江风与涛声中相依相存。塔内有砖阶盘旋而上，塔墙上有砖雕。板子矶上有古银杏树一株，需多人才能合抱，夏时浓荫蔽日，秋来满树金黄。今多称千年银杏，但根据手头一些资料，应为300余年，树荫之下即鹊起庵、百子寺、黄公阁。

板子矶还是一座红色岛屿，是当年中国人民解放军百万雄师渡江战役登陆点之一，也是后来电影《渡江侦察记》的取景地之一。今天，岛上建有渡江战役纪念馆及纪念碑，是一处爱国主义教育基地。此外，2009年从五一广场移至这里的“风帆”雕塑矗立岛上，又成为另一道独特风景。

板子矶风光秀丽，幽篁夹道，入历代文人笔下颇多。有资料统计，宋明以来，直接题咏板子矶的诗就达20余家近30首。古诗中的板子矶时而花鸟吟唱、素描风光、婉约动人，时而惊涛拍岸、咏古抒怀、气势雄浑，兼矶之雄壮、水之柔美。

千古佳句，婉约者不过北宋诗人张舜民的“石上红花低照水，山头绿条细含烟。天生一本徐熙画，只欠鹧鸪相对眠”。700年后，黄钺《于湖竹枝词》中写铁山“分明天水明于练，一幅汤鹏铁画屏”，颇有异曲同工之妙。

一矶文墨，豪放者莫若明代诗人宋棠的“板子矶头接翠岑，兴来倚棹漫登临。悬崖云树晴犹湿，近岸烟楼昼亦明。山拥画图浮水面，天垂星斗入江心。势吞吴楚千年壮，稳镇中流亘古今”。其中几句还成为今天板子矶的推介语。

关门洲：一座“魔术洲”

关门洲应该算得上是众洲中成名最早也是最有名的一座了，早在《江记》一书中就有记载，最开始的名字叫鳖洲。《初学记》：“鳖洲牛渚，《江记》曰：江中有鳖洲，长三里，与芜湖洲相接。”《江记》为晋人庾仲雍所著。由此可见，关门洲早在六朝时期就已经存在了。

关门洲是青弋江汇入长江时在中江塔附近由泥沙淤积而成的一座沙洲，因形如浮起的鳖盖而又被称为“鳖洲”。

之所以将它比作“魔术洲”，是因为关门洲时隐时现。民国《芜湖县志》上说，鳖洲在青弋江入江口的南面，长约三里，与江对岸的蟂矶隔江相望，俗称关门洲。这座洲在汛期是看不到的，只有冬天枯水季节才会浮出水面。

关门洲之名的由来有多种说法。一说枯水时，该洲受潮水影响，在上午慢慢显现，日落时分又被淹没，江水仿佛是其大门，白天打开，傍晚关闭，故称“关门洲”。又说古时这一带是长江连通中江的要地，是长江转弯后的第一处关口，关口之处的沙洲犹如大门，故称“关门洲”。第三种说法则源于一则传说，一开始这里并无沙洲，有一年，一对江西兄弟在芜湖经商赚得大钱准备回去时，弟弟见百姓可怜，便想捐出所得。哥哥则趁夜卷着银两逃跑，结果船被搁浅，天亮后望见附近的中江塔，才发现自己被滞留在青弋江口的沙洲上，只好留下财物仓皇而去。那之后芜湖人便说此洲是芜湖的水城门，对奸商永远关闭，“关门洲”由此而来。

不过，个人以为，“关门洲”之“关”很可能与“开关”无关，而是指“芜湖关”。历史上，芜湖内濒长河，外临大江，水陆襟带，舟车辐辏。从明成化七年（1471）开始，朝廷便在青弋江南口边设立“抽分卡”，查验进出芜湖船筏的货物，征收关税，并曾在此洲上设置关栅，不少等待验关的船舶常云集于此洲边。关栅如门，称此洲为关门洲再合适不过了。

芜湖有句民谚：“芜湖有个关门洲，芜湖赚钱芜湖丢。”今人多认为此谚语反映的是芜湖是个商业城市，也是一个消费城市，在这里容易挣到大钱，花个精光也很正常。这自然没错。不过，笔者觉得更可能是历史上芜湖商人对朝廷征税过重、官员抽拿卡要的一种嘲讽。比如对当时的南关，谚语就更加犀利直接，没这么委婉了：“提起南关卡子口，鸡鸭鱼虾都发抖。大雁飞过拔下毛，卵石也能捏出油。”

还有一种说法，青弋江口江水回旋、流急，来往舟船为求安全，常往此洲上丢点东西以图吉利。这就造就了后来枯水期关门洲浮出水面时，不少人乘船到洲上淘宝，据说还真有人捡到过古铜钱、古瓷器甚至首饰。

随着后来芜申运河的改造，关门洲近些年出现的频次越来越少。查询资料，关门洲最近一次出现在新闻报道中是2017年2月，图片中的关门洲仅仅露出一线滩石。

曹姑洲：一座“传说洲”

曹姑洲是四褐山江面的一座沙洲，成型于明代，至今已有600余年的历史，为长江泥沙冲击而成，早年形似一只草履虫。

为什么说早年？那是因为自20世纪80年代开始，曹姑洲便不断坍塌入江流中，面积也越来越小。

曹姑洲原属当涂县，1956年划归芜湖。据《安徽省芜湖市地名录》数据，20世纪80年代，曹姑洲南北长约2500米、东西宽约750米，曾有447户、1884人。随着沙洲的不断坍塌，21世纪以来，岛上居民逐渐外迁，如今已无人居住。

曹姑洲是一座传说丰富的沙洲。一种说法是明朝时，洲上曾住着一位名叫曹毓姑的种花姑娘，天真美丽，一次到芜湖长街卖花被县衙人掳去参加朱元璋的选妃。姑娘宁死不从，投江自杀，绣花鞋漂浮江上，化为曹姑洲。这则传说前后自相矛盾，先说生活在洲上，后又说绣花鞋化为曹姑洲。

另一则传说：一名叫曹姑的女子与丈夫发现了这块绿洲，来此定居种西瓜。头年被江水淹没，第二年女子仍不顾丈夫反对继续种瓜，终获成功，还教会了迁移来此的农民种瓜。后人为纪念她，便将此洲称为曹姑洲。这一传说与曹姑洲当年的特产相关。当年曹姑洲盛产西瓜，黑籽红瓤，皮薄味甜。

还有一则传说：此洲原为四褐山一个曹姓地主所有。一日，地主带千金来此游玩。见女儿心情不错，地主便决定将此洲辟为花园给她当嫁妆，哪知这位小姐姐禁不住这么大的惊喜，兴奋过头落江而亡。为纪念女儿，地主将此洲改名为曹姑洲。真是乐极生悲啊！

三则传说各有不同，却都与美丽女子相关，应该都是因着“姑”字而来，倒也颇合曹姑洲当年的美景。因地处江中，植被丰茂，曹姑洲曾经也是芜湖人外出游玩踏青的地方。

“啖茹何堪煮幞头，网船祭网出新洲。今年上市河豚贱，不用先生典裤求。”这是黄钺《于湖竹枝词》中的一首。这里的新洲即曹姑洲。之所以渔人“网船祭网”都在这里，是因为历史上曹姑洲一带的江中盛产鲥鱼、刀鱼，堪为一绝。

如今，随着曹姑洲的逐渐缩小，附近又形成了另一座新洲，而且在不断扩大，只不过此新洲已不是彼新洲。未来，曹姑洲或终将彻底消失，真正成为一座“传说洲”了。

黑沙洲与天然洲：一对“兄弟洲”

除以上两座洲外，长江芜湖段还有两座大洲值得一提，那就是黑沙洲与天然洲，也是芜湖段江中至今有人居住的江心洲。黑沙洲与天然洲相近，枯水期相连，几乎就是一座洲。浩荡大江自西奔涌而来，在荻港附近直北而去，被这两座江心洲劈成了三股江流。

明嘉靖年间《郑开明杂著》记载，黑沙洲成洲于北宋元符三年（1100）前后。清同治四年（1865）以前，黑沙洲名巴家洲。而天然洲于1934年前出水成陆。历史上很长一段时间里，黑沙洲、天然洲与繁昌江岸靠得很近，甚至诞生了“两岸芦花头对头”“过江十八桨”的民谚。道光《繁昌县志》也有佐证：“从旧县镇到三山镇江心皆有芦洲，洲以内为夹江，洲以外为外江。”旧县即今新港，说明当时长江主流在这些沙洲以西。后随着黑沙洲洲头及右缘崩塌，洲尾淤涨，加之人类对江岸的改造，这两座沙洲逐渐偏向北岸。因而，历史上，这两座洲一直属于繁昌县，直到1950年划入无为县，2014年又随着白茆镇划入鸠江区。

黑沙洲因泥沙呈黑色而得名，扼守江心，位置重要。早在清代时，朝廷就在其上设有黑沙洲汛，负责江防。渡江战役前夕，国民党曾在其上修筑壁垒，企图阻止解放军渡江，后被智取，留下了“智取黑沙洲”的故事。

黑沙洲因地处江心，受人类活动影响相对较小，生态优美，综合之前媒体报道，那一带江面不仅是白鳘豚重要疑似发现点，更有着罕见的长江江豚群居。可以想见，随着长江大保护的深入推进和长江生态的修复，越来越多的珍稀物种将回归众人视野。

三　江上诸桥

芜湖境内目前已建成三座长江大桥，同时还有城南过江隧道在施工中。此外，芜湖北京路过江隧道、泰山路长江大桥、芜湖华电大道过江通道、芜湖龙窝湖过江隧道、芜湖天门山过江通道等5条通道已列入国家发改委《长江干线过江通道布局规划（2020—2035年）》。其中，芜湖北京路过江隧道、泰山路长江大桥被列为近期建设重点，是未来5年内国家重点推动实施的79座过江通道中的两座。可以预见的是，随着过江通道的不断增多，未来的芜湖，江南江北来往将变得越发便利，真正实现城市发展“拥江入城”。

长江浮桥：万里长江第一桥

万里长江从雪山而来，由西向东横贯我国中部，流经八省二市一区，最后注入东海。自古以来，征服长江天堑是人们心中的梦想。数据显示，截至2018年年底，长江干线（云南水富至长江入海口）已建成过江通道108座，基本覆盖沿江区县，大江南北可谓畅行无阻。

回望人类征服长江天堑的历史，1000多年前，曾有人在波涛滚滚的万里长江上架起一座浮桥，加速了一个朝代的覆灭，促进了大江南北的又一次一统。当年，这座浮桥就架于皖江之上，而且还离芜湖不远。

一切，要从一个性格偏执的考生说起。

五代十国，南唐，池州。

那是一个春夏之交。

一个年轻人从国都江宁（今南京）铩羽而归。虽然只是一场考试，但对他的打击很大。

这之前他的人生一直顺风顺水，父亲为地方县令，更重要的是，他自小聪明，遍读经史，还擅长阴阳、图纬、风云、地理之学，尤其好谈纵横（语见《方舆汇编》）。一句话，就是人家会的他会，人家不会的他也会，属于“别人家孩子”的类型。

年少念书时，他有一次就问老先生：“生逢乱世，你有什么好办法保天下太平呀?”

老先生谆谆教诲：“你还小，应该踏踏实实读书，考取个功名，以后侍奉好双亲。这才是正事，不要想那么些不着边际的天下事。”少年毅然作答：“男子汉大丈夫，就应当选择明主匡济天下，怎么能做一个普普通通的书生?”老先生于是从此越发器重他。

这个人叫樊若水，又名樊知古。老实说，我相当怀疑这段对话的真实性，很可能是后人加工的，因为这个故事和他后来的表现实在太像了。

现在，我们知道这个叫樊若水的青年落第了，而且据说后来又去了几次，屡试不第。他于是上书针砭时事，陈言利弊，结果南唐后主李煜不予理睬。

当时，在中原地区，赵匡胤已建立宋朝，南征北战，已灭南平、并后蜀、平南汉，觊觎南唐已久。李煜虽贵为南唐之主，却已算不得真正的皇帝，因为从父辈李璟开始已向宋朝俯首称臣。

好嘛，我只要个机会，你却一再不，你无情就休怪我无义。一向自负的樊若水在南唐屡受挫折之后，一气之下便打算投靠宋朝。

要说人有了私心和异志，就是一件十分可怕的事情。作为一个读书人，这个受伤了的青年早已将家国情怀抛之脑后。

樊若水不是常人，这注定了他投敌的方式不像一般人那样简单，直接跑到北方去。

他是怎么做的呢？先是到南京清凉寺去当了一名和尚。这貌似和投靠宋朝没啥关联，倒有些看破红尘的味道。有史料分析，当时，李煜信奉佛教，樊若水此举正是有意投其所好，以懈怠南唐的防御斗志。果真如此，那就太有心机了。

更有心机的还在后头。当了一段时间和尚，可能是觉得实在无聊，又或者是等不及了，他又跑到采石矶做了一名渔夫（一说还是和尚），整天于江岸边垂钓山水。

等等，这只是他白天的身份，掩人耳目而已。一到了晚上，他就像变了一个人，趁着月色，将丝绳一头系在南岸，然后带着丝绳坐着小船疾驰到北岸，偷偷测量长江的宽度，并观察记录水流方向、速度等，绘下图纸。

一边偷偷搜集数据，另一边又与宋朝搭上钩。他上书赵匡胤自己的取南唐计策，得到了重用。据说，这期间，他还向宋太祖提出自己家人几十口在江南，怕被李煜杀害，请求赵匡胤送他们去中原。结果宋太祖一道诏令，李煜不但把人送到边境，还厚赠了不少财物。

开宝七年（974）十月，樊若水终于等来了机会。这一年，宋朝大将曹彬奉赵匡胤的命令，分兵从荆南顺流而下，攻克池州、芜湖、当涂，前锋部队驻扎在采石矶。樊若水于是向赵匡胤献上造浮桥的方案，并一并交上了自己绘制的《横江图说》。赵匡胤看过之后大喜不已，正愁后面大部队如何突破长江天险呢。来得真及时，于是忙命手下造了数千艘的黄黑龙船，又载巨竹絙顺流而下。

竹絙，就是用竹篾绞成的一种粗索。竹篾韧性最强，江波汹涌，非这种材质的绳索不能抵挡，也真难为他能想到。《宋史》、乾隆《太平府志》等记载，当时大家都对造浮桥的想法持怀疑态度。于是，赵匡胤命宋军在上游的石碑口先行测试了一番才移至采石矶江面。结果是“三日桥成，不差尺寸”。最终北宋大军如履平地，直取江宁，灭了南唐。

据说，宋军通过浮桥渡江时，消息传到南京。李煜大惊，忙招来大学士张洎问计。结果这个大学士果然处变不惊，轻描淡写一句“有史以来，从未听说过长江上架浮桥的事”打消了后主的顾虑。如此轻敌，焉能不亡国耳。

历史其实也给过李煜机会。樊若水卧底身份隐藏得好，但造船的保密工作明显做得不够。当时有商人密告南唐，说北宋在造船，请求带人去焚烧。结果李煜怕不成功还惹恼了赵匡胤而没有采取任何行动。

无论怎么说，皖江之上的这座浮桥无愧于万里长江第一浮桥。尽管有人引经据典，说当年汉光武帝与公孙述作战时，公孙述也曾在长江之上架起浮桥，而且问世很早，但那是在长江中游，江面和采石矶的江面不可同日而语。

平定南唐后，宋太祖并没有亏待他。樊若水累任转运使，后到户部任职，总体比较平淡，没有年轻时那么传奇。宋史给他的评价是精明能干，很会说话，是块当官的料，可谓中肯。

樊若水后来还奉诏改名樊知古。在封建王朝，能得到帝王御赐大名本来是一件很光彩的事，然而对他来说却未必。史载，宋太祖赵光义即位后召樊若水回京，就问他："你这名字怎么来的啊？"樊若水答道："唐代尚书倪若水是个很正直的人，我是他'粉丝'。"赵光义笑道："你就改名叫'知古'吧。"原来，唐朝那位尚书叫倪若冰，只不过有时写成"氷"。那一点，如果读得不仔细，难免误认为"水"。结果一时成为笑柄。这是《宋史》樊知古个人传记中明确记载的。一般来说，个人传记中一般都拣好听的话，当年修史者将这则故事也收录进去，多少能看出一点后人对他评价的态度。

也许因为变节（背弃南唐投靠北宋）成为他一生的污点，后人提及他的并不多。但"樊若水"这个顶级桥梁专家的名字，注定已经为人类征服长江天险写下光辉一笔，在历史上留下了痕迹。

芜湖长江大桥：芜湖人的大桥梦

在芜湖，应该说没有哪一座桥梁甚至哪一栋建筑能取代芜湖长江大桥在市民心中的位置。

站在21世纪第三个10年回眸，芜湖第一座长江大桥已年过弱冠，是名副其实的长江芜湖江面众多过江通道中的老大哥了。一路走来，这位老大哥从孕育到诞生，经历了太多艰辛与不为人知的故事。它，曾经让几代江城人魂牵梦绕，又让多少芜湖人一朝梦圆、欢呼雀跃。它的故事，实在值得一说。

万里长江从雪域高原奔流而下，由西向东横贯我国11个省级行政区。从一叶扁舟涉险渡江到后来"如履平地"的长江第一浮桥；从武汉长江大桥结束长江自古有舟楫而无桥梁的历史到后来八百里皖江上的第一座长江大桥——铜陵长江大桥的横空出世，曾经，"长江大桥梦"与芜湖人靠得如此之近又是那样遥远。

故事还要从100多年前说起。

公开的说法，最先提出在芜湖修建长江大桥的是孙中山，语见《建国方略》。那么，问题来了，孙中山的原话到底是怎么说的？建议在芜湖修建的是公路桥还是铁路桥呢？

笔者大略通览了孙先生的《建国方略》，终于在“建国方略之二·实业计划”的“中央铁路系统”章节中找到这么一段话：“霍山芜湖苏州嘉兴线：此线自霍山起，至舒城及无为，乃过扬子江，至芜湖……至沪杭线之嘉兴。”也就是说，孙中山原话虽然未明确提到在芜湖修建长江大桥，但结合上下文语意，在芜湖建桥的意思已相当明显，而且是一座铁路桥。这是其规划的中央铁路24条之中的一条。

规划归规划，在军阀混战、民生凋敝的民国时期，要想实现“实业救国”，修建长江大桥，谈何容易？历史的车轮滚滚向前，转眼到了新中国成立后。20世纪50年代，毛泽东主席再次提出在芜湖修建长江大桥。1958年12月10日，芜湖长江大桥建桥委员会成立，并于1959年完成初步设计。彼时的背景是上游的第一座长江大桥——武汉长江大桥已于前一年的10月15日建成通车，而下游的南京长江大桥在武汉长江大桥还在建设中时已被提上了议程。芜湖修建大桥的行动不可谓不早，不过很可惜，由于后来各种原因，大桥项目未能正式上马，但一直保留了广福矶、四褐山和荻港等3个桥位选址。

这一耽搁又是近30年。20世纪80年代，芜湖再次成立长江大桥筹建办，着手相关工作。这之后，受铁路桥与公路桥是分建还是合建等问题困扰而一直未有实质性动作。终于，在社会各界的共同努力下，20世纪90年代初，芜湖长江大桥建设项目终于迎来了突破性进展。《芜湖市志（1986—2002）》（2009年版）记载，1992年7月，国务院正式批准芜湖长江大桥立项；1995年7月可行性研究报告获批；1996年8月开工报告获批……1997年3月22日，注定是一个值得铭记的日子。这天，芜湖长江大桥举行了隆重的开工典礼，正式迈入实质施工阶段。

尽管此时，铜陵长江大桥已经建成通车，芜湖遗憾错失“皖江第一桥”的殊荣。但大桥迟来的遗憾丝毫未影响芜湖人对大桥建设的热情。《芜湖日报》为此专门在重要版面开设了“来自大桥建设的报告”专栏，忠实记录了大桥建设全程进度，让芜湖人第一时间知道大桥建设情况。开工当天，正常每天4版的《芜湖日报》更是出版了12版，其中一多半是来自社会各界的祝贺专版，祝贺单位排头第一家就是“中华人民共和国国务院”。

前期立项艰难，开工后建设遇到的挑战同样不少。大桥工程浩大，涉及当时的芜湖、巢湖两地，点多、面广、战线长，有着不少需要协调解决的问题。特别是1998年长江特大洪水期间，大桥建设遭遇到前所未有的挑战，既要保证长江大堤安全，也要保障施工作业区、江中主桥墩以及设备不受损坏，还得确保工程进度，压力不言而喻。

经过万余名建设者3年半时间的艰苦奋战，2000年5月16日，芜湖长江大桥实现零误差合龙，9月30日，芜湖长江大桥顺利通车。一时间，百年梦圆，芜湖人纷纷奔走相告，芜湖自此结束了“有路无桥”的历史。《芜湖日报》报道，当晚，芜湖市还举行了盛大的通车典礼焰火晚会，一时万人空巷。10月1日，大桥更是成为各地游客聚集的中心。

芜湖长江大桥的建成，改变了皖江南北两岸一江分隔、依靠轮渡过江的局面，打通了华东第二通道，对于完善全国铁路、公路的路网点布局，沟通南北交流，促进芜湖、安徽乃至整个华东地区经济社会的发展都有重要意义。

如今，走笔一瞬，芜湖长江大桥已矗立大江之上20余年，已然成为万里长江上的一道壮丽风景，是芜湖的标志性建筑之一，更是芜湖走向世界的一张亮丽名片。无论未来芜湖过江通道再多，也无法取代其老大哥的地位。

很多芜湖人并不知道的是，在此之前，芜湖人还曾有过一次与长江大桥的亲密接触，那也许是之前芜湖人离长江大桥最近的一次。

2016年，南京规划局城市建设档案馆公开了一份当年南京长江大桥建设的档案。在一份《下游长江大桥新建工程设计意见书》中，明确记载了60多年前南京长江大桥建设前的选址情况。备选的7个桥址中，芜湖占了4个，分别为弋矶山—二坝、广福矶—唐家湾、四合山—裕溪口、东梁山—西梁山。其中，广福矶—唐家湾就是现在芜湖长江大桥的位置。只是后来，专家组综合考量了施工难度、造价、经济效益和社会效益等多方面因素最终选择了南京下关，也就是现在的南京长江大桥位置。南京的第一座长江大桥差点成了芜湖长江大桥。如今回头来看，虽然当年只是擦肩而过，但也证明了在芜湖建设长江大桥确实具有得天独厚的自然条件与优势。

芜湖长江二桥：最好的新年礼物

芜湖长江二桥最准确的表述应为芜湖长江公路二桥，是三座桥中离中心城区最远的一座，百万雄师渡江第一船登陆点——夏家湖近在咫尺。因该桥于当年12月30日建成通车，而被亲切地称作“给芜湖人最好的新年礼物”。

二桥的故事要从10多年前说起。

世纪之交，芜湖第一座长江大桥通车后，打通了华东第二通道的“任督二脉”，极大缓解了安徽乃至全国南北的交通压力。但随着时间的推移，第一座大桥承受的交通压力也越来越大，远不能满足需要。2004年，安徽省发改委与省交通厅制定的《安徽省过江通道规划方案》中第一次提出“芜湖长江二桥”项目，并于同年将“二桥”纳入国家过江通道规划。2005年，在省交通厅编制的“四纵八横”高速公路网规划中属于“纵二”，即徐州—福州高速公路的跨江大桥。

2011年2月22日，国家发改委正式批准芜湖长江公路二桥立项。2013年6月28日，芜湖长江公路二桥打下主桥大临工程第一根桩，标志着二桥建设正式启动，创下了省内跨江大桥建设史上从立项到开工时间最短的纪录。2017年10月6日，长江二桥顺利合龙，12月30日，芜湖境内第二座长江大桥正式通车。

长江二桥选址曾有两种方案。一为现址，一为龙窝湖方案，起于合芜高速雍镇收费站北，在骆家跳西处跨越长江后经龙窝湖西，一路向南接南沿江高速。后专家综合拉动地方经济、通行量等因素选择了现址。

芜湖长江公路二桥是安徽省内第八座跨江大桥。作为一座高速公路桥，对于芜湖人来说，它的通车，带来的不仅仅是过江选择的增多，还新增了繁昌北、三山、无为东3个高速入口，实现了县区全通高速。随着芜黄高速的贯通，市民借助二桥北上南下，出行更加便捷。

芜湖长江三桥：向国庆献礼

相比于前两座大桥，芜湖长江三桥的建设明显迅速。

2013年10月10日，国家发改委正式批复商合杭铁路项目建议书，意味着作为控制性工程的商合杭铁路芜湖长江公铁大桥（即芜湖长江三桥）建设正式被提上日程。

2014年8月5日，商合杭铁路芜湖长江公铁大桥及相关工程可行性研究报告正式获国家发改委批复，标志着项目前期工作取得关键性突破。9月29日，弋矶山桥位方案正式获批；12月28日，大桥项目正式开工。

2019年4月26日，大桥主桥钢梁顺利合龙；5月6日，公路梁合龙，主桥全面进入附属工程施工。

2020年6月28日，随着G9396次高铁从芜湖站发出，越过大桥驶向合肥南站，商合杭高铁芜湖段正式开通运营，长江三桥铁路桥通车；9月29日，长江三桥公路桥正式通车，向国庆献礼。

芜湖长江三桥是芜湖境内第三座长江大桥。作为商合杭高铁以及芜湖跨江交通的重要组成部分，三桥集高铁、轨道和公路于一体（预留双线市域轨道交通），是目前搭建过江线路最多的一座长江大桥。

芜湖长江三桥还有一项值得骄傲的往事，就是全城人为其取名。2019年4月，市地名委员会办公室就商合杭铁路芜湖长江公铁大桥命名向社会各界公开征求意见。在征求意见稿中提出了两个命名方案，分别为“芜湖弋矶山长江大桥”和“芜湖长江三桥”，前者立足大桥的地理位置，后者突出大桥建设时间。这两种方案，坊间各有支持者。最终，官方综合各方意见，经深思熟虑，选择了“芜湖长江三桥”。

城南过江隧道：皖江第一隧

近年来，随着我国造桥技术的突飞猛进以及社会经济发展的需要，一座座大桥如飞虹跨越大江之上。

如今，长江大桥似乎已经成了一座滨江城市的标配。沿江城市拥有一座长江大桥，已很平常，而另一种过江方式——江底隧道则显得相对奇缺。就像一个家庭，儿子生多了，也要有个女儿，才弥足珍贵。

2008年12月28日，长江第一条隧道在武汉正式通车。尽管这之后不久，上海也修建了长江隧道，但长江隧道似乎成了武汉和南京两座城市展现个人实力的标志，一条条隧道在两座城市相继畅通，大有“你方唱罢我登场”的架势。宁汉之间，芜湖虽然不能与这两座省会城市相比，但也有自豪资本，那就是城南过江隧道目前也已经在紧锣密鼓地施工当中。

芜湖城南过江隧道工程谋划较早，2004年就被国家发改委列入规划；2013年12月，项目可行性研究报告编制完成；2020年4月16日，江北工作井深基坑开挖，标志着城南过江隧道工程正式施工；2020年9月17日，“皖江第一隧”正式开掘，开启穿越长江江底之旅……

城南过江隧道位于长江芜湖段大拐弯处，北连鸠江区二坝镇纬一路，下穿长江，南接弋江区大工山路。工程设计为城市快速通道，线路全长5960米，其中盾构段长3958米，双向六车道，设计时速80 km，总工期60个月。独特的地理位置、地质条件、工程规模给施工带来了巨大挑战。土木工程专家、中国工程院院士钱七虎曾给予评价：“芜湖城南过江隧道是目前长江上地质条件最复杂、施工难度最大、风险最高的盾构隧道。”

城南过江隧道建成后将是八百里皖江第一隧。届时，芜湖有望成为继武汉、上海、南京之后，第四个拥有过江隧道的城市。

江上巨龙横跨，江底蛟龙潜行。未来，芜湖人来往江南江北将更加便捷，随着一座座桥隧的建成，一次次的梦圆，芜湖的城市框架越发舒展，经络越发通畅。

四　江天诸役

鹊岸与长岸

在只能依靠舟船渡江的古代，大江对于人类来说无异于天堑。因而，历史上，长江常常成为诸侯国以及地方割据势力的一道天然屏障。

古往今来，围绕长江，发生了众多著名战役，于芜湖段也有不少。

如果穿越到2500多年前的先秦时期，翻开当时的吴楚地图，在鸠兹城附近的长江边，应当少不了鹊岸与长岸这两个地名。

芜湖地处吴头楚尾。当时，吴楚两国为争夺江淮流域控制权，在芜湖境内及附近的江岸展开了多次攻伐，最有名的就是“鹊岸之战”与“长岸之战”。两场战斗在《左传》中皆有记载，前后相距12年。有意思的是一场发生在长江入芜湖境一带，一场发生在长江出芜湖境一带。

先来看鹊岸之战。鲁昭公五年（前537），这年冬天，楚灵王带领诸侯和东夷的军队进攻吴国。楚灵王是谁？就是喜欢细腰的那位。后来有个“楚王好细腰，宫中多饿死”的典故，说的就是这位仁兄。

楚灵王发起的这场战争，就发生在今天铜陵、芜湖两市之间的长江江岸。阵容之大，参战国家之多，堪称当时的“世界大战”。战争的起因是，鲁昭公三年（前539）冬，楚国攻打吴国的朱方（今江苏丹徒东南）。次年，吴国复仇又攻打楚国棘、栎、麻三地（今皖北及河南一带），而这次楚灵王发起的“世界大战”就是为了报棘、栎、麻被伐之仇。真是冤冤相报何时了啊！只是这边联军还在会合，听说那边吴军已经出动，楚军于是匆忙迎战，结果败于鹊岸。初败之后，楚国再一侦察，发现吴国早已准备妥当，最终，以楚国为首的联军只得无功而返。

这一战，让楚灵王顿觉脸上无光，带着一队人马大老远过来，结果整成这样，以后大哥还怎么当？队伍还怎么带？楚灵王是个有意思的人，于是决定在坻箕山（今巢湖南）阅兵，亮了亮肌肉，展示一下楚国的军事实力，顺便找个台阶下，便打道回府了。

这场战役，对于楚国来说充其量是“一顿操作猛如虎，到头来看纸老虎”。倒是因此，铜陵、繁昌一带的长江自此得了个“鹊江”的别名。

12年后的长岸之战在史料中的记载显然比这场战役精彩而翔实得多。鲁昭公十七年（前525），吴国进攻楚国。这次，吴军一直打到了今天的当涂县一带。

在科技落后的古代，人们迷信占卜，每逢战前总要来上一卦。看到吴国来势汹汹，楚国准备迎战。楚将司马子鱼于是让人占卜，得出的结果是“不吉利”。子鱼这下不干了，回道：“我们在长江上游，怎会不吉利？况且，按楚国惯例，司马要在占卜前报告占卜的结果，我要求重新来一次。”好嘛，敢情连他们自己也清楚所谓占卜只是糊弄人的，得不到想要的答案还可以重来。再说了，都能这样理性分析自己的战略优势，还要占卜干吗？

不管怎么说，第二次占卜的结果出来了，果然比第一次要好些：“鲂带着属下战死，楚军紧跟而上，有望全胜。”

鲂，就是子鱼的大名，卦语换句话说就是：“楚国有希望赢，而子鱼必须死！”用时下流行语来表述，也可以这样说：要打这仗的话，你子鱼肯定会“来时好好的，最后回不去了”。但为国捐躯，贵为楚国司马的子鱼无所畏惧。

吴、楚两军在芜湖境内天门山一带的江面短兵相接。开战后不久，子鱼果然战死，楚军随后紧跟而上，把吴军打得落花流水，还顺带缴获了一条叫“艅艎”的大船。

艅艎可不是一条普通的船，那可是吴王僚的王舟。吴军领头的是公子光，一个20岁出头的愣头小伙。

好嘛，本打算带着王舟出来风光一下，过一把瘾的。这下好了，把王舟都弄丢了，回去没法交差啊。这就好比员工出门办事，爱慕虚荣，非要坐着老板的豪车去，结果路上出了车祸，车子被撞得一塌糊涂。

这个时候，公子光就展现了其过人的潜质。他第一时间没有认真检讨个人的过失，而是把大家召集过来语重心长地说道：“丢了大王的船，难道只是我一个人的错吗？大家都有份。大家一起联合起来夺回王船自救吧！”意思是说，丢船不是我一个人的事，我没命了，你们也好不了。果然有理有据，而且煽动性极大。

楚军显然也知道缴获的这条船的金贵，派人在船的四周挖下深沟，一直挖到有泉水涌出，再用木炭填满沟壑，摆开阵势待命。老实说，我实在看不出这一招的用意，如果是打算烧船，动作未免有点大。

对于吴军来说，不去抢，就得受罚；去抢了，尚有一线生机，大家没理由不答应。激发了军队的斗志，还要讲究策略。公子光又想了一招，他找来三个身强力壮之人，让他们设法潜伏到大船附近，并告诉他们，我喊“艅艎”，你们就应答，三人应允。

到了晚上，三人按计划潜伏到艅艎附近，听到呼喊后依次应答。夜幕之中，楚军以为军中混入了不少内奸，一时大乱。等到好不容易把这三人找出来，那边公子光已经带领众人趁乱杀了进来，夺回了艅艎。这便是历史上有名的“长岸之战”，也是万里长江之上发生的有文字记载的第一次水战。

人无前后眼，否则对于楚人来说，真应当记住眼前的这个20多岁的小伙。因为多年后，当他弑王上位后，将给楚国带来连绵的噩梦。

这个小伙还有一个大名，叫阖闾，吴王阖闾。

濡须之战

“草船借箭”是《三国演义》中最精彩的桥段之一。其实，这一事件有真实原型，而且就发生在芜湖的江面，不在赤壁，也与诸葛亮没多大关系。

这就得提到历史上三国时期赫赫有名的濡须之战。濡须之战，前前后后一共发生了四次，是魏、吴两国围绕争夺濡须，进而控制长江天险而进行的。从魏国来看，几代人锲而不舍，从曹操一直打到了他儿子的儿子的儿子在位，够长吧？呃，前后绵延了近40年。

濡须，是一条古河流，也是无为的古称，今天在地图上已找不到濡须水这个名字。历史上，濡须水是沟通长江与巢湖的重要通道。在今天来看，裕溪河沟通巢湖、长江，故有濡须水即今裕溪河的说法。其实裕溪口只是古濡须水众多入江口之一。也有人认为“草船借箭”发生在裕溪口一带江面或巢湖。

三国时期，魏、吴在长江中下游对峙，双方相互征伐，水上通道有三，即东路经邗沟、中路经濡须、西路经汉江。其中，唯中路濡须河直逼吴都建业（今南京），因而两国在此战事颇多。这里还得提到一个地名“濡须口”。关于濡须口的具体位置，查阅各方史料，至少有两种说法、两个地点。一认为是巢湖水入濡须河的关口，即今无为北面石涧镇的裕溪河畔，与含山县东关相对；二认为是濡须河的入江口，地点又有二，一说即裕溪口，一说在今泥汊镇入江。众多史料都认为“濡须口，在今安徽省无为东南，为古濡须水入长江之口”。谭其骧《中国历史地图集》“三国・扬州（吴）”中濡须口明确标注于今泥汊镇境内；黄钺《壹斋集》载，清兵部尚书彭玉麟驻守濡须坞收复南京时曾往来蛟矶，说明濡须口应在蛟矶上游；《无为史话》一书提到，濡须水泥汊和神塘两处通江口堵塞于清同治十二年（1873）。综合各方史料来看，濡须口在泥汊镇最为可靠。因而，濡须之战中涉及长江的部分战事在这一带江面发生的可能性最大。

建安十八年（213），曹操号称举兵40万，亲自南征孙权，饮马长江。两军主将会面之前，孙权先派大将甘宁夜袭曹营，以挫其锐气，并特赐米酒壮行。甘宁精选100余人，二更时分潜至曹营，斩杀10余人，造成魏军的恐慌，以为东吴大兵已经攻进营寨。等到魏军反应过来时，甘宁已全身而退。

此次偷袭，给了远道而来的曹操一个下马威。孙权得知后对甘宁大赏。也正是这个甘宁，在后来合肥的逍遥津之战中，护主有功，助孙权死里逃生。

初到江南，就挨闷头一棍，曹操心里自然不爽。让他没想到的是，这还只是序曲，热个身而已。等到两军正式过招时，魏国才真正尝到了东吴水军的厉害，第一次正面接触就被俘3000余人，沉没溺亡者又有数千之众，直打得曹军闭寨不出。

《三国志》引《吴历》记载，这天清晨，孙权借着江雾乘轻舟去曹营附近。曹操手下都觉得这是一种赤裸裸的挑衅，感到憋屈要出兵。曹操淡定地说，这肯定是孙权想过来探察我军虚实的。于是，严令军中待命，连弓弩都不给乱射。孙权又行进了五六里，才擂鼓鸣乐而还。曹操见吴军队伍严肃整齐，大叹道：“生子当如孙仲谋，刘景升儿子若豚犬耳。”

老曹也是够损的，自己上当了，难得有赞美对手的胸怀，却捎带着把刘表的后代骂了一遍。可怜的是，当时刘表的大儿子刘琦已死了好几年。

肯定有人会说了，这也没见到借箭啊。别急，这段文字后，书中又引了《魏略》告诉我们，当时孙权乘大船前来探察。生性多疑的曹操不敢轻易迎战，于是命手下只发弩箭，不让吴船靠近。不一会，船身就因一侧中箭太多而倾斜，孙权又命手下调转船头，继续受箭。直到另一侧也中满了箭，船彻底平稳了，才慢条斯理地返航了。所引的两部书中，一说孙权乘的是轻舟，一说是大船；一说不给射箭，一说往死里放箭。其实并不一致，但总的来说是孙权的确去探班了，这也充分反映了作为东吴老大，孙权的胆略与谋识。

以上便是《三国演义》中“草船借箭”的原型，在陈寿的《三国志》中不过20余字，到了东晋时裴松之注解《三国志》时，才博引当时的众多史料，加上了草船借箭的细节。因而，读《三国志》一定要读有裴松之注解的，陈寿原版记事过简，如流水账一般，索然无趣。

这一事件到了后来更被小说家大加发挥。到了明代，罗贯中综合之后，假托到诸葛亮身上，还加上了预测江天大雾等情节，写得绘声绘色。看来，要成为一个优秀的小说家，想象力是非常重要的。鲁迅点评《三国演义》时，曾说其为了写诸葛亮的才智超群而把他描述成近乎妖师一般，是一点也不错的。

曹操毕竟是曹操，在濡须待了一段时间后，逐渐稳住阵脚。在熟悉了水域环境后，曹军终于攻破孙权江西大营，并生擒了东吴的都督公孙阳。

两军依旧相持，眼见春雨渐多。一日，孙权给曹操行书一封，八字寥寥：“春水方生，公宜速去。”春天里，江水慢慢涨上来了，曹老头啊，你该哪来回哪去了。走好，不送！

曹操再往下翻翻，竟然还有意外收获。信后别有小纸条一张，上面同样八字：“足下不死，孤不得安。”您老人家不死，我睡不了安稳觉啊！文辞率直恣意。

曹操读完后，并不怒，对手下们说：“孙权是不会骗我的。”说完，竟然就主动撤军了。

高手之间过招，这样出人意料。

这便是历史上有名的第一次濡须之战。曹操40万大军大张旗鼓而来，并没有达到预期目标，因而有了“此为无为之地”之叹的说法，也衍生了“无为”之名由来的典故。

其实，这一战，曹操虽未得全胜，也并非无功而返，毕竟攻破了江西大营，俘虏了东吴的都督，充其量算打了个平手。只不过他自己心里清楚，江水一涨，不擅长水战的魏军更无优势可言，于是借“孙权来信”这个台阶下，主动撤退而已。

第一次濡须之战后，魏、吴两国又在濡须一带交战了三场，第二场在张辽威震逍遥津之后，最终以孙权请降告终。当时，苦于后方不稳，西面刘备又出击汉中，咄咄逼人，曹操只得见好就收，一代枭雄的统一壮志就此留憾。后面两场，曹操已经故去，分别是曹丕、曹芳在位，皆以魏军告负终结。

南朝烽烟

翻开史书，南北朝时期的芜湖江面存在感很强。从上游的板子矶到下游的东梁山，大大小小各类战事史不绝书。

天门山附近的几场战役前面已聊过，此处不表。以下说说其他有名的两场。

南北朝后期，在长江中下游，北齐与南梁为扩大疆域互有征伐。北齐天保七年、南梁太平元年（556），南梁叛将徐嗣徽引北齐军队渡江，屯聚芜湖。当时，南梁的都城在南京，末代皇帝萧方智是傀儡皇帝，军政大事都由大将陈霸先做主。

陈霸先急忙征召当时在上游攻打湓城（今属九江）的大将周文育回护京都。徐嗣徽听说后，将大船陈列于长江南岸的青墩至七矶一线严阵以待，以阻周文育回援都城。

青墩和七矶这两个地名在今天地图中已经很难找到。但结合史料方志能大概知道其位置。青墩，史料中记载，在当涂西南二十里江岸河滩地，依此推算应在今芜湖境内的东梁山一带江岸。

七矶，民国《芜湖县志》记载，又名碛矶山，在芜湖县西北十五里。县志又有："齐罗山在县北十六里。"齐罗山即齐落山，虽然在后来的城市建设中被挖平，但仍留有一些印迹，如齐落山路、齐落山村等。而从今天地图来看，原来齐落山西南一带的江岸只有广福矶，县志也未见广福矶的单独记载。此外，七矶与广福矶同时都有南京建筑石头城在此烧窑的记述。因而，七矶很可能就在广福矶附近或者就是广福矶，即今芜湖长江大桥南岸一带。也就是说，当年徐嗣徽为阻断周文育从上游回援南京，战船沿长江东岸布置，从东梁山一直绵延至芜湖长江大桥的广福矶一带，可谓声势浩大。

徐嗣徽自以为以逸待劳、胜券在握，却没有想到即将到来的这场会面将是对手的个人表演秀。周文育的大军风尘仆仆自上游而来，并没有与其直接交锋，而是等到夜幕降临，才鸣鼓进攻。

徐嗣徽这边的北齐联军呢，气势吓人，但也仅限于气势吓人，没几个回合竟慢慢支持不住，南梁水军逐渐占据了上风。到了天亮，周文育终于发起反攻，徐嗣徽抵挡不住，逃之大吉。危急时刻，徐嗣徽部将鲍砰以一艘小舰断后掩护。周文育见状，独乘小船追上，跳入其船斩杀鲍砰，还将这条小船带回了自己军中。齐军大惊失色，徐嗣徽只好将船留在芜湖江边，改由丹阳（今当涂）登陆。这一战，以北齐失败结束。之后不久，徐嗣徽在南京兵败被杀。

梁太平二年（557），陈霸先废梁建立陈，这也是中国历史上唯一一个以皇帝姓氏作为国号的朝代，改年号永定。这时，梁朝的"铁杆粉丝"、湘州刺史王琳不干了。第二年，他在武昌拥立萧庄为皇帝，设置百官，自己总揽南梁军国大事，控制长江中上游地区。陈霸先于是派周文育等人前去讨伐。风水轮流转，这次，猛将周文育一众竟被打得落花流水，自己也被生擒。

永定三年（559）六月，陈霸先病死，陈霸先的侄子陈蒨即位，改年号天嘉。王琳认为时机到来，率军沿江东进，驻扎在濡须口。

天嘉元年（560），王琳率军进驻栅口。当时，陈朝大将侯瑱驻军芜湖抵抗。两军相持100多天。随着濡须上游东关春水上涨，河道得通，王琳引合肥、巢湖一带的北齐水师，舟船相接而下，声势盛大。侯瑱见状，也进军江中的虎槛洲。王琳则让兵船排列长江西岸，对着虎槛洲而泊。虎槛洲在哪？史料记载在繁昌东北五十里大江中。考虑到元朝之前，繁昌县治新港，虎槛洲当时应在今三山龙窝湖一带的大江中。

第二天，两军交战，王琳军队稍显弱势，退回长江西岸以求自保。到了晚上，突然刮起一阵东北风，将王琳的船队损坏不少，而且大多搁浅在沙滩上，加之涛猛浪大，回不了江岸。好不容易等到天亮，大风平静下来，王琳才得以到江边收拾、修理船只。侯瑱也带水军退据芜湖。

当时，据长江中上游的是北周政权。北周人见王琳东进陈朝，趁机进攻武昌。王琳听闻消息后，生怕军心不稳，决定速战速决。于是率舟船径直东下，在离芜湖仅十里的地方泊船。这样，两军就相距得很近了。王琳军中敲击木柝报时示警的声响都能传至江东岸陈朝的军中。按这个位置估算起来，王琳的军队应停泊在蛟矶附近。

侯瑱也是大风大浪过来的人，并不以为意，依旧下令军队照常做饭、照常休息，只是密切注意王琳军队动向。

那一日，江上突然刮起了猛烈的西南风。长江从芜湖到南京段的整体走向为西南到东北，这时沿江而下正是顺风顺水。于是王琳认为是老天爷助力，竟趁着西南风带兵直逼陈朝的都城建康（今南京）而去，不睬停驻在芜湖的侯瑱船队了。

那边王琳还暗自得意，哪晓得侯瑱棋高一着，故意等他走后，带领水军紧跟其后。王琳见侯瑱追来，情急之中，竟犯了一个足以让他懊悔一辈子的、十分低级的错误。他让手下士兵扔火把去烧后面跟上来的陈朝兵船。

老王啊！你咋就这么健忘呢？你在前，人家在后，风从背后往前吹，你回过头逆着西南风扔火把，不是自取灭亡吗？结果当然是显而易见的，这些火把没多少扔到追兵船上，反而是不少被风吹回自己船上，引得混乱一片。人家说“杀敌一千，自损八百”，他这招倒好，直接自残。

后边侯瑱一看，前方的敌军还有这样的操作，简直不要太高兴。于是命令士兵用战船上的长竹竿来拍击王琳的兵船，又用蒙着牛皮的小船去撞王琳的大船，还让士兵用烧化的铁水泼向敌船。

王琳军队大败，军士掉江中死去的有三分之一，其余的赶忙弃船上岸，又被陈朝军队拦截。在西岸助阵的北齐军队也乱作一团，自相践踏，又陷入了芦荻泥泞之中，也死去不少。此一战，陈朝大获全胜，王琳乘坐小船才得以逃离。

纵观整个南朝，长江芜湖段上战事频仍，众多英雄豪杰在这里走上历史舞台，又随着战火硝烟雨打风水去。

鲁港之战

南宋时期，在铜陵丁家洲至芜湖鲁港一线江面曾发生过一场著名战役。此一战，南宋精锐尽失，偏安东南一隅的南宋王朝幻想翻盘的最后一丝希望破灭。

咸淳九年（1273）二月，困守襄阳达六年之久的南宋名将吕文焕在兵尽粮绝、不见援军只见元军的境况下投降。

降元之后，吕文焕立马递上投名状，自请为先锋，作为荆湖行省左丞相伯颜的向导，引元军沿江东进。当时，吕氏一族在南宋军队中很有影响力，沿江诸郡多为吕氏兄弟旧部，大多望风而降，其余或英勇抵抗被杀，或弃城而逃。

对于宋人来说，尽管新帝甫立，改元德祐。德祐元年（1275）的那个新年过得并不安稳。还在正月，顺江而下的元朝大军已近在眼前。正月十六，刚刚过完元宵节的安庆知府范文虎已经迫不及待地备好酒菜送到江州（今九江）去款待、迎接元朝大军了。

这一天，南宋摄政太皇太后谢道清急令丞相贾似道督师抗元。贾似道于是督军13万、战舰数千艘，沿江西上。二月，贾似道到达芜湖，他做的第一件事不是布防，而是遣返了军中的俘虏，并派手下给伯颜送去水果，向元朝称臣议和。伯颜傲慢回道：“我大元的军队没渡江时，你还有点资本过来谈议和，向我称臣纳贡。现在沿江的州郡都归我大元所有，还有什么好谈的？如果真要谈，叫你们老贾自己过来谈。”

贾似道哪有这种胆量。伯颜看来也不是一个有耐心的主，不多久，就带兵打到了池州。贾似道一看慌了，这才把7万精兵交与步兵指挥使孙虎臣，布阵于铜陵丁家洲长江南岸。这时，淮西制置使夏贵率队从合肥赶来会师，贾似道又命其将2500余艘战舰横亘江中，自己则带着一部分军队驻扎在鲁港，阻止元军东进。

丁家洲是铜陵北大江中一处已消失的沙洲，在今铜陵北站西北。从地图上看，这里至芜湖城南鲁港直线距离约有50公里，江岸则更长，由此也可见当年贾似道大军的阵势，真是“舳舻相衔，几达百里”。

尽管从全国局势上看，当时元军已占据绝对优势，但伯颜一路东下时带的兵马并不是很多。面对严阵以待的这支庞大的南宋水陆军，元军在数量上还是处于劣势的。

伯颜打量着眼前这个没落王朝拿得出手的最后这点家底，决定智取。他命人准备数十艘木筏，并放出风去，扬言准备火攻宋军水师。实践证明，这招很奏效，害得南宋军队上上下下提心吊胆，日夜站岗巡逻防备，几日下来，身心俱疲。

两军正式交锋前，伯颜命步兵沿大江两岸架设“大规模杀伤性武器”——巨石炮。这是当时最先进的武器，以射程远、杀伤力大而闻名，在几年前的襄樊之战中就发挥了重要作用。

当时，南宋步兵指挥使是孙虎臣，前锋是姜才。战斗一打响，炮声轰隆，姜才还在前方奋勇抵抗时，作为步兵主帅的孙虎臣竟然吓得赶忙跑到江中的一艘船上找女人去了。原来，孙虎臣与一爱妾形影不离，这次大战也把她带来了，安排在随行的舟船之中。只是普通的士兵没几个知道，他们看到孙虎臣往其他船上跑，以为主帅逃跑，大声惊呼道：“步帅逃跑了！”这么一喊，瞬间军心大乱。那边夏贵见步兵已溃，也不战而逃，乘一叶小舟从贾似道船边掠过，还不忘远远地向贾总指挥汇报一下：“敌众我寡，实在撑不住了，你也好自为之。”贾似道大惊失色，赶紧鸣金收兵，怎奈为时已晚。元军乘胜追击，汹涌而来，宋军大溃。

贾似道乘小船，一路东逃扬州。伯颜命大军追杀一百五十里，宋军溺死无数，战船大多沉没。

宋元的丁家洲、鲁港之战是一场以少胜多的战役，堪称13世纪中华大地两大政权的一场决战，最终以南宋失败而结束。此一战后，南宋再无可与元军正面对抗的力量。尽管逃亡扬州的贾似道有心收拢残兵重振旗鼓，但早已失去威望，无力回天。南宋从此走向覆灭。一年后，元军攻破南宋都城临安（今杭州），俘虏年仅5岁的宋恭帝北去。

贾似道鲁港大败于元军之后，一时舆论哗然，朝野纷纷要求杀贾以谢天下。在强大的舆论压力下，谢太皇太后只得将其免职，贬至广东。贾似道后来在去往广东途中，行至漳州木棉庵时被监押使臣郑虎臣所杀。

到了明朝，平倭名将俞大猷还在当地立起石碑，镌刻“宋郑虎臣诛贾似道于此”十个大字。由此可见，后人对贾似道的评价不是一般的差，在《宋史》中，贾似道更是被编入了“奸臣传”。

其实，客观来说，将鲁港之战失败之过全部归咎于贾似道是失之偏颇的。当时南宋王朝大厦将倾，非一人一力所能为。鲁港之战失败表面是败于主帅的指挥不力、用人之误，其实根本在于南宋的不团结以及士气低落。

比如《宋史·贾似道传》中就曾提到一个细节。当时，夏贵从合肥率军赶到鲁港会合时，就曾从袖子中拿出编书给贾似道看，并告诉他“宋历只有三百二十年”。言下之意，宋朝国运将近，莫做无谓抗争，贾似道低头不语。两军尚未交锋，便已泄气一半。等到兵败，贾似道召集手下商量对策时，孙虎臣回答：“手下没一人听我的。”夏贵则说：“众人已吓破了胆，这仗还怎么打？”这样的状态，又怎能抵挡元军铁骑？

宋祥兴二年（1279）崖山海战，宋军战败，陆秀夫背着少帝赵昺投海自尽，南宋灭亡。从赵匡胤“陈桥兵变”建立宋朝到崖山海战南宋灭亡，共计319年，与夏贵手中的所谓宋历还差一年。

这一年，被俘的南宋抗元名臣文天祥被押解上京途经鲁港时，思及当年贾似道兵败芜湖江面，留下《鲁港》一诗。“千古燕山恨，西风卷怒潮”一句写尽对国亡家破的无限愤懑。

太平军鏖战芜湖

芜湖滨大江，是长江中下游军事重镇，为历代兵家必争之地，古来战事不少发生在长江沿线。南宋贾似道兵败鲁港后，又有明弘光帝朱由菘夜逃芜湖、黄得功战死大江等战事。

清朝后期，清政府腐朽没落，太平天国运动席卷半个中国，芜湖再燃战火。咸丰三年（1853），太平军攻下芜湖。占领芜湖后，太平军张贴告示安民，号召有勇有谋之人加入太平军；要求富户筹办军粮，并出借据登记。之后，挥师东进，攻下江宁（今南京），并改江宁为天京，定为国都。

当年，号称50万的太平军自武昌顺流东下，两江总督陆建瀛率兵2万余人、1500艘战船迎江而上阻击，结果遇太平军后不战而逃，一路败退至南京。逃跑时，匆忙中，他整合沿途芜湖和当涂两地的部队驻扎东、西梁山以拱卫南京。

这中间，还留下一段“太平军智取天门山”的说法。紧追而来的太平军一路收缴清兵逃跑时留下的兵器。在芜湖获悉清兵于东、西梁山驻有重兵大炮后，没有立即强攻天门山防线，而是命人找来数百具桌几，并在其上竖起稻草人及灯火，等到天黑顺流漂下。

夜幕之下，东、西梁山上的清兵远远望见江面上星星点点一片，误以为太平军船队到来，于是下令开炮。一时间巨炮丛发，直到把江面的灯火全部打灭。太平军船队隐而不发，等到清军火药耗费殆尽，这才扬帆鼓棹，呐喊而下突破天门。

结果，占据天门山天险，又有巨炮加持，自以为稳操胜券的清兵最后竟一败涂地。清兵江南福山镇总兵陈胜元率水师迎战，中炮落水而亡。

咸丰帝听闻之后大怒，降旨治罪，认为陆建瀛一战而败，不知收拾残局，既没有力堵太平军入皖，又没有亲自到东、西梁山督军，致使南京失去屏障。可笑的是，等圣旨到达时，陆建瀛早已城破而亡。

太平天国定都南京后，更加注重芜湖的战略位置。驻芜太平军指挥石国宗意识到长江之于芜湖的战略意义，随即在沿江的弋矶山、四褐山、鲁港、蛟矶以及范罗山分兵，高筑壁垒，并在芜湖建立起地方政权。

咸丰六年（1856），清政府水师总兵吴全美、陆军总兵德安分攻下太平府（今当涂）后进军芜湖。十一月，从四褐山到鲁港绵延三十余里的水面及江岸上，清军与太平军短兵相接、鏖战数日后，以太平军死伤万余将士，清军付出数倍伤亡的代价，攻克芜湖县城。

咸丰八年（1858），清水师总兵吴全美、李德麟开始攻打蛟矶，九月，会合其他水师后攻下蛟矶。十一月，清军水师攻破鲁港，不久又被太平军夺回。

太平天国后期，在内讧及清军的步步紧逼之下，太平天国逐渐走向衰落。同治元年（1862），曾国藩之弟、直隶州同知曾贞干（即曾国葆）攻下繁昌后，得知太平军增兵鲁港，囤积军粮，又会合水师总兵李成谋等向鲁港开进。

曾贞干率陆师五个营进驻螃蟹矶之前，李成谋等水师八个营分别停泊在蛟矶、螃蟹矶下。蛟矶前文已提，这里重点说一下螃蟹矶。

螃蟹矶在今三山龙窝湖，因形似螃蟹而得名。历史上，此矶是长江边最险胜的一处矶石。20世纪50年代末，螃蟹矶在当地政府兴建江堤时被挖，如今已成为长江南岸江堤的一部分。今天，在碧桂园附近还能看到一些带有螃蟹矶的地名。

在清兵水陆夹攻之下，太平军腹背受敌、损伤惨重，不得不丢下鲁港，往芜湖城内撤离。这一战据说打了三天三夜。清兵占领鲁港后，又顺势往南，攻下南陵。

当时，太平军为拱卫南京都城，以芜湖为屏障，以东、西梁山为锁钥。兵败如山倒。在长江北岸，一直由太平军把守的西梁山失守。这时，长江南岸的东梁山及金柱关尤为重要。清兵决计从金柱关入手，截断芜湖与南京的联系。金柱关在东梁山以北，今当涂县境内的姑溪河入江口，如今那里仍有一座金柱塔。

同年四月初五，彭玉麟命令总兵李成谋率水师驶进采石矶江口，烧船毁垒，率兵登岸，一时万炮轰鸣，几乎得逞。关键时刻，东梁山的太平军闻讯赶来驰援，清兵这才作罢。吃此一败后，彭玉麟深知金柱关地险城坚，需水陆并攻才有希望。

二十日，彭玉麟率湘军水师，配合曾国荃部陆师南渡，先攻太平府。这一招十分奏效。当时的太平军重兵主要集合在芜湖、金柱关两地，来不及顾及太平府一路。清兵一路潜行疾驰，从太平府北门入一直杀出南门，太平军溃不成军。

占领太平府后，当晚，清兵水师轮番攻打金柱关。最终，在水陆两方的严厉攻势之下，金柱关被攻克。至此，芜湖长江一线均被清兵控制，芜湖几成孤城。二十二日，清兵占领芜湖。清政府与太平军在芜湖的争夺战结束。

百万雄师过大江

提及长江上的著名战斗，就不得不说彪炳史册的渡江战役。70多年前，正是在芜湖境内，英勇的人民解放军率先突破长江天堑，彻底摧毁了国民党军的长江防线，为解放全中国创造了条件。

辽沈、平津、淮海三大战役胜利后，长江以北的国民党主力部队被消灭殆尽，敌我力量对比发生了根本性变化。国民党政治、经济、军事陷入全面崩溃。不久，四面楚歌中的蒋介石被迫宣告下野，在幕后遥控国民政府，李宗仁出任国民党代总统。

眼见百万人民解放军即将渡江。国民党一方面释放“和谈”烟幕，企图“划江而治”，一方面借“和谈”拖延时间，收拾逃亡南岸的残兵，分布于江西湖口至上海段的长江南岸500余公里的岸线，妄想凭借长江天险和海空军的优势，阻止我解放军渡江。

1948年12月30日，毛泽东为新华社写了题为《将革命进行到底》的新年献词，深刻揭露了国民党的“和谈”阴谋。文中，毛泽东号召全国人民、各民主党派、各人民团体要真诚合作，粉碎美帝国主义和国民党反动派的政治阴谋，将革命进行到底。

此前，为阻止人民解放军顺利渡江，国民党可谓“做足了功课”。在江北，逃离前的国民党部队早已将北岸沿线的船只或强拖到南岸，或就地毁坏；在江南，国民党更是沿江修建坚固工事掩体，并在海空军的支持下构筑立体防线。

芜湖紧靠南京，战略位置尤为重要，国民党高度重视芜湖的江防。比如：在国民党召开的国防部研究长江作战计划的会议上，第三厅厅长蔡文治就曾主张江防"防守重点应放在芜湖地段，以确保南京的安全"。为此，国民党在芜湖设立了安徽省第六行政区和保安司令部，绥靖区所辖的88军、20军、66军、106军和99军等都曾先后进驻芜湖地区。此外，还制定了《长江交通管制办法》，从当年2月起就封锁了长江交通，禁止南北通航，明确要求上下船只必须靠南岸行驶，并冻结内河木排，在各码头设立检查站，还在长江北岸裕溪口等设立"首都卫戍总部"谍报组。

1949年3月，邓小平主持起草了渡江作战的具体部署——《京沪杭战役实施纲要》，确定了渡江战役的指导方针。针对国民党军队的部署，根据《京沪杭战役实施纲要》，人民解放军渡江部队分为东、中、西3个突击集团。其中，中突击集团由第三野战军第7兵团、第9兵团组成，共30万人，由谭震林指挥，从裕溪口至枞阳段渡江，也就是包括了芜湖境内的所有江面。按照作战计划，第9兵团30军88师3个团布置在荻港对岸至裕溪口一线，并预定渡江后担任芜湖至当涂的防务，其中262团的任务是解放芜湖和接管芜湖。

随着渡江日期的临近，我军有关渡江的准备工作也在紧锣密鼓地进行着。要渡江，首先要解决的是船只缺乏问题。由于敌人前期有预谋地破坏，当解放军百万大军到达预定渡江地点时，能够找到的渡船极少。经过广泛动员，再加上解放区各级政府的帮助，到4月初，终于筹集到可用于渡江作战的渡船共8302只。为了将这些船只从内河和湖泊运到长江沿岸各渡江地点，解放军发明了"掘渠翻坝"的方法，将渡船从渠道中拖到江边。

在长江南岸的芜湖，为迎接解放军渡江和解放芜湖，相关工作也在有条不紊地秘密进行着。在芜湖的中共地下党组织积极策反了国民党芜湖县县长谢汝昌。谢汝昌在接受芜湖地下党的指示后，巧妙拒绝了敌人从南京到芜湖来抢运粮食，为后来经过芜湖渡江的解放军的粮食供给提供了保障，更对芜湖的顺利解放起到了一定作用。

实施渡江作战的战略需要，渡江战役总前委根据中央军委指示，决定在大军渡江之前向南岸派出一支部队先遣渡江，以弄清敌人江防部署，策应和配合大军渡江。最终，一支300余人的“先遣渡江大队”组建。这支渡江大队在无为地区党组织配合和人民群众的支持下，于1949年4月6日21时至22时之间凭借20余只木船分别在无为的石板洲和江心洲出发，仅用20多分钟就悄悄穿越敌人江防，在繁昌、铜陵两地江岸先后登陆。这段历史后来被改编成电影《渡江侦察记》，拍摄组还曾特别来到板子矶取景。

4月20日，国民党反动政府拒绝在《国内和平协定》上签字，和谈彻底破裂。4月21日，毛泽东主席、朱德总司令发布向全国进军的命令，百万雄师横渡大江。

根据中央军委的指示，4月20日晚8时半左右，人民解放军中路大军提前于芜湖至铜陵之间，发起渡江作战。瞬间，万炮齐鸣，万船齐发，解放军船队在炮火的掩护下直扑南岸。先头部队用约1小时，即占领鲫鱼洲、黑沙洲、紫沙洲等江心岛，突破鲁港至铜陵守军阵地，24小时内已渡过30万大军。其中27军79师235团1营3连2排5班乘坐的木船，于21时率先在繁昌县保定乡夏家湖一带登上南岸。同时，第25军也成功突破江防，于当夜渡过7个步兵团，插入纵深，向繁昌挺进。

“渡江战斗于二十日午夜开始，地点在芜湖、安庆之间。国民党反动派经营了三个半月的长江防线，遇着人民解放军好似摧枯拉朽，军无斗志，纷纷溃退。长江风平浪静，我军万船齐放，直取对岸，不到二十四小时，三十万人民解放军即已突破敌阵，占领南岸广大地区，现正向繁昌、铜陵、青阳、荻港、鲁港诸城进击中。”当年，毛泽东在《我三十万大军胜利南渡长江》新闻稿中，以如椽之笔，对百万雄师横渡长江的恢弘场面进行了忠实记录。

4月21日上午，国民党京（宁）沪杭警备司令汤恩伯企图挽回败局，亲临芜湖为国民党守军打气，并令20军和99军固守战地，令第七绥靖区司令张世希率20军134师师长李介立等到三山督战。国民党3个团的兵力也从芜湖开往三山，企图夺回失去的阵地。

人民解放军88师军史（初稿）记载，21日晚，“88师继续渡江，敌人军舰从两侧侵扰，飞机无目标的扫射投弹”。“88师渡江后，迅速攻击离江岸突破口仅十多里之三山街敌人孤立据点。三山守军于22日南逃”。88师沿江东进解放鲁港，朝芜湖城而来。

22日晚，在大军渡江作战的强大攻势和芜湖地下党的努力工作下，国民党第二舰队第四指挥区上尉参谋兼“安东”指挥舰海官严时信，率领芜湖江面上的国民党全部舰艇撤往南京，23日随第二舰队林遵司令起义。渡江之前，经华东局国区部芜湖工作组的工作，严时信还向我方提供了第七绥靖区和海军第四江防防区兵力配备情况（附草图）以及海空军守备江防的联络暗号。在取得第四江防区及“安东”舰的实际指挥权后，他又采取拖延执行作战命令和中断电台联系等方法与敌人周旋，直至参加起义。

4月24日，88师262团以一营为先导，在社会各界的夹道欢迎下进入市区，并沿街张贴中国人民解放军约法八章和“三大纪律，八项注意”的安民告示。芜湖胜利解放，自此跨入了新的历史时期。

在今天的三山境内芜湖长江二桥附近的大江边有一座“百万雄师渡江第一船登陆点”的纪念碑，记录的便是当年人民解放军飞渡长江，从夏家湖登陆南岸的这段历史。

注：本文主要参考《重返烽火岁月　再现渡江精神——纪念渡江战役胜利暨芜湖解放70周年》（中共芜湖市委党史和地方志研究室编）以及《纪念渡江战役胜利暨芜湖解放50周年专辑》（中共芜湖市委党史研究室编）等史料。

青弋江：芜湖的母亲河

一 探名

青弋江是安徽长江下游南岸最大的支流，被誉为芜湖的母亲河。民国《芜湖县志》甚至将青弋江下游一段称为“县河”，可见其之于芜湖的重要。

这是一条有故事的河流。她发源于古徽州腹地，一路由南向北、风尘仆仆而来，惯看了粉墙黛瓦的徽派民居，浸染着厚重深远的徽州文化。她领略了太平湖的湖光山色、桃花潭的诗风雅韵。这一路，宣笔流云、宣纸飘香，橹声咿呀、沙禽掠岸，直至在芜湖中江塔下汇入大江。

青弋江的故事，我们从她的大名聊起。“青弋”这个名字第一次出现，是在《晋书·钟雅传》。钟雅，曾是东晋权臣王敦的手下，还因王敦的运作做了宣城内史。王敦谋反后，钟雅站位很准，选择了朝廷一方。后来，王敦在芜湖病重。眼见篡位无望，他告诫身边的追随者，自己死后，大家应归附朝廷。这时，一个叫钱凤的手下不干了，他可能觉得对不起自己的这个谐音“前锋”的大名，还没过够冲锋陷阵的瘾，选择了继续造反。于是，晋明帝司马绍加封钟雅为广武将军，让他率领将士们驻守在一个叫青弋的地方。

那么，这里的青弋和后来的青弋江有关吗？答案是肯定的。文中后来提到，因为叛军攻势太猛，钟雅曾被迫退居泾县，而且这场战役提到的相关地名，与今天青弋江沿岸的布局是高度一致的。后人还考证出，这个青弋就在今天的南陵县弋江镇一带。

所以，我们今天常说“弋江镇因青弋江得名”，事实很可能与此相反。回到最初，“江因弋江镇而得名”才更接近历史的本相。今人甚至认为今天青弋江的得名就来自当时的这个青弋。

历史上，很长一段时期，我们今天青弋江的大部分包括南陵县境内江段，都属于宁国府管辖。嘉庆《宁国府志》在提到境内的“水”时开篇就告诉世人，一直以来，境内的河流，都是因附近的地名而得名的，而且同一条河在不同的地段也有不同的名字。

青弋江作为境内最大的一条河流，就很生动地诠释了府志中的这段表述。不仅在不同的地段名字不同，而且在不同的历史时期也有不同的名称。比如：青弋江的古名很多，有清水、泠水、清弋水、青弋水等，而在隋唐及北宋时期，称为青弋水，直到宋代以后才正式被称为“青弋江”。

说到这，不免有人要站出来抬杠了。唐代著名诗人杜牧不是写过名句“九华山路云遮寺，清弋江村柳拂桥”吗？这说明在唐朝就开始叫青弋江了呀。个人以为，这里的两句应读为：“九华|山路|云遮寺，清弋|江村|柳拂桥”。以“九华”对“清弋”、“山路”对“江村”才是最正常不过的断句。九华，指九华山，清弋，指青弋水，毫无违和感。不过，值得注意的是，最迟到北宋时期，可能已开始有青弋江的说法，比如欧阳修主修的《新唐书·地理志》中就有：“有永丰陂，在青弋江中，咸通五年置。”不过，《读史方舆纪要》认为，此处青弋江为浣江的别名，即浦阳江。

在中国历史地理学家谭其骧主编的《中国历史地图集》中的各朝代地图中，能清楚看到不同历史时期青弋江名称的变化。“隋唐及北宋称青弋水，南宋以后称青弋江”的说法与前人的说法高度一致。区别在于，隋朝以前更久远的时期，《中国历史地图集》舍弃了清水、泠水的别称，而标注的是浍江、庐江等。

那么，两宋时期“青弋水”变成“青弋江”，一字之差，有什么区别吗？还是有一点区别的。在《古代汉语词典》“水”的多项解释中，有一项指的是“河流”，而江，则是指大河。通俗理解，由“水”到“江”，是水量变大了，河面渐广了。

从北宋到南宋，青弋江的水流量是不是真的变大了，我们今天已不得而知。《宁国府志》编纂者、清朝诗人洪亮吉不但认可了这一变化，而且大胆地提出了一个假设。他认为，唐朝之前，在泾县以南应该还有一条流入广德县境内的“南江”，截流的正是今天青弋江的上游。后来，随着南江的堵塞，黄山脚下的诸水才合为赏溪，汇入青弋江。由此，水量渐丰，河床益广，到了宋代后期，人们就改称青弋水为青弋江了。

200多年前的一位修志者，能站在这样宏观的角度来看待青弋江的源流，并提出这样的假设，让我们今人都觉得脑洞大开。虽然不免大胆了些，但沧海桑田、江流改道放在漫长的历史上来看，还真是常有的事。况且，洪亮吉作为一个大家，敢于提出此假说，想必是经过了一定考证的。

值得一提的是，历史上的青弋江与我们今天所认识的青弋江是有所区别的。在绝大多数时期，她仅仅指的是今天中游的一段江水，即今天的弋江镇附近上下一段。后来又有水过陈村水库，始称青弋江的说法。

等到了下游，河道交织，水网密布，水阳江、青弋江、漳河之间我中有你、你中有我，早就不分彼此。

在今天的芜湖域内，这三条河流之间的水系就像一段纠缠不清的“三角恋”，很难分清了。

青弋江又简称为弋江，给今天的芜湖带来了诸多地名，如弋江区、弋江路、南陵县弋江镇等等。青弋江的得名还有一种比较小众的说法：因弋江的水清澈见底，故得名“青弋江”。这种说法认为先有弋江，才有青弋江，生生的将“青弋”这个古地名分开来解释，实在有点本末倒置，难以服众。

二　湖　源

一直以来，尽管在下游的芜湖境内，青弋江、水阳江与漳河三大水系相互连通、水网交错，但对于青弋江最终在中江塔下汇入长江这一点，是没有异议的。

相反，对于这条芜湖“母亲河”到底发源于哪里，历史上对青弋江源头的认定又经历了怎样的变化？相信很多人就很难一口气答上来了。

千百年来，青弋江绵延数百里，孕育了万顷良田，滋养了两岸生民，下游穿城而过，更是繁荣了一座古老的城市，衍生了一种独特的青弋江文化。

饮其流者怀其源。这里，我们溯源而上，一起来聊聊青弋江的来处。

先来看看史料中是如何表述青弋江的。嘉庆《宁国府志》认为，她汇集了太平（今黄山区）、旌德、泾县三县诸多河流之后，到了泾县以北的地方，才开始叫青弋江。

很明显，这里说的青弋江与我们今天所认为的整个青弋江流域是有区别的。此处指的是青弋江中游的一段。我们显然也不能认为她的源头就在泾县以北一带。

事实是，历史上青弋江各段有各自不同的名字，以至于《宁国府志》编纂者洪亮吉在写到此江时感叹：一条河，名字竟然有数十之多，而且河流各段命名又不严谨。让人看起来没一点头绪，就像上百条河似的。洪亮吉将导致这种现象的原因归结为前人不懂得站在整条河流的高度来解说青弋江。（《宁国府志》：“一水之流，名至数十，而又上下不接，俨然百道分流，茫无头绪，何以令阅者了然？此不知叙水体之例故也。”）

这很有道理。但说归说，要真正从宏观的角度来看青弋江的源流大势，弄清楚真正的源头，受制于古时的客观条件，并不容易。因而，众多史料提及青弋江时要么对源头避而不谈，要么笼统模糊处理之。源头大多指向石埭县（今池州境内）、黄山及泾县三地。具体来说，又有细微之别。如：《大清一统志》认为青弋江源出池州府石埭县的舒溪和太平县、黄山等地；《读史方舆纪要》《今水经》则认为源头在泾县及石埭县；《行水金鉴》认为青弋江发源于黄山；青弋江泾县段在嘉庆《泾县志》中称泾水，《泾县志》认定泾水的源头是徽水等。

据张爱华《舞动的河流：皖南青弋江历史源流考》一文，青弋江从地方性称呼到正式指代整个水系，大约始于民国中后期，是现代实测地理学发展和水利现代化的产物。

说到这里，就得提到历史学家胡澱咸。胡澱咸是芜湖胡湾人，安徽师范大学教授。1931年，还在中央大学历史系上学的他就撰写了《青弋江流域概况》一文，首次提出了独立的“青弋江流域”的概念。

新中国成立后，为配合陈村水库的建设，安徽省水利部门对青弋江组织了多次实地勘测，对其源流得到了比较统一的认识。

从我们今天的角度来看，放眼整个流域，青弋江显然必须有一个正源。由黄山市水电局编制的《徽州地区水利志》一书介绍青弋江水系时曾提到，青弋江源头繁杂，祁门、黟县、石台、旌德、绩溪五县都有溪水流入。书中认为青弋江主河源有三：一为舒溪河，一为麻川河，一为徽水。以往的旧志书提及正源时必居其一。其中，舒溪河今因被太平湖淹没而不存，其上游为清溪河（发源黟县）、雍溪河（发源青阳九华山十王峰）；麻川河古称仙源水，在黄山区境内的汤岭东面发源，合黄山东南两面之水迤逦而下；徽水源出绩溪县徽岭、古川、黄石坑。

1986年8月，徽州地区水电局水利志办公室对青弋江上游河道进行了实地勘查，根据“河源唯长”这一公认原则，最终确定青弋江发源于黟县洪星乡与碧山乡之间的方家岭北麓，这达成了我们今天对青弋江源头的普遍认同。

青弋江上游的清溪河从方家岭发源后，在皖南巍峨的高山之间蜿蜒缠绵最终流入太平湖。清溪河在黟县境内又称美溪河，即前面提到的舒溪河的上游之一。由此，青弋江的长度也由之前的275公里延伸至约300公里。

方家岭是横亘于黟县县城北的一道高岭，平均海拔800米以上，两处高峰拜年山、黄金尖海拔分别为1137米、888米，青弋江便滥觞于两者之间。方家岭是一道天然分水岭，山岭以南的众溪流一路向南，最终汇入新安江；以北则经清溪河，汇入青弋江。

方家岭对于大多生活在青弋江下游的芜湖人来说相当陌生。笔者曾有幸造访过芜湖这条“母亲河”的出发地。

2019年，我们一行先后两次到过方家岭。一次在盛夏，从南面的黟县县城上山；一次是深冬，由北面的红星乡溯源。池州七都通往黟县县城的省道S222盘山而上，穿山腰的方家岭隧道而过。

方家岭隧道旁立有一块写有“青弋江正源”的水泥碑。我们两次探源都是从这块石碑旁的小路开始的。第一次因山深草茂，怕蛇虫而折返。第二次，在当地政府工作人员的带领下，我们沿山中河流一直向上。由于时近深冬，当年又遇大旱，一些河段已经干涸，渐成隐河，再往上几步，又能见涓涓溪流在石缝间穿梭。

冬季的山涧，干净异常，动物们都在冬眠，不用担心遇到不友好的它们。山谷的背阳处阴冷得紧，但我们在河床的山石间一路攀爬向上，丝毫感受不到凉意。黟县的大山之中多大青石，因水落而渐干的藓类伴着水痕留在石头表面组成了一幅天然的山水画，仿佛默默纪念着几个月前还有的磅礴山洪。

终于来到更高处的一簇几近遗落的旧房。当地人告诉我们，这是当年的道班，很长一段时间，工人曾住在这里负责道路管护。隧道开通前，老路盘山而上要从这里经过，一直绕到山顶再从南面下山。

我们最初的设想是逆流而上，希望能找到青弋江发源处的第一眼泉水、第一口水潭。事实证明，我们还是想得太简单。穿过旧房子继续向上，河床已经萎缩得如山沟一般。再往上，穿过一片茶地，又是一片竹林。渐隐渐现的河道在竹林中伏延向上。幽篁之下，布满了竹枝、荆棘与败草。许是冬寒大旱，许是浮土掩埋，眼前已望不见一丝流水。通过手机查询，离指定的源头仍有不少登山路程，而这时已是午后时分。一行人除了疲惫，个个饥肠辘辘，只好作罢，留下遗憾之美。

从山上驱车而下，尽管在干冬，但汇集了多条小支流之后，方家岭山脚的清溪河已初具规模。继续一路向北，再收集了沿途包括祁门境内的支流，等到汇入太平湖时，清溪河已见气势。

太平湖是青弋江上游众支流的“集大成者”。除了正源的清溪河，还有发源于太平、黟县交界处三府尖的佘溪河，源于黄山光明顶的秧溪河，源出黄山北麓的浦溪河（又名婆溪河），源出汤岭东面的麻川河，以及发源于青阳县九华山十王峰的箬溪河等几大河流。再经过陈村水库大坝倾泻而下，青弋江已日渐成熟，有了大流的气势。在宣城境内，她继续兼收徽河、孤峰河、琴溪等诸流，等到她一路蜿蜒入芜湖境内，俨然已有了一条大江的模样。因而，人们又常将陈村水库以下称为青弋江本干，以区别于整个青弋江。

说到这里，你看，我们通常说的"两山一湖"（即黄山、九华山、太平湖），皖南最秀美的风光都没留住青弋江水匆匆的脚步，这的确是一条不平常、有故事的江流。

越往下游，青弋江的故事越多，沿途的村庄渐盛，慢慢地有了码头、集市，成了重镇，李白来了、杜牧走过……一江风雅，两岸韵事。

三 访 古

逐水而居，择河而栖。水与人、河流与城镇是一个亘古话题。

有水的地方，后来有了人、有了村落、有了码头、有了故事。

青弋江水系跨祁门、黄山区、黟县、歙县、旌德、石台、泾县、青阳、南陵、宣城、芜湖等11个县（市、区）。一路向北而来，青弋江历史上孕育了众多古镇，甘棠、仙源、查济、桃花潭、章渡、赤滩、马头、弋江、西河……它们，或点缀于众多支流间，或镶嵌在青弋干流，或随水运的衰落走向落寞，或因旅游的兴起迎来重生。毫不夸张地讲，你在整个皖南徜徉的古镇，有一半都在青弋江流域境内。

仙 源

这是青弋江上游支流麻川河畔的一座古城，因麻川河源出黄山，古称仙源水而得名。提起仙源，知道的人可能不多。但要说起黄山脚下的太平县，很多人应该都很熟悉了。在历史上很长一段时间，仙源一直是太平县府治所在地，从唐天宝四年（745）设立到后来县城搬迁，历经

1218年。

1963年，因下游兴建陈村水库，仙源属淹没区，县城搬迁至甘棠新城（即今黄山区）。历史和仙源开了个玩笑，后来情况发生变化，库区规模变小。水库建起时，仙源不在淹没区而得以幸存。1965年，老太平县城复设仙源镇至今。

仙源镇“东连旌德，北枕泾邑，西邻石埭，南联黟歙”，地理位置优越，历史上商业发达。特别是在明、清两朝，仙源城内粉墙黛瓦、高屋鳞次栉比，尤以孔庙、县衙建筑宏伟、精美，曾有“万家庐井环城集，百里弦歌拥席来”的盛景，现存有树德堂、方家大屋、周家大屋等古民居。

历史上，仙源古镇曾遭遇过多次劫难，不少文物古迹毁于一旦，其中以太平天国时期以及日本侵华时期受到的破坏最为严重。

在历史的发展中，古城逐渐形成了以县衙为中心的丁字形交通格局，直、横两街相交于县衙前。当年，城中百姓多聚族而居，因而产生了许多以姓氏命名的街巷，如方家巷、周家巷、郑家巷等，巷弄多达20余条。走进古城，街巷纵横，曲径通幽，窄者仅容一人，宽处阔如大街，斑驳的墙体让你恍如走入了时光的深处。

“陆通徽歙，水达鸠江。”历史上，偏居深山的仙源镇，交通却十分发达，主要是因一旁的麻川河。

仙源城外，默默俯卧在麻川河上的麟凤桥，曾经见证了徽商的鼎盛时期，徽州的茶叶、木材、竹子以及手工业品等从这里经麻川河汇青弋江，再到芜湖入大江，最后走向全国。

查济

许溪穿古村落查济而过，系青弋江支流合溪的上游之一。

查济古称查村。新中国成立后，查村曾分为查村、济阳、富春三村。后三村又合而为一，取查村、济阳两村首字而得名查济。

村落依山傍水，许溪、岑溪和石溪自西向东穿村流过，最终合为一股，再与从后岸村过来的柳溪合流为合溪，汇入青弋江。“十里查村九里烟，三溪汇流万户间。”查济为查姓村落已有一千余年历史，起于盛唐，宋元稍衰，明末清初进入鼎盛。隐于大山深处，得天独厚的自然条件，使查济虽也有过兵燹战乱，却至今保存了包括祠堂、民居、村门、古塔、路亭、牌坊、石桥、古街、庙殿等在内的200余处自元至清的古建筑。

因多条河流穿村而过，各色古桥成为查济的一道别致风景。行走在河边的青石板路上，走不了几步，你就会遇到一座石桥。或是简约的一块大石板，或为优美的半圆石拱；或静谧地横跨流水之上，或热闹地被各色绿植点缀。每一座桥各展风姿，背后都有着各自的故事。

沿着许溪一路而上，在村庄的尽头，如果遇到写生者与摄影爱好者，你丝毫用不着诧异。自20世纪90年代以来，越来越多的画家、摄影爱好者、影视剧组工作人员被查济的自然与人文景致所吸引，来到这里找寻灵感，拍摄影视剧。

桃花潭

纵然放荡不羁，那位诗人终究脸皮还是薄了一些。蹭吃蹭喝了一段时日，临走时竟然夸张地说，桃花潭水即便有千尺之深，也不及主人对自己的情谊。全然不顾诗仙的身份，全然忘记了自己当初是怎么被人诓来这青山深处的。

在桃花潭，比《赠汪伦》更受欢迎的是这首诗背后的轶事。据说当年，汪伦知道诗仙李白将到池州，特地修书一封：听说先生喜欢游玩，我这里有十里桃花。听说先生喜欢喝酒，我这里有万家酒楼。约吗？

约没约不重要，重要的是，诗人循着花香、酒香就过来了，也就留下了千古佳话，让大山深处的这座古镇早早地名扬于世。

桃花潭是青弋江干流上的一座重要集镇。历史上，曾将桃花潭上游不远的麻川河与舒溪河交叉口一处名为小河口的地方指为青弋江源头。因而，无论是古时还是今日，桃花潭一直是提及青弋江绕不过的一个所在。

桃花潭最早为古代山越族人的聚居之地，后来不断有外地人迁来，或逃难避祸，或钟情山水，这里先后聚集了翟、万、汪、陈、李等十余个宗族。

桃花潭镇原名陈村镇，又名水东，古称南阳镇，是一座千年古镇，如今虽已开发为旅游景区，但古韵悠然，至今留有南阳镇门楼、翟氏宗祠、文昌阁等古迹。水东老街街面就地取材，为青石辅以各色鹅卵石铺就，早已被来往行人的鞋底打磨得锃亮。老街的西边尽头便是踏歌岸阁，也是游客来到桃花潭必到的去处。对岸石壁凌虚，石壁之下便是桃花潭。二楼有临潭栏杆，可俯瞰一潭秀色。

西岸，各色古迹更是目不暇接。垒玉墩、书版石、彩虹岗、钓隐台、义门、汪伦祠……每一个景致的背后都有一段传奇故事。

弋 江

应该说，没有哪一座古镇比得过弋江镇之于青弋江的重要。

到底是镇因江而名，还是江因镇而名，如今来看颇有点到底是鸡生蛋还是蛋生鸡的味道。

一个客观事实是，在青弋江流域众多滨水而建的古镇中，唯有南陵县弋江镇以青弋江为名。

弋江镇历史悠久，古名青弋，为春秋时吴楚名城，显扬江南，早在汉武帝元封二年（前109）建宣城县时，县治便设于此。隋开皇九年（589），宣城县治迁址宛陵，故城随之废。唐至清，弋江镇相继为宣城郡、江南路、宁国府、安庆府所管辖。20世纪80年代，安徽省地方志编纂的《皖志述略》一书亦有：“南陵城东弋江镇，是汉宣城县故治，陈移治宛陵城，即今宣城县城。”

弋江镇地处青弋江河谷平原，水网密布，曾经是皖南山区竹木集散地之一。这里居青弋江中游，上可达徽、池腹地，下可往芜湖、南京，陆路又可连通当时的南陵、宣州二府，便自然而然地成了青弋江的一个重要水路码头与商埠重镇，是当年旌德、泾县、石台、太平等县竹、木、柴、炭、茶等商品外运的必经之地，也是历史上徽商外出求学经商与贸易的重要中转地之一，特殊的地理位置造就了弋江镇的繁华。明清时，弋江镇已成为重要驿站机构和水陆通衢要塞，江上商船云集，舟楫如林，驿道车来轿往，商队络绎不绝。

到弋江镇，在某一个冬日，沿着石板路拾阶而下，小巷路面保留完好，两列平行的大块青石板铺以鹅卵石。古街新雨后，石板路面似湿还干，透着隐隐的亮光，让老街平添了一丝古韵。

粉墙黛瓦，一色的清末民初建筑，带着明显的徽派建筑特色，却又坚持着自己独特的风格。沿街的商铺或以青砖砌就，或为纯木结构，门面有窄有宽，或浅或深，大多前店后居、下商上居。可以想见，水运兴盛的当年，不少徽商正是沿青弋江顺流而下，自这里经过走向全国。

沿着老街一路向东，街的尽头便是日夜奔流不息的青弋江。有街有江，自然就会有码头。老街的码头，据说当年也是一色的大青石台阶，只是如今早已难觅踪迹，同样换作水泥砌就。站在码头上眺望江对岸，屋舍参差，江树连绵。

“九华山路云遮寺，清弋江村柳拂桥。”说到弋江，就不得不提及杜牧的名句。杜牧是唐代杰出的诗人，与李商隐并称“小李杜”。开成四年（839），时为宣徽观察使幕僚的杜牧即将离开宣州赴京任职，他的朋友、在宣州任判官的裴坦正好也要到舒州（今安庆市潜山县），诗人便先为好友饯行，并赋诗相赠，因有此诗。唐朝以后，众多途经弋江的文人墨客的诗文中大多会提及此段故事。如：清代诗人刘开兆工诗词，曾作《青弋江棹歌》九首，其二便是写的这段故事：“杜牧风流步屧遥，柳丝婀娜小蛮腰。而今憔悴江潭上，不见青青柳拂桥。”

很显然，此处的“柳拂桥”描写的更应该是春柳拂桥的景致，而非具体某一座桥。不过，后人为纪念小杜名句还真建了一座柳拂桥。遥想当年，青弋江江面平阔，以当年建桥技术，在江面建桥断不可能，柳拂桥自然应在江支流中某未知名的河渠之上。

据说当年的柳拂桥附近又建有柳拂庵一座。县志记载，“柳拂庵，县东三十二都三图。唐杜牧题额。光绪末重建，庵旁古柏一株，参天蔽日，相传千有余年”。有方家考证，柳拂庵遗址在现南陵县第四中学校园内，民国初年仍存，后废。如今的柳拂庵早已易地而建。古庵新貌，修葺一新的几栋红顶黄墙建筑，隐在老街附近的闾巷间，大有一丝“大隐隐于市”的意味。

西 河

与众多沿江古镇一样。西河之兴，因于水运，起于码头。

西河古镇位于今湾沚区红杨镇境内青弋江西侧。青弋江自上游迤逦而来，过弋江镇后，从珩琅山西侧绕过，不久便遇上了这座建于西岸圩堤上的古镇。西河之名与青弋江相关，因在河（即青弋江）西岸，故名“西河”。

早先，这一带为一片沼泽湖滩，杂草丛生，人烟稀少。由于滨江，常年水患严重，俗名“草头湖”。

西河见诸史料，要追溯至明代。洪武年间，为防治水患，百姓在此挑圩筑堤搭棚歇宿，渐成村落。到了明朝中后期，这里已见繁荣，光绪《宣城县志》记载，明万历年间，西河建有“西是庵”，而且小有规模。县志还描绘了当时西是庵的盛景：往东望青弋江，江上的舟船多得像织布的线一样密密麻麻；往西远眺，则是万顷良田，远山上一层皑皑白雪，人与景都宛如在图画中一般。后来，这里又建有茶庵，这也是西河古称茶庵的由来；又因西面的资福河，西河曾称资福镇。《中国古今地名大词典》一书收录有“西河镇”词条，全国共有11座西河镇。在介绍芜湖西河古镇时提到，为沿河古老集镇，初建于明代，并特别说到青弋江常年通行木船。

与弋江镇情况类似，徽商鼎盛时期，徽宁两府的木材、竹子、茶叶、宣纸等商品大批量通过青弋江运往芜湖，再沿长江销往全国。日用百货、丝绸、瓷器等商品则逆流而上到山区售卖。一时间，西河古镇的青弋江江面上停满上游来的木排、竹排以及小木船。来往的商人常常在此停留、住宿，也给西河古镇带来了旺盛的人气，衍生了一批饭店、客栈、商店、药店。据统计，鼎盛时期的古镇，光商店就有200余家。

古镇的精华，在于老街。老街坐落在沈公圩上，蜿蜒曲折，以埠桥为界分上、下街。两旁店铺沿圩而建，粉墙黛瓦，颇具规模和特色。下台阶入户成为古镇的一道别致风景。这是因为街面即圩堤，由于防汛逐年加高，从而造成两旁的商铺门面低于路面。

老街内侧房屋店铺门面飞檐对峙，参差错落，别有江南雅韵。沿河一侧的房屋则傍堤修筑，面对老街，背靠青弋江，河滩上几排杉木凌空撑起了一道道“皖南吊脚楼”的景致。

老街独特的风景也引来不少摄影爱好者，影视剧组来此拍摄取景，如电视剧《米市春秋》《我的博士老公》以及专题片《走遍中国·走进芜湖之宝姑出逃》《李鸿章与芜湖米市》等。

西河古镇几度兴衰。《芜湖县志》记载，万历年间，西河一带曾起兵事，老街上的房屋店铺遭遇兵燹，损毁严重。到了清中期，社会趋于稳定，来西河行商者又渐多，老街复归往日繁荣，一度成为当时宣城县西乡要镇。到了清咸丰年间，太平军与清兵在江南驻营鏖战，争夺军粮。由于特殊的地理位置，西河成为两方争夺的目标。数年之间，西河古镇遭遇重创，直到太平天国运动失败后，才慢慢恢复繁荣。抗日战争期间，日军曾在西河建立据点，西河再遭损毁。

新中国成立后直至20世纪70年代，古镇渐渐恢复往日生机，舟船往来频繁、商贸繁荣。20世纪80年代以来，随着铁路、公路等陆路的迅猛崛起，水运逐渐衰落，带走了往日的人气，加之后来镇建制的撤销等因素，共同造成古镇的一度落寞。

工作之故，笔者先后多次到过西河。最初的一次采访在数年前的一个冬日，老街上屋舍破败、铺面紧闭、人流稀少，给人以一种繁华之后的萧瑟。最近的一次是一个春日，古镇已被辟为旅游景区，不仅房屋修旧如旧，还增添了不少旅游设施。古街上，虽算不得游人如织、摩肩接踵，却也热闹。

古镇青弋江畔修建有步道，游客可漫步于江树下、穿行于碧草间。远处，一艘游船雕梁画栋，游弋在青弋江之上，宛如图画中的景致。

四 说 桥

在芜湖，青弋江穿主城区而过，让滨江的这座城市更加灵秀、生动。因青弋江，芜湖自古有了河南、河北的地理概念，而为了克服江流之阻，畅通南北，一座座桥梁在青弋江上伏波而起，宛如卧龙。它们，或精致婉约，或宏阔大气，或功能多样，均已逐渐融入这座城市，成为一道别致的风景。

青弋江一路而来，江上的桥梁数不胜数，此处且撷取中心城区12座桥，溯流而上作介绍。

临江桥

六百里青弋江风尘仆仆从黄山市黟县境内一路奔波而来，在芜湖十里江湾公园的中江塔附近注入长江，像一个顽皮的孩子扑向母亲的怀抱。

两江交汇处的青弋江口，一座鱼形塔身的大桥矗立在青弋江上，这便是临江桥。

临江桥工程设计将芜湖市历史文化、风土人情及桥梁使用功能有机结合。主塔总体如“鱼”，中间玻璃幕墙像米粒，寓意芜湖“鱼米之乡”。桥上栏杆、人行道路面花纹设计成波浪状，寓意长江岸边水土肥美，稻浪滚滚，也寄托着芜湖风调雨顺，未来更加美好的期盼。该桥主桥结构为独塔单索面钢梁斜拉桥，是安徽省首座独塔单索面斜拉桥。全长433.5米，主跨97.5米，桥宽36.5米，双向六车道。

临江桥是一座年轻的桥梁，于2008年1月6日与长江南路同时通车，北接长江中路，南连长江南路，也是贯通十里江湾公园一期、二期的重要通道。它的通车为芜湖市平添了一条贯穿南北的主干道，疏解了市中心一带特别是中山桥的交通压力，也让当年芜湖市区道路环线日趋完善。

临江桥塔身线条流畅，宛如一位妙龄的江南女子默默伫立在两江之畔，静观长河落日，细数江船往来。由于独特的外观造型及特殊的地理位置，临江桥堪称“六百里青弋江第一桥”！

中山桥

若问市区青弋江上最繁华的桥是哪一座？中山桥当仁不让。

中山桥是青弋江溯源而上的第二座桥。它地处中山路步行街南端，与芜湖市最早、最核心的步行街商圈只有一步之遥，又是连通城南鸿汇城、银泰商圈的重要通道。

尽管新中山桥通车于2018年5月9日，但中山桥桥址历史悠久，是芜湖青弋江上第二个建桥处，只不过因青弋江洪水暴虐，中山桥屡废屡修、屡毁屡建。从最早的木桥到今天的全钢结构、超薄梁高，可以说，从中山桥的建桥史可以略窥中国桥梁建造技术的发展。

中山桥一带最早的桥可追溯至清朝。民国《芜湖县志》载：“利涉桥在宁渊观码头之东。光绪二十六年关道吴景祺创建，三十四年关道文焕重修。”清光绪二十六年即公元1900年，这是关于中山桥建桥的最早记载（桥址位于现中山桥上游约60米处），一座中间可开合的木质活动桥，名“利涉桥”，后毁。

1947年，现中山桥桥址建起一座排架木桥，因桥与中山路相接，正式更名“中山桥”，后再次被冲毁。1953年，一座钢筋混凝土桥在这里落成，这是芜湖青弋江上第一座钢筋混凝土大桥，也是芜湖第一座真正意义上的城市桥梁。这座大桥也成为目前历座中山桥中使用时间最久的一座，长达44年。之后，随着城市发展，这座桥渐渐无法满足市民通行需要，于1997年4月实施改建。1998年10月，改建后的中山桥以系杆拱式钢筋混凝土桥的式样正式亮相，桥梁全长306米。

因芜申运河航道整治需要，2016年10月10日，中山桥再次封闭拆除，2018年5月9日，我们今天见到的新中山桥正式建成通车。

新中山桥采用全钢结构、超薄梁高设计，这一创新工艺的运用使得新桥与老桥相比长度增加了50多米，坡度更缓，而且在场地有限的前提下实现了桥下通航净空抬高2米的预期目标。

花津桥

花津桥是花津路上跨青弋江的一座桥。

“花津桥”第一次走进芜湖人视野是一座青石板桥，既非在青弋江之上，也不在现桥址。民国《芜湖县志》载：“花津桥在西门外，跨二街官沟，西湖池水由此至石桥港入河。”黄钺《于湖竹枝词》第二十五首有：“春波叠叠拍城隈，廿亩平湖一鉴开。试问花津桥下水，几时曾载酒船来。”

现桥址曾有花津步行桥一座，年纪稍长一点的芜湖人都有印象。该桥为钢片拱桥，1996年12月28日开工建设，1997年8月18日正式通行，全长86.468米，宽7.6米。花津步行桥两端上、下桥有台阶，仅供行人通行。该桥曾经高耸江上，当年，河南一带没有高楼，站在桥上远眺江流浩渺、古塔落日，为青弋江上长街旁的一道靓丽风景。

2010年2月8日，因芜申运河航道整治需要，该桥被拆除。2012年10月，改建后的花津桥开始通行，新花津桥实行机动车、人行分离。

中江桥

中江桥一直是市区南北交通大动脉的一座重要桥梁。老中江桥于1982年11月28日开工，1984年“五一”劳动节竣工通车，曾经是青弋江上第三座钢筋混凝土桥梁，曾镌刻有著名书法家楚图南题写的桥名。因芜申运河航道整治需要，2016年9月12日，栉风沐雨近32载的老中江桥拆除重建。2016年10月18日，新中江桥开工建设。经过1000多个日夜的奋战，2019年8月30日，新中江桥盛装归来。新中江桥极大提升了道路的通行能力，有效保障了行人、非机动车的安全通行，同时沟通了桥南北的立体交通。该桥同时搭载芜湖轨道1号线过江通道。单轨列车从桥上穿行而过，成为青弋江上一道靓丽的风景。

弋江桥

弋江桥一带是青弋江上最古老的建桥地。现弋江桥为异址修建。

老弋江桥址在原芜湖古城南门，是市区青弋江上最早建桥处，旧有通津桥（又名便民桥）。民国《芜湖县志》记载：“通津桥旧名便民桥，在长虹门外。联舟为梁，横亘长河，以通往来，盖境中要路也。明嘉靖间修建，天启元年歙人汪伯爵倡捐重造。”距今已有近500年历史，此后该桥屡毁屡建（《弋江区志》认为始建于南宋初年）。原址重建（实际上移约50米）最后一次为1957年12月，定名弋江桥，是当年青弋江芜湖段第二座钢筋混凝土公路大桥。不过，受限于当年的经济、筑桥技术，该桥到20世纪末已难堪交通重负，被改为步行桥，并于2008年进行过维修加固。2013年12月25日，因芜申运河航道整治需要，新弋江桥在原址上游约300米处重建，并于2015年10月21日竣工，22日正式通行，老弋江桥随即于10月24日封闭拆除。

新弋江桥北接环城东路，南连南塘湖路。主桥宽28米，全长1.21公里。新弋江桥的外观设计灵感来自徽派建筑，秉持“一桥一景”的设计理念，马头墙装饰在大桥的主桥身侧面高低错落，还特意分别设置了一个“飞檐”结构，古朴之中蕴含着现代气息，与附近的“芜湖古城”遥相呼应，韵味十足。

仓津桥

仓津桥是一座通行功能强大的桥，既通行行人、汽车，还通行动车。

严格来说，仓津桥其实是两座桥的结合体，即市政桥仓津桥与宁安铁路青弋江特大桥。仓津桥位于宁安铁路青弋江特大桥两侧，与铁路桥并行，分左右两幅桥，南北走向。仓津桥全长约1.2公里，为双幅式设计，在砻坊路南侧及利民路北侧分别设置人行上、下梯道与主桥相接，便利行人过江。由于公路桥与铁路桥结合紧密，一道跨江，我们常通称为仓津桥。

仓津桥前身为始建于1927年江南铁路的江南铁路铁桥，后因资金不足，铁路半途而废。抗日战争爆发后，铁桥被日寇飞机炸毁。

1959年，为修建芜铜铁路，重修扩建铁桥。1973年，再次大修，增设两侧人行道。

2010年3月30日，因芜申运河航道整治需要，大铁桥被整体拆除。2014年1月25日，仓津桥正式通车；2015年12月6日，市区第一辆动车从仓津桥呼啸而过。

袁泽桥

袁泽桥是二环路上横跨青弋江南北的一座重要桥梁，也是贯穿南北弋江路高架的重要组成部分。

老袁泽桥始建于1989年12月25日，1991年11月30日通车。该桥曾经是青弋江上最大、最长的一座桥，也是芜湖第一座拱桥，在二环路上，一直默默承担了南北交通联络及繁重的过境交通任务。因芜申运河航道整治需要而改建，2010年11月16日正式通车。

新袁泽桥在老桥的基础上进行拓宽改造，变单幅桥为双幅桥，为钢管混凝土集束拱桥，桥长1315米，宽59米，主跨度135米，两边飞燕各为40米，双向八车道，设计时速为60公里，使用年限为100年，为当时我国最大的带副拱钢管混凝土集束拱桥。

袁泽桥原名元泽桥，后误为“袁泽桥”至今。元泽桥之名始见于明代。民国八年《芜湖县志》有：“元泽桥在县东三里八都铺西了埠。”只不过，当年这座元泽桥是架设在青弋江北岸沟渠之上的，并非跨青弋江的一座桥。

铁路桥

铁路桥标准称呼或为宁芜线青弋江特大桥。

2011年3月28日，宁芜线青弋江特大桥正式通车。该桥位于既有宁芜下行线青弋江大桥下游15米，全长2.2公里，为双线双拱铁路桥，线间距4米，设计时速120公里。

该桥是当年为宁安铁路（即今天的宁安高铁）芜湖段穿越主城区的“空中高速走廊”腾出位置，而从南瑞附近原铁路桥（即今仓津桥）还建到芜湖大地农副产品批发市场以西的。直到今天，除高铁外的所有通行芜湖市区的铁路交通均由此桥担负。该桥的建成通车，让芜湖人下班时在黄山东路等待火车穿城而过的场景成为历史。

广济桥

广济桥是三环路上的一座桥，是随着三环路的修建而增建的一座青弋江大桥，俗称“三环桥”。广济桥北起芜屯路，与中江大道衔接；南至利民东路，路线总长2.12公里，其中桥梁部分总长817米，道路部分总长1303米。2011年8月3日正式开通。

荆山桥

荆山桥北起北京中路，上跨黄山东路、芜当江堤，南接利民东路，是荆山与方村去往城东的主要通道。

老荆山桥建于20世纪80年代末，宽10.15米，全长174米，是当年芜湖县荆山镇、方村镇来往市区的主通道。老荆山桥的通航孔跨径30米，桥下净宽、净高均不能满足整治后的芜申运河限制性Ⅲ级航道通航要求。2016年1月19日，新荆山桥作为芜申运河航道整治工程桥梁改建项目中完成的第三座桥，在老桥附近建成通车，老荆山桥随即拆除。

高速桥

高速桥准确一点应称为“芜马高速青弋江大桥”，南端过荆山街道跨青弋江、芜当江堤，北过清水街道，接沪渝高速芜湖枢纽，担负着高速过境功能。地处郊区，如长虹卧波。2005年12月16日，随着芜马高速的开通正式通车。

青弋江大桥

继续逆流而上，到了清水街道附近，继续往东为清水河，向南为青弋江干流。因而，青弋江中心市区段最上游一座桥应为方村街道与六郎镇之间的青弋江大桥。该桥全名“芜太二级公路青弋江大桥”，是芜湖市区青弋江上离市中心最远的一座桥，距下游最近的高速桥近10公里，宛如一位孤傲的隐者，静默伫立在三连圩与十三连圩之间的青弋江上。

大桥于2006年10月开工建设，全长347.6米，2008年7月2日正式贯通。

值得一提的是，芜湖主城区的青弋江上，在铁路桥和广济桥之间，还有一座鸠江南路延伸段跨青弋江大桥于2022年10月1日正式通车。此外，今湾沚、南陵境内也有数座青弋江大桥。

水阳江：芜湖从这里出发

一　考名

水阳江古称句溪水。别名很多，有杭水、东溪、句溪、龙溪、黄池水等，但其实这些名字指的是江流的某一段，而且互相之间有重合，也并非完全吻合今天的水阳江，有的甚至是以支流名代干流名。所以严格意义上讲，算不得其别名。

不过，在历史上的更多时候，今天的水阳江（本干）一直被称作句溪水，是毋庸置疑的。比如北宋《太平寰宇记》：“句溪，按，一名东溪水。”

句溪之名的由来，按嘉庆《宁国府志》的说法，是因为上游的溪流回环曲折，河道很像个“句”字。光绪《重修安徽通志》也有：“句溪，府东三里。溪流回曲，形如句字。一名东溪。”

一直到了清代，《清史稿》、《皖政辑要》、嘉庆《宁国府志》等各类史料中才开始明确有“水阳江”名字的出现。而在谭其骧主编的《中国历史地图集》中，从辽、北宋时期就始见句溪水、句溪。一直到清朝，也未见水阳江。

这条河流是如何由水、溪变成了江，还被冠以“水阳”之名的呢？很遗憾，查阅很多史料，都没有给出直接的答案。如果仅从字面解释来看，“阳”本身就有“山的南面，水的北面”之意。水阳？对不起！连《辞海》中也没有找到这样一个词。此外，《辞海》虽然收录了“水阳江”词条，只是介绍了水阳江的概况，并没有解说名称的由来。

那么，水阳江之名究竟由何而来呢？

答：很可能因为流经水阳镇而得名。

理由至少有四：

其一，以河流流经的大集镇命名是古代河流命名的一种惯见手法。嘉庆《宁国府志》编纂者洪亮吉就曾明确提到，宁国府境内河流都随流经地而得名，水阳江流域很大一部分包括水阳镇当时就属于宁国府管辖。

其二，有现实例子，附近当年同属于宁国府境内的青弋江，就有因流经青弋（今弋江镇）而得名青弋江的说法。

其三，一些资料在介绍水阳镇时，也曾隐晦提及，“以经水阳镇，因谓之水阳江”。

其四，也是最重要的一点，水阳镇这个名字在历史上出现要比水阳江早得多。比如南宋《舆地纪胜》有：“水阳镇，去宣城县七十里。南唐始曰水阳渡，受给圩户租米，后因为镇。”由此可见，水阳镇也和之前提到的弋江、西河镇类似，因渡口而兴。先有水阳渡，后有水阳镇，再有水阳江。水阳镇出现最迟不会晚于南宋。

清代《读史方舆纪要》载：“水阳镇，（宁国）府东北七十里，临句溪上，溪北与高淳县接界。其地有水东山，南唐为水阳渡，后因为镇。今有巡司戍守，又兑军仓及义仓皆置于此。”从这里可以看出，尽管到了清代，已经有了水阳江的称呼，但很多地方还是习惯称句溪。

一个是南宋时就已出现，一个到清代时还“犹抱琵琶半遮面”，水阳江之名因水阳镇而来似乎显而易见。

水阳江流域风光秀丽，特别是进入古宣州境内，又多了一份厚重的文化底蕴。千百年来，众多文人墨客留下题咏水阳江的名篇佳句，但提得最多的都是句溪。如南齐谢朓《将游湘水寻句溪诗》：“方寻桂水源，谒帝苍山竕。”唐李白《秋登宣城谢朓北楼》：“两水夹明镜，双桥落彩虹。”这里的两水其一就是句溪。李白还曾留下“洗心句溪月，清耳敬亭猿”的名句，着力写句溪溪水之清。

那么，诗文中没有明确提及“水阳江”，有没有提到“水阳”的呢？

有的。宋代诗人李兼就有《水阳道中》一诗留世，写的也的确是水阳江一带的物事，但不能作为当时已有水阳江名称的证据。这里的水阳，很可能指的是诗人此行的目的地——水阳镇或水阳渡，而非河流。譬如，当年杜牧行舟青弋江，写的就是《南陵道中》。类似的还有明初诗人李昱的《水阳夜舟》、明代宣城通判江佃的《水阳舟中》等。

由此可见，尽管水阳作为江名出现得很晚，但水阳作为镇名、渡口名很早就有了。

其实，历史上除了水阳渡、水阳镇，在这一带可能还有一个水阳村。南宋《夷坚志》就提到一个故事。宋高宗建炎年间，在宣城水阳村有个叫陆阳的中医，看病颇有点“本事”。当时，中原不少人为躲避北边金朝人南侵的战乱，纷纷南迁。其中就有一个叫朱莘的老编修。到了南方，他的妻子得了心躁病，于是请来“大名鼎鼎”的陆医生诊治。

朱妻也是一个略懂点医术的人，她就跟陆医生说：“我其实并没什么大病，只不过是平生气血较弱，又遭遇一路的颠沛流离而整天担惊受怕导致的。你千万不要看我心躁就给我对症开凉药的方子。不然我身体虚弱会受不了的。”陆医生诊断之后，还是坚持认为她得的是伤寒阳症，于是让其家人煮了小柴胡汤喂服。朱妻一闻，就问道：“这药怎么那么像柴胡啊？你可一定要仔细了，我喝下去会立马毙命的。”陆医生说：“不是柴胡，你就放心喝吧。”朱妻又确认半天，医生一直坚持自己的药方没问题。最终，病人刚喝下去即上吐下泻，一会就不行了。临死时，扔下一句：“我做鬼也不会放过你的！”又过了几年，水阳村附近溧水县高淳镇李家的一个孩子得了痨病，来请陆医生诊治。结果又因其酒后误开药而一命呜呼。

故事的最后嘛，当然是这两个病人的冤魂过来索命，陆医生也跟着一起去了。

这是一个典型的恶鬼索命的聊斋类故事，权当茶余饭后消遣。不过，也确实告诉我们一个道理，人水平再高也不能盲目自大啊！

这则故事最初见于南宋张杲的《医说》一书，后被《夷坚志》丰富，又被《医灯续焰》《永乐大典残卷》等收录。故事可能是虚构的，但从侧面也反映了南宋时，水阳一带或已集聚了一定的人气。

此外，水阳江流域有很大一部分在高淳境内，故事中提到的溧水县高淳镇即今南京市高淳区。

溧水县、溧阳县的得名都与一条叫“溧水”的古河流相关。溧水是古时“中江”的一段，是芜湖青弋江、水阳江经高淳、东坝、溧阳连通太湖的水道。一般认为，今天高淳区境内的胥河即溧水古道之一。

《读史方舆纪要》写到溧水时，又提及一条叫“永阳江”的河流，并认为溧水是永阳江的上游。清代《水经注疏》上说，长江东北方向流经芜湖时，又分支为永阳江，从吴淞江入海。这一句说得很笼统，其实指的就是中江水道。而水阳江、永阳江在这里都符合。

考虑到“永阳”“水阳”字形相近，以及它们位置及走向一致，在这么近的区域里有两条名称这么相近的河道，总让人觉得有点太巧合。

二　源流

水阳江是长江在安徽南部的重要支流之一。皖南重峦叠嶂，水阳江、青弋江两条河流在高山深谷间蜿蜒，各自流域互不相扰、泾渭分明。

两江上游支流的源头常以某一座大山为分水岭，而到了下游平原地带的芜湖境内，由于缺乏明显的分水岭，水系相当紊乱，形成了你中有我、我中有你的局面。这就像两位老友，在皖南大山中一同出发时，相视一笑，最终殊途同归，相逢于芜湖。

但由于青弋江这位大哥在前，水阳江常常很难找到存在感，颇有点“既生瑜，何生亮”的味道。这主要因为在水文地理上，两者常通称为一个流域。比如：《安徽省志·长江志》（2018年版）中在介绍长江支流水系时，就干脆将青弋江、水阳江放在一起介绍，并明确指出：“这两条河流在下游进入平原后，水流交织，相互串通，缺乏明显的分水岭，在水文地理上通常合称一个水系。”《江苏省志·水利志》（2001年版）

在介绍到固城湖、石臼湖水系时，也一并提到“属青弋江、水阳江流域”。青弋江的各条支流与江苏并无直接联系，这里显然是“沾”了水阳江的光。

有的书中，水阳江甚至成了青弋江的支流。如戴均良《中国古今地名大词典》中就收录了水阳江是青弋江支流的说法。

当然，更多的时候，水阳江还是作为独立水系存在的。其实，尽管水阳江长度不如青弋江，但如果仅从流域面积上看，要比青弋江广阔得多。据《安徽省志·自然环境志》（1999年版）数据，青弋江全长275公里，有大小支流30余条，流域面积8178平方公里。水阳江全长254公里，流域面积8934平方公里。到了2018年，新出版的《安徽省志·长江志》中，这一数据有了新变化。青弋江全长变成了309公里，流域面积为7195平方公里；水阳江长度未变，流域面积扩大为10265平方公里，其中安徽境内就达9101平方公里，简直完败青弋江。

虽然，水阳江在安徽境内很广阔，但在芜湖境内却很小，仅186平方公里。这主要是因为流经芜湖境内的水阳江只是下游的支流裘公河、黄池河，而且还是界河。

那么，水阳江安徽境内的大片流域在哪呢？

答：绝大部分在宣城市境内。

水阳江与青弋江有很多相似的地方。比如：青弋江被誉为芜湖的母亲河，水阳江则是宣城的母亲河。又如：青弋江的入江口有一座古塔——中江塔，水阳江（由姑溪河入江口）也有一座古塔——金柱塔。再如：历史上，到了陈村水库一带才始称青弋江，水阳江也有类似情况。到了中游的宁国境内，才始称水阳江。这也是一些资料将宁国当成水阳江源头的由来。

在宁国境内，水阳江有东津、中津、西津3条主要河流。而历史上具体到哪里才开始叫水阳江又有两种说法：一说东津河与中津河在中河口处相汇始称水阳江，《安徽省志·自然环境志》即持此说。一说中津河汇入东津河后，再与西津河的汇合处，始称水阳江。《宁国市志（1978—2003）》、《宁国县志》（1997年版）均持此说。两种说法虽然地点不一，但都在宁国市区附近。

那么，到底哪条河流才算是水阳江主源，哪里又是水阳江的源头呢？

众多史料方志表述不一。《安徽省志·自然环境志》（1999年版）：“发源于绩溪县和宁国县南部山区。上游有东津、中津、西津3条主要支流，其中以源自绩溪县龙丛的西津最大。”《安徽省志·长江志》（2018年版）：“西津河为其主源，发源于旌德、绩溪两县交界处山云岭。”《宣城地区志》（1998年版）：“水阳江发源于天目山北麓绩溪县境内。”《宣城县志》（1996年版）：“源于皖、浙交界天目山麓。”《宣州市志（1987—2000）》：“水阳江水系源于皖、浙交界天目山麓。”

其实，以上方志对水阳江的主源表述看似纷繁复杂，细推敲之下并不矛盾。这是因为天目山山脉范围很大。它横亘浙西北，东起湖州，沿浙皖交界一直向南延绵，远眺黄山山脉，宁国、绩溪以及临安等市（县、区）均有涉及。天目山山麓为长江水系与钱塘江水系分水岭，因而宁国、绩溪两地不少水阳江支流都属于天目山北麓。

所以，笼统说水阳江发源于天目山北麓，一点不错。要想再具体一点，就得参看东、中、西三津的源流。

东津河，俗称东河，别名东溪、杭水，发源于宁国市东南部铜岭关；中津河，俗称中河，明清时又名洋汀源水，发源于宁国市中南部进坞岭；西津河，俗称西河，别名西溪、徽水，发源于绩溪县太子山西麓。站在今天的角度来看，无论是根据“河流唯长”原则，还是“流量唯大”原则，西津河都应该是水阳江的主源。西津河在绩溪县境内又称戈溪河，发源于该县的太子山西麓。

上游青弋江、水阳江，分界十分明显，到了下游就“纠缠”不清了。水阳江上游收东、中、西三津河流之水后，过了宣城市区，又接纳东面广德、郎溪、经南漪湖调蓄的郎川河，一路迤逦而下。

至宣城管家渡，水阳江分为两支，一支由湾沚区东门渡至当涂县乌溪，即裘公河，又名倒逆河，此为水阳江下游支流。裘公河也是芜湖市与宣城市的界河。在乌溪附近，裘公河河水经黄池河再往西到三里埂又分为两支，一支经清水河入青弋江，另一支经青山河入当涂，经当涂三汊河与姑溪河合流入长江。

在管家渡分开的另一支为水阳江干流，在西陡门，丹阳湖水从水阳江右岸分出，下接当涂姑溪河径入长江。由此可见，水阳江下游水系相当紊乱。

三　鸠兹邑

水阳江自天目山深处绵延而下，一路哺育了两岸生民，也孕育了不少古镇、古城，如水东、水阳、黄池等。这里要聊到的是芜湖境内水阳江畔的一座古邑——鸠兹。

我们今天常说，芜湖历史悠久，有文字记载已逾2500年，其实源自《左传》中的一句："三年春，楚子重伐吴，为简之师，克鸠兹，至于衡山。"说的是鲁襄公三年（前570）春天，楚国的子重进犯吴国，攻克吴国的边陲城邑鸠兹后一举打到了吴国境内的衡山。

此一战，攻克鸠兹。楚国表面上占了便宜，其实付出了沉重代价，不但大将邓廖被俘，而且出战的三百精兵、三千步兵损失大半。子重回国后报喜不报忧，还大开庆功会，畅饮狂欢多日。结果吴国趁机伐楚，又夺了楚国一座上好的城池——驾。

楚国上下一时民愤难平，都认为是子重的问题。搞得子重心思很重，不久就生了大病，最终抑郁而终。子重可能是有文字记载的因抑郁病而死的第一人。

鸠兹之战在群雄纷争、战火频仍的春秋时期很难排上号，但也有其独特的历史意义，有人将其认定为中国最早的水战。

之于我们芜湖，那意义就更重大了。它将芜湖的前身——鸠兹推向了历史舞台，直接锚定了芜湖有文字记载历史的坐标。直到今天，芜湖市中心鸠兹广场立着的巨型雕塑——鸠顶泽瑞便与此相关。谭其骧主编的《中国历史地图集》早在春秋时期的"楚吴越"一图中就标注了鸠兹的位置。

《左传》中的衡山即今天当涂县东北的横山，这是几无异议的。那么，鸠兹邑在哪呢？

有两种说法：一是今镜湖区大荆山向东绵延至湾沚区咸保境内一带；二是今花桥镇境内的楚王城。两地皆在水阳江南岸，相距约5公里，之间又隔着赵家河。

其实，一直以来，直到20世纪中后期，历代史料文献中支持的都是第一种说法。

由于古人经常用通假字，鸠兹在史料方志中又经常被写作皋兹、祝兹、皋夷、勾慈等。如南宋《舆地纪胜》："勾慈沟，在芜湖东四十里。《左传》：'吴伐楚克鸠兹。'杜预注谓在芜湖。《舆地志》以为皋兹即此也。"清初《读史方舆纪要》："芜湖城，县东三十里，古鸠兹也。"到了康熙年间，《太平府志》开始对一地多名的情况做出了解释。府志认为，皋夷也好，皋兹也罢，甚至勾慈，其实都是县东的鸠兹。之所以出现一地四名的现象，音近而字不同是因为民间口口相传之误。

这里提到的鸠兹，在当年芜湖县（今芜湖古城）东三十至四十里之间。考虑到古人大多沿道路行程计算，圩区水网纵横，直线距离应远少于这个数。而今天的楚王城离芜湖古城的直线距离就已超过四十里。文献中显然指的不是楚王城，而可能在离古城更近的咸保圩境内。

此外，在民国《芜湖县志》中，蜈蚣渡与勾慈渡被放在一起介绍，都属当时的德政乡，即今咸保圩境内。勾慈渡今天虽然已经不存，但蜈蚣渡在今天的地图中仍能搜到，即今赵家河汇入黄池河处的西南，在三里埂对岸。而在县志绘制的"东乡图"中可以看到，当年的赵家河以东为宣城县地界，东北为当涂县地界。历代史料介绍的鸠兹邑都在芜湖县境内，而今天楚王城所在的花桥镇直到1971年才由宣城县划入芜湖县（今湾沚区）管辖，此时的芜湖县已非县治芜湖古城的芜湖县了。县志在介绍"咸保圩"时还特别提到，咸保圩中一道港，土名鸠兹港。

由此可见，楚王城与历史上的勾慈（鸠兹）并非一地，至少和历代史料文献中所述的不是一处。

那么，楚王城又是怎么和鸠兹搭上钩的呢？可能与20世纪70年代末的一场考古有关。

1978年秋，著名历史地理学家、北京大学教授侯仁之应芜湖市城市规划领导小组的邀请，带着几名师生参与了芜湖市的城市规划工作。其间，他们对芜湖历史地理开展了系列研究。侯仁之一行对楚王城进行了实地考察。之后，唐晓峰等四人撰写了《芜湖的聚落起源、城市发展及其规律的探讨》的专题报告，并发表于《安徽师大学报（哲学社会科学版）》1980年第2期上。

许是专家效应，从那之后，在本土便逐渐形成了“楚王城就是古鸠兹邑”的观点。譬如《芜湖市志（1986—2002）》（2009年版）“附录”中便以“两千年前的芜湖县城——黄池”为题，明确提到“侯教授认为，这里（楚王城）即是鸠兹城遗址”。该文还认为，长期以来，县志记载的“鸠兹城在市东南四十里咸保圩”的说法缺少依据，给出的理由是：当年那一带还是沼泽之地无法建城，至今也没有发现古城址遗迹。

那么，事实果真如此吗？距离当年考古已过去40余年，侯仁之教授当年是否明确提出了“鸠兹城就在楚王城”如今已不好查证。但好在当年唐晓峰等四人撰写的专题报告仍能找到，认真研读原本，我们可以了解当年侯仁之一行的准确观点，原文是：“‘楚王城’很可能是西汉芜湖县城的遗址，亦即古鸠兹所在之地。”由此可见，当年，专家们谨慎提出的结论也只是“很可能是”。这便是大家的治学严谨。只是不知后来怎么就变成了“肯定是”。“很可能是”与“肯定是”，区别大着呢。

那么，当年沼泽连绵的荆山至咸保一带是否就没有建城的可能了呢？也不尽然。鸠兹邑很可能建在荆山向东绵延的残丘之上。比如：县志就曾提到历史上的古于湖县址也在咸保圩，而且四周有护城河，可乘舟直达青弋江，这很符合冷兵器时代的建城风格。

此外，考古工作者也曾在大、小荆山附近发现了原始社会时期人们使用的陶器碎片。

换句话说，鸠兹邑在荆山咸保一带的说法，远没有到被完全否定的时候，具体在哪里还有待方家的进一步探究。值得注意的是，《芜湖县志》（1993年版）、《芜湖县志（1990—2003）》（2009年版）两个版本的县志，在介绍“楚王城遗址”时均没有采用“楚王城就是鸠兹”的说法，充分展现了编纂者的严谨态度。

厘清了楚王城与鸠兹城的关系，也并非否认楚王城古城遗址的重要意义。那么，楚王城又是一个怎样的王者存在呢？

四　楚王城

20世纪70年代末的一天，在今天的湾沚区花桥镇境内来了一群外地人。他们在那片被当地人称为“土王城”的岗丘上在忙碌地寻找着什么。他们就是北京大学教授侯仁之带领的考察队。

通过深入考察，他们发现楚王城遗址上散布有印纹硬陶、绳纹陶片、筒瓦残片及五铢钱等大量汉代遗物。活动结束后，唐晓峰等四人撰写《芜湖的聚落起源、城市发展及其规律的探讨》一文首次提出：“‘楚王城’很可能是西汉芜湖县城的遗址，亦即古鸠兹所在之地。”将古老的鸠兹邑与楚王城联系在一起，可谓“一石惊起千层浪”，直到今天还存在鸠兹邑是否就是楚王城的争论。

比之鸠兹邑，楚王城不但有较多的史料记载，还有历史文物佐证。尽管当年专家们提出了“楚王城很可能是鸠兹邑”的说法，甚至后来又被以肯定的口气写入了《芜湖市志》。但其实，史料中并没有支持这一说法的相关记载。那么，历史文献中，关于楚王城又有哪些说法呢？

楚王城见诸史料很早。因为楚王城一带是20世纪70年初才划入芜湖的，所以我们要从兄弟地市的方志中钩沉。

万历《宁国府志》：“县境北有水阳、黄池、符里三镇，有楚王城。《旧经》云：‘昔吴楚相据因创此城。’近是。”意思是说，宣城县（即今宣城市宣州区）以北有水阳、黄池、符里三镇，还有楚王城。水阳、黄池两地名现在仍存，符里即今湾沚区花桥镇东门渡一带。对于楚王城的来历，也做了交代，认为其是古代吴、楚两国在此交战时修建的城池。

乾隆《宣城县志》对楚王城来历各种说法的收录最为全面。第一种说法是古代交兵时在此建立的侦察土堡，相当于侦察哨的意思。第二种说法是吴、楚交战时，在此依山而建的城池。这主要指的是《左传》中“楚国子重伐吴”的那段历史。第三种说法是“楚英王筑城”，这大概是最契合王城气质的一种说法了。楚英王并非春秋战国时期诸侯国的王，而是指东汉时期的楚王刘英。刘英是汉光武帝刘秀之子。因为庶出，母亲许美人又不得宠，刘英自小便不受待见，所获的封地最小，在彭城（今徐州）。

刘英本来在徐州待着好好的，后来因为“印刷非法出版物”招来祸身。

为啥好好的王不当，改做“出版商”了？原来，这个刘英一直笃信佛道二教。信着信着就有点不能自已了，不但毫无顾忌地广泛结交各地方士，还制作金龟、玉鹤等，这些都是犯忌讳的。不仅如此，他还放任手下印刷“非法出版物”——图谶。

图谶是什么？古代关于宣扬迷信的预言、预兆的书籍。这在封建社会是犯大忌的，私自印发这样的书籍，很容易被认为是蛊惑人心。果不其然，永平十三年（70），有人告发楚王英与他人私造图谶，涉嫌谋逆。当时的汉明帝还算仁慈，考虑到兄弟之情，不忍杀之，于是废黜了他的王位，把他贬到了丹阳郡泾县。可能是这一下子打击太大，楚王刘英到了丹阳郡的第二年就自杀了。当时的丹阳郡很大，包括了今江苏南京一带以及整个皖南，郡治就在楚王城附近的宛陵（今宣城宣州区）。所以史料中说楚王城由楚英王所筑，大概来源于此，也算有依据。

第四种说法涉及的是东晋时期的一段历史。县志提到，楚王城古时曾有一块石碑，上面写有“晋司马”三字。东晋时期，司马尚之曾在此筑营垒备战桓玄。

桓玄是东晋权臣桓温之子。桓温在位时西征北伐，权倾一时，也未敢废帝自立。等到桓温去世之后，儿子桓玄后来替他实现了这一愿望。

司马尚之讨伐桓玄在桓玄称帝前。隆安五年（401），孙恩率领的农民起义军逼近建康。桓玄以勤王之名起兵。第二年，朝政实际掌控者司马元显下令讨伐桓玄，以司马尚之为前锋。

桓玄到达姑孰（今当涂）后，派兵焚烧司马尚之船只。司马尚之用人不当，导致阵前兵将倒戈而失败，最终被桓玄抓捕后杀害。桓玄后来趁机篡了帝位。当然，并不长久，晋安帝复位后，追赠司马尚之为卫将军，谥忠王。

楚王城离姑孰不远，况且水陆通达。当涂一带兵兴之时，在此筑垒防备，也是正常之举。因而，“司马筑城以拒桓玄”之说似乎也有道理。

第五种说法，则是引用了《十道志》的记载，认为楚王城即当年伍子胥鞭平王尸的地方。遗憾的是《十道志》成书于唐朝武则天时期，大部分已经流失，我们无法查找原文核实。

“伍子胥掘墓鞭尸”是春秋时期的一段历史。春秋后期，楚平王听信谗言冤杀了楚国忠臣伍奢全家，只有次子伍子胥侥幸逃脱。伍子胥逃到吴国助公子光夺得王位，成了吴国重臣。后来，伍子胥为复仇，率吴国军队攻破楚国国都郢。这时，楚平王早已死去，儿子楚昭王早已逃之夭夭。伍子胥便让人掘开楚平王坟墓，怒鞭平王尸体三百下以泄愤。

楚国郢都公认的都在今湖北荆州境内，楚平王怎么可能千里迢迢地被葬到楚王城，伍子胥又怎么跑到这里来鞭尸呢？显然有误。也难怪这一说法早在万历《宁国府志》中就已经被否定了。

“伍子胥掘墓鞭尸”与楚王城攀上关系，可能与事件的两个主人公有关。在郢之前，楚国国都曾在丹阳（今湖北秭归县境内），而远在江东的楚王城历史上有一段时间所属的郡名也叫丹阳。丹阳、楚王城，这就很容易被人有意无意地联系在一起。

此外，还有一个最重要的因素，事件中的伍子胥曾经在江东干了一件大事。什么事？开凿运河，连通中江。

楚王城以北就是历史上有名的中江水道。它从芜湖起始，东经高淳、东坝、溧阳至宜兴通太湖，包括青弋江、水阳江、胥溪、荆溪，中间还连接石臼、固城等湖，差不多也就是我们今天所说的芜申运河。

但最开始，高淳以东因为有茅山余脉阻隔，长江与太湖之水并不相通。春秋时期，吴王阖闾为支持霸业，命伍子胥在茅山地区开凿运河，中江才得以连通。

有丹阳的地名，有楚王城的城名，还有伍子胥在这一带活动的史实，这三重因素或许最终促成了“伍子胥掘墓鞭尸”发生地的空间大挪移。不管怎么说，这也算是楚王城第二个与楚王相关的说法。

这里，说句题外话。伍子胥开凿中江水道对后世影响是很大的。正是由于它连通了长江与太湖，大大改变了今天水阳江一带的水上交通形势，直接衍生了鸠兹邑的兴起与发展，鸠兹的政治地位这才逐渐重要起来，最终促使了西汉元封二年（前109）的芜湖置县。

楚王城的来历虽然众说纷纭，但作为古城遗址有科学认定，也是毋庸置疑的。该城址依山构筑，地势东高西低，城廓保存完好，目前被认定为约建城于战国中期至汉代。城墙为土筑夯打，坚实牢固。南、西、北各有一缺口，疑为城门旧址。已出土有从石器时代到宋代的各个时期文物。《芜湖县志》（1993年版）记载，1971年冬，当地农民兴修水利，还在城西宣界滩挖出青铜剑三件。

漳河：南陵的母亲河

芜湖境内，大江南岸主要有青弋江、水阳江、漳河三大河流，这三大河流形成的水系在水利领域有个专有名词——“三江”流域。

说完青弋江、水阳江，今天来聊聊漳河。

与青弋江、水阳江流经多个地市不同的是，漳河只有极少数小股支流发源于宣城市泾县，干流及主要支流均在芜湖市境内，堪称芜湖的“内河”。

漳河历史悠久，不同时期以及河流不同河段有着不同的别称。在谭其骧主编的《中国历史地图集》中，漳河始见于北宋，名为漳淮水；南宋时，南陵县以下称鲁明江；明代时，分段得名，上游称漳水，中游称淮水，下游称鲁明江；清时统称淮水，但下游一直有鲁明江之称。

漳河发源于南陵县境内，是南陵的母亲河。《安徽省志·自然环境志》（1999年版）认为漳河源头有二：一为南陵县西南部绿岭乡（今属何湾镇）荷花塘；另一支源自南陵县南部烟墩乡（今属烟墩镇）水龙洞。两支源汇合于三里店，西汇峨岭河，至南陵县城后，再纳后港、西港、中港等诸水，自南向北经黄墓、峨桥，最后在澛港入长江。2018年出版的《安徽省志·长江志》则将漳河的主源指定为何湾镇绿岭荷花塘。依据“河流唯长”原则，根据芜湖市水务部门提供的《2015年全市水系图》，发源于绿岭的一支的确应为漳河正源。

民国《南陵府志》将源出水龙洞的一支单独称为漳水，又将发源于三里镇吕山山麓的涌珠泉称为淮水，漳水流至合河口（今南陵县三里镇境内）与淮水合流，并用八个字形容这一段河道——寒流曲折，清澈可爱，很精准地表述了漳河上游的水貌。这一段属于山间溪流，河床陡峻，溪水清澈。“可爱”一词用来形容河流，古人真是可爱得紧。从这里来看，漳河之名的由来有可能源自上游的漳水。

峨溪河、资福河、荆山河是漳河的主要支流。其中，发源于繁阳镇范冲的峨溪河是漳河流域面积最大的支流，也是繁昌的母亲河。资福河、荆山河则连通了漳河与青弋江。

过南陵之后，漳河的中下游变得旷阔。在陆路艰难的古代，鲁明江也成为重要的水运航道。史料记载，自元代至民国，漳河一直是皖南地区重要航线，县城北不远的仓溪是漳河的第一个自然码头，皖南山区的土特产、粮食多在此中转。客运轮船常年航行在芜湖与南陵县城之间。后来，由于水土流失、河道淤塞严重，加之陆路交通的兴起，漳河已不复往日的繁忙。

一直以来，漳河干流还是一条界河，曾经是繁昌、南陵、芜湖三县的分界线。说到这，首先得提到两个地名——肇家埠与三埠管。

肇家埠即今天繁昌县平铺镇境内的肇埠。三埠管又称三不管，在许镇镇境内，南陵渡桥以西。当年，峨桥、白马未划入市区时，这里恰好是繁昌、南陵、芜湖三县的交界处。历史上，但凡在各行政区边界处，相对来说，总会是管理的薄弱点。因为都能管辖，也就很容易成为管理真空。“三埠管”讹化为“三不管”，谐音梗之外，或许还有这么层意思吧？

不过，对于漳河干流来说，三埠管的确是一个重要节点。

历史上，从肇家埠到三埠管的漳河段为繁昌、南陵两县界河，从三埠管一直到鲁港入江则为繁昌、芜湖两县界河，又称鲁明江。

那么，好好的漳河一段为什么又称鲁明江了呢？这来自一则传说。《大明一统志》引用一本叫《旧经》的书的说法，因为历史上有一位叫鲁仲明的人曾经居住在漳河附近，故称鲁明江。

细想之下，这其实是一个很难经得起推敲的说法。其一，能够以人名来命名一条江，这个人应当很出名，至少是一时的名士。然而，吊诡的是，史料中找不到关于“鲁仲明”其人的只言片语。其二，既然是以人名命名河流，那也应该是“鲁仲明江”或“仲明江”，最不济也该是“鲁江”。因为“鲁仲明”而称为“鲁明江”，不合常理。其三，还有一种可能，鲁仲明即鲁明，因排行老二，加了个“仲”字而称鲁仲明。那么，历史上有没有鲁明这个名人呢？同样没有。正因为《旧经》一书早已失佚，今天已无法考证，成了一笔糊涂账。

鲁明江的真实由来不得考，却由此诞生了一个有名的地名——鲁港。前文说过，漳河曾经水运繁忙，而今天的澛港一带是漳河汇入长江的绝佳位置。早在清初，朝廷就在这里设有水驿。民国《芜湖县志》载：“鲁港水驿，原设红船五只，水舵手二十五名，水夫头四十五名……光绪之季，因邮政发达，遂渐次裁撤。”近代以降，漳河两岸工商业空前繁荣，往返客商迅速增多。特别是随着芜湖口岸对外开放，米市形成，漳河流域成了稻米生产基地和“洋货”倾销市场，客货运量大大增加，这直接促使鲁港一时成了重要港口。民国《芜湖县志》在介绍米业时，就明确提到，当时芜湖本埠的市面繁荣程度还不及鲁港。

鲁明江上达皖南腹地，下接大江，也使得这一带历经战火纷扰。在今天许镇镇境内的漳河畔还存有黄盖墓，留有周瑜在此操练水军的传说，历代更是战事不断。最有名的莫过于南宋时期的鲁港之战以及太平军与清军鏖战鲁港。

聊到这里，细心的朋友可能发现，我们今天用的澛港地名，“澛”字不知道什么时候开始多了三点水，比如弋江区澛港街道等。这很可能是后人以鲁港濒水而自造的“澛”字。理由如下：其一，清代中期之前的历代史料以及名家题咏时，用的皆是“鲁港”，如嘉庆《芜湖县志》中，用的是“鲁港”。而到了清道光年间，《繁昌县志》中开始有了“鲁”“澛”混用的现象。在民国《芜湖县志》中，“澛港”一词已占据明显优势，据粗略统计，出现“鲁港”7次，出现“澛港”则多达91次。其二，《古代汉语词典》中未见“澛”字，而《现代汉语词典》（第7版）中收录“澛”字，解释为：“澛港，地名，在安徽。”再查阅词典早期版本，比如1996年出版的《现代汉语词典》修订本（即第3版）并无“澛港”。由此可见，“澛”是后来产生，专为澛港而生。

当然，语言文字以及地名本来就是一个不断发展、变化以及完善的过程。由“鲁港”变“澛港”也是一个长期约定俗成的结果，厘清“鲁”“澛”之别的由来，也并非要舍“澛”用“鲁”，只是想还地名以历史本来的面目。

最后，值得一提的是，严格来说，今天我们说漳河在澛港入江，也不完全正确。因为2018年10月，芜湖市民政局和水务局曾联合发布一则通告，将青弋江分洪道命名为青安江，河道自原上潮河河口至澛港闸，而漳河的河道则相应调整为自南陵县绿岭荷花塘至三埠管。

青安江：最年轻最短的江

江，在《现代汉语词典》中的解释之一为“大河”。而冠以“江”的这些河流，通常长度动辄数百甚至数千公里，流域广阔、气势磅礴。比如：长江、黑龙江、珠江、澜沧江、湘江、青弋江、新安江等。

历史上，因山川变化、河道分流而诞生的河流很多，特别是近现代以来，随着人类改造自然能力的增强而新增的河流更不在少数。2018年，芜湖横空多了一条河道，这条河道全长仅47.28公里，却被以“江”冠名，即青安江。通过检索发现，虽然新命名的河流不少，但以“江”冠名的着实不多，从这个意义上讲，青安江很可能是国内最年轻的一条江，又因其算不得长，可能又是最短的一条江。

然而，最年轻又最短的这条江，故事却值得一说。

大江浩荡，奔涌向东，在芜湖境内拐了一个大弯，径北而去，直到江苏南京境内才缓过神来，继续一路锚定东方。长江芜湖、南京段以东因此诞生了一个叫江东的地理概念，衍生了众多历史传奇故事。

江东地域，水阳江、青弋江、漳河三大水系横贯苏皖。因这三大水系在下游相互串联，实难区分，常被水利专家们称为“三江”流域。芜湖境内水网密布，河道纵横，良田万顷，素有“鱼米之乡”的美誉。

一直以来，大江大河流淌处，滋润着一方水土，但也不时带来严重的洪涝灾害，威胁着人民的生命财产安全。这一点，“三江”之中的老大哥青弋江表现得最为显著。翻阅青弋江沿岸州县的历代方志，历史上洪魔肆虐以及历代人民围绕青弋江建堤治灾、兴修水利的记载接连不断。以民国《芜湖县志》一书为例，其中关于青弋江大水灾的记录就有数十次。

青安江的诞生要从三江流域特别是青弋江流域的治理说起。

水阳江、青弋江、漳河都是典型的山溪型、水源型河流，具有“暴涨、暴跌”的特性。其中，青弋江作为长江下游的一条重要支流，也是芜湖市境内的重要河流，流经南陵、湾沚、弋江、鸠江、镜湖等多个县区，对芜湖影响巨大。每遇山洪暴发，上游滚滚洪流，一泻而下，直冲位于下游的芜湖各圩区，再加上长江也正值汛期，洪水来量远大于下游出口洪量，经常回流蔓延至水网圩区，渐而形成了圩区的“水鼓涨”。因此，每至汛期，青弋江流域的防汛压力巨大。历史上，芜湖一地深受洪涝之害。《芜湖市志（1986—2002）》记载，1986年以来，芜湖市偏涝年份有1987年、1991年、1996年、1999年，约4年一遇。

新中国成立后，各级政府致力于改善青弋江流域防洪形势，在三江流域规划中，逐步构建了上游建水库、中游修建青弋江分洪道、下游拓宽河道的防洪体系。20世纪50年代，长江水利委员会在《长江流域综合利用规划要点报告》中首次提出了“三江”流域初步规划意见；20世纪70年代，《青弋江、水阳江、漳河流域初步规划意见》提出了修建青弋江改道工程；1981年，《青弋江、水阳江、漳河流域综合利用规划报告》编制完成；1992年，《水阳江、青弋江、漳河流域防洪补充规划报告》编制完成……遗憾的是，这一系列构想都受制于工程造价太大等原因没能付诸实施。不过，其中1972年在上游竣工的陈村水库，对青弋江流域的洪涝灾害防御起到了一定的作用，但流域整体防洪能力仍较低，洪灾依然频发，防洪形势依然严峻。

1999年，芜湖市水务局委托长江设计公司进行青弋江分洪道工程项目建议书编制工作。2006年1月，《青弋江分洪道工程项目建议书》（修订稿）由水利部上报国家发改委。2009年3月，国家发改委正式批复该项目。2009年底，《青弋江分洪道工程可行性研究报告》编制完成，并经水利部水利水电规划设计总院两次审查后，编制为《安徽省青弋江分洪道工程可行性研究报告》。2010年12月，根据国家发改委要求，重新编制了《安徽省青弋江分洪道工程可行性研究报告》，并于2011年7月获批。

2012年5月11日，江城人民期盼数十载的青弋江分洪道工程正式开工。2016年6月18日，青弋江分洪道工程全线贯通。

以上关于青弋江分洪道工程诞生的几段文字如今读来似如流水账，甚至显得枯燥、乏味，但却是一步一个脚印，生动记载了青弋江治理的艰辛过往。

2018年10月18日，芜湖市民政局、水务局联合发布公告，正式将青弋江分洪道命名为青安江。青安江整段河道除少量裁弯取直外，大多沿用旧河道，又以三埠管为界分为上、下两段：上段从十甲任到三埠管，即原连通青弋江与漳河两大水系的上潮河河道；下段从三埠管到澛港，大部分为原漳河下游河道。

也就是说，青安江诞生后，从严格意义上讲，漳河不再直接汇入长江，而是在三埠管汇入青安江，经青安江再入长江。

那么青弋江分洪道又为何取名青安江呢？还是与防汛有着千丝万缕的关系。据当年媒体公开报道，青弋江分洪道竣工后，芜湖市有关部门曾面向社会公开征名，收到500余名作者投稿的数千个名称。最终定名青安江，原因有五：

其一，对应青弋江，因为分洪道就是青弋江的分洪道，自然要有个“青”字；其二，遥应新安江，在皖南腹地，青弋江与新安江分流，历史上都是徽商出行的重要路径；其三，“安”有安澜之意，分洪道最初就是为了防汛抗洪，保一方安澜；其四，这一名称尚未有水系使用；其五，“安”也有安徽之意，青弋江分洪道曾是安徽省单体投资最大的水利工程。

青弋江分洪道建成后的意义是重大的。它有效改善了芜湖市江南片水网圩区的防洪态势，对于芜湖的防洪保安作用重大，贯通之初便在当年汛期发挥了重要的分洪作用。同时，它还给青弋江下游圩区带来了“重新整合”“全面改造”的新机遇。依托该工程，对下游圩区实行“联圩并圩”，开挖、疏通排灌水系，建设排涝站，将原来星罗棋布、杂乱无章的水网圩区，改造成了“遇洪能抗、遇涝能排、遇旱能灌”的高标准农业基地。

行走在青安江畔是一种享受。一个午后，笔者从石硊桥南岸沿着江堤向三埠管进发，堤顶沥青路面光洁顺畅，沿着河道蔓延向远方。河岸两侧，护堤开阔，草木葱茏，白色的岸堤与绿色的草坡相映成趣，共同构成了一道“水岸”与“画廊”相结合的景观生态风光。远处，一列高铁如一条白色长龙正穿越在江波之上；江畔，一只水牛正在浅波中凫水嬉戏；路边，几只白鹭不时从草丛中惊起，振翅翱翔碧空……

遥想道光十三年（1833）七月，洪涛汹涌，芜湖东南“诸圩悉破”，芜湖城除了东门尚好，南、北、西三门皆被水淹，百姓划着木盆出入。“十年三大水，民病岂能支?”致仕回乡的黄钺眼见百姓勠力同心、筑堤防水却最终功亏一篑，大片行将成熟稻田一夕付诸洪流曾如是诘问。在当年，愤懑之下，也只能发出“天降灾祸，非人力所能胜也”的感喟。

黄钺想不到的是，100多年后的今天，随着青安江的横空出世，尽管治水兴水依旧任重道远，但三江流域的水患已得到了根本性的遏制。

裕溪河（濡须河）：惯看金戈铁马雪月风花

打开今天的芜湖市地图，细心的朋友可能会发现一个有趣的现象。芜湖市的市界线基本都是弯弯绕绕的，唯独北面有一段就像对着尺子画出来的一样，笔直笔直的。

中国各级行政区域的边界线基本以山川河流、地形地貌为依据而划定，因而绝大多数都是犬牙交错的。

那么，为什么芜湖会有这么一段笔直的边界呢？难道那里突破了山川河流划分的标准吗？当然不是。这一段的分界线就是一条河。河的一边是无为市，另一边是含山县。

出现这种现象的原因是这条河太直了，而且直的这段很长，约有17公里。这条河就是裕溪河。这是一条神奇的河，它沟通江淮，曾经是古代交通要道；它扼控吴楚，曾经为军事必争要地；它风光旖旎，曾经让文人才情迸发。

先从濡须说起，"濡须"在一些史料中也有写作"濡湏"的。1993年版《无为县志》在附录《"无为"之名考辨》一文中提到濡须，甚至造出了一个"湏"字，但其实无论是造的这个字还是"湏"字，在如今常用的《古代汉语词典》《现代汉语词典》中都不再收录，写作"濡须"则更为常见。

濡须是一个今天已经消失了的地名，始见于东汉桑钦的《水经》一书。《水经》是我国第一部记述水系的专著，尽管其中只是以"濡须口"这个地名的形式一笔带过，却为后来人注疏《水经》时解说"濡须"提供了切口。到了北魏时期，郦道元的《水经注》，首次对"濡须水"流向作了详细记载："江水自濡须口又东，左会栅口，水导巢湖。"清末民初，历史地理学家杨守敬的《水经注疏》，又对"濡须水"作了进一步的详细记述。

真正让"濡须河"名扬史册则得益于历史上赫赫有名的"濡须之战"。濡须之战，因前面写到长江时已有交代，此处不再赘述。此战被陈寿写入《三国志》，更被四大名著之一的《三国演义》发扬光大。在谭其骧主编的《中国历史地图集》中，濡须水也是最早标注于三国时期。

濡须，又是无为市的别称。提到这里，很多人可能就会有疑问。因为在我们今天来看，裕溪河充其量只是无为的一条界河，偏于东北一隅，又怎么会贵为无为的别称呢？

这其实存在一个误读。我们今天说裕溪河古称濡须水，虽然算不得错，但至少是不严谨的。因为历史上的濡须水流域比裕溪河范围大得多，光是入江口就有多个，而且存在逐步东移的现象。经过千百年的河道变化，干流入口最终稳定在今天的裕溪口。

民国二十年（1931）的《无为县小志》甚至认为，无为全境都属于濡须水流域，濡须水上游源头又分东、中、西三支。濡须水自各河流汇入后水量增大，再分数支，最终流入大江，其中又以裕溪河为最，利于通航，因而濡须水又称裕溪河。作者还提到"纵观全县，水道如网"。各条河流之间又互有交叉、联系。之所以造成这种情况，个人以为，这是由无为"山环西北，水骤东南"的特殊地貌决定的。历史上，无为东南大多属平原圩区，这就和芜湖江南三江流域的境况一样，水网交错，水系很难精准区分。

东汉之前，濡须水干流入江口在今泥汊镇境内。大约在南朝时期，入江口已挪至下游20公里的神塘一带。到了宋代以后，濡须水基本稳定于过黄雒镇取直线向东，经运漕河至裕溪口入江，和我们现在所见大体一致。清同治十二年（1873），随着泥汊、神塘两处通江口彻底淤塞，裕溪河已成为濡须水入江的唯一通道。

濡须水最早传说是大禹治水所凿。这一说法在《元和郡县图志》

《水经注疏》《读史方舆纪要》等史料中都可见，都毫无例外地用了六个字表述。“相传夏禹所凿”。可见同出一源，一直沿用而已。考虑到大禹是上古时期人物，太过久远，这一说法的真实性大打折扣，姑且作为一个传说。

三国时期，魏、吴两国在此用兵之时，曹操举兵伐吴，为运兵和运输粮草，曾经命兵士挖宽了从巢湖到黄雒的河道。那一带百姓至今称裕溪河为漕河。

濡须水的历史一多半与三国相关，还衍生了不少传说。《搜神记》就曾记载一则神话故事。据说濡须口水底有一艘大船，冬天水干时便能瞧见，老人都说是曹操当年的船。有个渔夫就很好奇，趁着一次水位下落，把自己的渔船系在那艘沉船上，并准备在渔船里过夜。到了夜半时分，但听得竹笛声声、弦歌阵阵，又香气扑鼻。渔夫刚刚入眠，就梦到一人来赶自己离开，那人叱喝道：“不要靠近官船。”于是大家都说，那一定是曹操当年的船。

虽说《搜神记》是一本志怪小说集，但作者干宝是东晋时期人，离濡须之战的三国时期不过百来年时间，似也不至于完全是捕风捉影。

《芜湖风光揽胜》一书记载，濡须水自西汉时已经形成，是一条人工运河，明清时期成为漕运动脉，堪称古代的货运高速，又因长江南北口音相异，濡须河被叫成裕溪河。“濡须”“裕溪”口音相近，这一说法并非完全靠不住脚。

由于连通巢湖、长江，到了晚清时期，随着芜湖米市的兴起，裕溪口已发展成江北一个重要集镇。清代《皖政辑要》在提到商路时认为，自古运道有二：一是航路，即我们今天所说的水路；一是陆路。安徽襟江带淮，水流交错，而山谷崎岖，通行不便。在科技水平低下的古时，很难做到今天的遇山开洞、逢水搭桥，自然水路优势明显，水路中又以长江第一，淮河第二。长江两岸，南岸有芜湖关等六地是商品货物集散地；北岸也有四地，其一便是裕溪口。而裕溪之所以脱颖而出，最主要依赖的自然是裕溪河的强大货运能力。

随着淮南铁路的建成，裕溪口坐拥长江及铁路两大便利交通，更是成为一个枢纽，两淮煤炭和皖北、皖中的货物通过铁路源源不断运到这里，再转运至长江下游各大城市。1958年，裕溪口正式由和县划入芜湖市，成为江北的一块飞地。这里后来建成了我国第一座机械化内河港口。

濡须水、裕溪河也是古代诗词创作的富矿。古往今来，不少文人在此留下诗文。如宋代米芾的《丑奴儿·见白发》："踟蹰山下濡须水，我更委佗。物阜时和。追暇相逢笑复歌。"由于濡须与天门山一南一北斜对，文人骚客又常以天门对应濡须。如张湄的"天门中豁成旗飘，北望濡须一水遥"，姚鼐的"草绿濡须口，天青博望门"，查慎行的"苍茫裕溪口，豁达天门山"，等等。

扁担河（大信河）：一河担两江

城东有条河，它比不得大江的雄阔，也没有青弋江的清秀，却一头“挂”着长江、一头“挑”起青弋。它还有一个朴素而通俗的名字，叫扁担河。

从严格意义上说，扁担河在芜湖的东北方向。这是一条从城东卜家店永安桥起，由南向北直至当涂县境内汇入长江的河流，连通着青弋江与长江。

扁担河的得名，《芜湖风光揽胜》一书提出两种说法：一说其像扁担；一说其是由人工用扁担挑出来的。

这两种说法各有来历，先来看第一种。在地图上看，扁担河起于荆山桥附近的永安桥，过中江公园东、鸠兹古镇、官陡门一直到与九华北路相交处附近，这一段整体由南向北、河道笔直。这之后，此河转而向西北奔天门山而去，再于天门山脚下来了一个大回转，折向东北，最终于当涂境内的双摆渡汇入长江。因而我们今天来看，除了从青弋江开始的一段有点像根扁担，下游实在与扁担的形状相去甚远。不过，据前人考证，“扁担”一名最初并非通指整条河流。历史上，扁担河有二，一在当涂境内，由双摆渡北入姑溪河；一在当年的芜湖县境内，从永安桥至王拐（即今方特梦幻王国一带）一段。而这两段的确都是笔直得像一根扁担。

那么，扁担河这个充满浓郁乡土气息的名字从什么时候开始就有了呢？

答：至少有700年历史了。

这就得提到一本叫《资治通鉴音注》的书，又名《胡注通鉴》。这个胡注，可不是“胡乱注释”的意思，而是指一个姓胡的文人给《资治通鉴》所作的注释。我们知道，《资治通鉴》是由北宋史学家司马光主编的一部编年体史书。

《资治通鉴》这本书编得好。好在哪，这里不赘述。需要说明的是，随着时间的推移，这本书里很多地名、事件，后来就慢慢对不上号了。于是，历代又会站出来一批批文人开始对这本书进行注释，以便后人能读得懂，看得明白。其中就有一个叫胡三省的人，他通过详细考证、研究，耗费30年的光阴，写成了这本《资治通鉴音注》。而这本书中，就提到了芜湖的扁担河：“南浦，其地则今之大信港也，俗谓之扁担河。”胡三省是宋末元初的人，这本书约成书于1286年。所以，我说，“扁担”之名至少有700年的历史了。而胡三省之所以注释时提到了扁担河，又是因为南朝时天门山下的一段战事。

当涂境内的扁担河在《当涂乡土志》中也有痕迹。在介绍该县西南众流时，书中提到“其由犁头尖折而北流者十里至秦家河口，又北流五里至双摆渡入扁担河，又五里北注姑溪河”。显然，这里的扁担河指的是另外一条河流。

至迟，在清嘉庆年间，扁担河已和我们今天认为的一样，统指整条河流。嘉庆《芜湖县志》载：“扁担河，在县东十里，东达宣徽，北达姑孰溪，入大江。”寥寥几句，已笼统概括了扁担河的整体流向。不过，这个“东达宣徽”，显然是把青弋江流域也并进来了。民国《芜湖县志》交代得更加具体：“由濮家店东北转经官陡门六十里达姑孰溪，名扁担河。”在这里，历史上的两条扁担河已合而为一。到了20世纪中后期，芜湖、当涂两地有关扁担河流向的表述已达一致，和我们今天所见相同。如：1993年版《芜湖市志》：“扁担河是芜湖市东郊与芜湖县、当涂县县间的界河，流经芜湖市的长度约为13公里，在当涂县大桥镇注入长江。”1995年版《当涂县志》：“扁担河自芜湖市郊区卜家店附近起，经官陡门、王桥、至双摆渡入江，全长31.38公里，在县境内15公里。”

那么，现在问题又来了。历史上此河上、下游各称扁担河，中间的那段河道又叫什么呢?

答案是大信河。这虽然是一个今天已经很难听到的河流名，但在历史上却很有名气。当年，此河沿着今天扁担河中游河道一直奔向天门山下，酾为两支，一支如今天一样转向东北流向双摆渡，而另一支主要的则从天门山南面直入长江。大信河入江口，直到20世纪50年代还存在。1995年版《当涂县志》记载，1958年，犁头尖筑坝堵流时，大信镇入江口被封堵，那之后，才是我们今天所见的河流改从双摆渡入江。或许，也正是随着这个入江口被封堵，“大信”这个名字的影响力逐渐下降，后来逐渐便被“扁担”一名所替代了。此河道今已不存，但在20世纪80年代出版的《芜湖市市区地名图》中仍有清晰标注。

大信河入江口一带曾经还诞生了一个有名的集镇——大信镇。大信镇这个地名在20世纪80年代还有印迹，《安徽省芜湖市地名录》也有记载，不过介绍得比较简单：“大信镇，位于（东梁）村委会东0.2公里，原是农村集镇。”

历史上，大信河、大信镇有重要地位。民国《当涂县志》在介绍境内河流时就提到，长江从南面而来，过了四褐山之后，第一个流入长江的就是大信河。我们前文所说的发生在天门山下扁担河边的战事，其实准确地说也是在大信河沿岸。

不仅如此，因为入江口靠近天门山，特殊地理位置导致历史上长江上往来的客船常在大信河河口泊船。南宋词人陆游入蜀时就曾泊舟大信口，并推断“从大信口入长江，必须要顺风才好前行，而不少船只往往连日因风所阻”。陆游所说并非空穴来风。比其早100多年路过此地的北宋诗人梅尧臣就曾因风所阻在大信口停驻了一晚，留下了《阻风宿大信口》和《早发大信口》，特别是后一篇（“犬吠知船解，村墟尚闭门。霜泥黏缆尾，冰水阁潮痕。撇撇鹏鹈去，纤纤舴艋昏”）为我们生动描摹了北宋时期天门山下村居的美丽景象。明、清两代，还曾设置巡司于大信镇，又称东梁山巡司。

现在说回扁担河的第二个由来：扁担挑出来的。这很好理解，扁担河以东便是万春圩。最早于三国时期，这一带就已“围湖成田”，可以说整个万春圩都是古人用扁担挑出来的。北宋时期，沈括甚至为此写下《万春圩图记》，记述评论建圩情况。长期以来，围绕用水、治水，在小小的扁担河上发生着诸多故事。民国《芜湖县志》还记载了一件事：1913年，万春圩农民还曾于扁担河上筑坝堵水，后被当时官方予以摧毁，并永远禁止。

关于扁担河的由来，《鸠江区志》还记载着一则神话传说。说的是二郎神受天神之托，挑了一担神土下江南，以阻洪水。不料跨江时，绳索断了，土一头倒在江北，一头倒在江南，就变成了东、西梁山。而二郎神愤怒之下，扔了扁担，化为了扁担河。

这虽然只是一则故事，但联系了这一带的山川地貌，表达了人们治理水患的美好愿望。今天，在扁担河两端分别修筑了永安桥闸和双摆渡闸，有效杜绝了洪水泛滥。近年来，还围绕扁担河相继建设了中江公园、方特主题公园、鸠兹古镇，扁担河两岸俨然已成为芜湖的一道亮丽风景。

芜湖水：城因水名水名城

芜湖古称鸠兹，妇孺皆知。毕竟，市中心鸠兹广场有一座33米高的鸠兹青铜雕塑一直矗立在那里呢。

追问一句，什么时候改名芜湖的？相信一部分芜湖人也能一口答上来："元封二年。"注意，这里是"元封"而非"元丰"，一字之差，可就差了1100多年了。一个在西汉，一个到了北宋。

芜湖之名，始见于《汉书・地理志》："丹阳郡，故鄣郡，属江都。县十七：宛陵……于潜……芜湖，中江出西南东至阳羡入海，扬州川。"这同时也是历史上关于芜湖置县的最早记载。当时，芜湖为丹阳郡所辖的十七县之一。不过，名字虽然改了，当时的县治仍留在鸠兹邑。此次更名之后，尽管有治所迁移、级别调整、辖区变化，但江城一直沿用"芜湖"之名至今。

如果再问一句，为什么要叫芜湖呢？相信也有人会答："蓄水不深，而生芜藻，故名芜湖"。这句话追根溯源，大约来自北宋《太平寰宇记》。其实原文是："（芜湖县）在芜湖侧，以其地卑蓄水泞深而生芜藻，故曰芜湖，因此名县。"通俗地说就是：芜湖县啊，在芜湖的旁边。因那一带地势较低，蓄水不深，而于淤泥之上杂乱生长着各种藻类植物，因此那片状如湖泊的水域就叫芜湖，在芜湖边上设置的县也就跟着叫芜湖县了。当然，也有人认为芜藻是本地特有的一种藻类名称。

也就是说，芜湖的由来，最开始还真是因为有一个叫"芜湖"的湖泊。只不过，后来芜湖县这个地名显盛了，人们早已不在乎最初的来源了。

成书于同一时期的《太平御览》一书在介绍“芜湖山”时也有类似记载：“《宣城图经》曰：芜湖山，在县西南，山因湖以名之。汉末，于湖侧置芜湖县，以其地卑畜水非深而生芜藻，故因以名县焉……陈平县废，以其地入当涂县。”这里，“县西南”指的是“当涂县西南”，因后面提到隋开皇九年（589）平陈，芜湖降为镇，并入当涂。

由此可见，这片水域着实了得，不但边上的县因它而得名，还连带着一旁的山也跟着叫芜湖山了。芜湖山即今天的大荆山。

这片叫芜湖的水域还有一个大名，叫芜湖水。“芜湖水”三个字，很多人已经相当陌生。这是一个已经走入历史深处的地名。

芜湖水在哪？今天的大、小荆山周围一带。唐代地理学家李吉甫在《元和郡县图志》中是这样说的：“芜湖水，在县西南八十里。源出丹阳湖，西北流入于大江。”这里的县指的也是当涂县。当涂县治一直没有变化，这里的八十里并非指直线距离，而是两地的道路距离。这样计算下来，还是比较吻合的。后来历代史料如《明一统志》《大清一统志》《读史方舆纪要》《东园丛说》等，皆从此说。

其实，当年荆山一带遍布水泽。一直到民国初期，尽管水域已经大为缩减，但那一带仍残留有天成、易泰、欧阳三大湖泊，其中天成湖最大，易泰湖次之，欧阳湖最小，但又以欧阳湖最为出名。因元代芜湖县尹欧阳玄常游玩于此而得名，后被历代文人题咏。欧阳湖今已不存，不过，20世纪初，为纪念这位欧阳大人，当时的芜湖县地名办将荆山与方村之间的一段长约4公里的水路命名为欧阳河。

民国《芜湖县志》载，天成湖周长约三十五里，易泰湖周长二十三里，再加上欧阳湖，这三个湖泊，汛期水盛时往往会连为一体，便是历史上有名的芜湖水。县志还特别提到，当时不少人想将天成湖、易泰湖之地围湖造田。后一些有识之士发声，认为两湖是蓄水之所，一旦堵筑，则汛期附近各圩田不保，得不偿失，最终开垦之议被官方明令禁止。不得不说，这在防汛技术相对低下、防洪能力有限的当时，是最为行之有效的一种方法。面对圩区不时汹涌而至的洪水，前人不满足单纯地修筑堤坝，而是站在发挥大自然自我调节功能的角度，站在构建人与自然和谐相处的高度上来主动防洪，充分体现了古人朴素的治水意识与独到的治水能力，这一点依旧值得我们今天学习借鉴。

对芜湖水地理位置的表述，也有不同说法，如清代《行水金鉴》认为，中江在（芜湖）县南，一名芜湖水。《元和郡县志》云："芜湖水在当涂县西南八十里，源出丹阳湖，西北流入大江。"这显然是把青弋江括入芜湖水。也有人甚至直接将芜湖水当作水阳江及青弋江下游的别名。

康熙《太平府志》站在当年整个太平府的角度，曾对当涂、芜湖、繁昌三县山水绘制有地图。在《图考》一节中，虽然只在大、小荆山之间画出了"天成湖"，但能看到大荆山东北方向仍有水面更为旷阔的万顷湖、石臼湖、丹阳湖，这一片都是古丹阳湖的范围。这些湖泊有些今天还在，有的已经消失。可见，在更早时期，芜湖以东是一片烟波浩渺，水阳江、青弋江在这一带远不止是今天的水系相通，而是汇成一湖了，这也是水阳江及青弋江下游被当作芜湖水的由来。

古丹阳湖面积之大已超乎我们今天的想象，囊括了丹阳湖农场、石臼湖、固城湖以及南漪湖（即宣城南湖），甚至包括了当涂、宣城、芜湖、溧水、高淳等地的沿湖圩区，比如清人朱天珍的《龟龙寺记》中就有："芜湖邑东四十里，有圩曰咸保，古丹阳湖地也。"也就是说，今天的咸保境内大部分地区当年都在古丹阳湖中。因而，在史料中，古丹阳湖又常被冠以"巨浸""丹阳大泽"之名。

芜湖因"湖"而得名是我们今天最为公认的一种说法，也被官方认可。不过，后来也有人提出不同说法，如2009年版《芜湖县志》就在"附录"一节中收录了《中国地名语源词典》中的一种说法。该说法认为，"芜湖"最初并非指湖泊，"芜藻"更不是指水藻，而只是古越人对"鸠兹"的一种发音的音译。这一说法能够支撑的史料并不多，姑且作为一说吧。

镜湖：春风不改旧时波

天宝三年（744），已86岁高龄的唐代著名诗人贺知章辞官归隐。阔别故乡半个多世纪，回到越州永兴（今浙江萧山），老人眼见一切已物是人非，宦海沉浮、世事沧桑，一时感慨，写下了脍炙人口的《回乡偶书》二首，第一首中的“儿童相见不相识，笑问客从何处来”一句妇孺皆知，耳熟能详。在第二首中，贺知章特别为老家的镜湖水写下“唯有门前镜湖水，春风不改旧时波”。

当然，此镜湖并非芜湖镜湖，不过，笔者早年求学安徽师大时，远眺窗外，但见微风骤起，一湖碧波荡漾，常能联想起这一句。诗文浅显，却意蕴悠长。

与诗人笔下的镜湖相类似，芜湖镜湖的诞生也与一个文人的归隐相关。

这个文人就是南宋爱国词人张孝祥。说到镜湖，便不得不提及他“捐田成湖”的故事。民国《芜湖县志》明确记载：“宋张孝祥捐田百亩，汇而为湖。”这是目前公认的镜湖的由来。所以，与本地的其他湖泊有所不同，镜湖最初并非天然湖，而是一个人工湖。

历史上，芜湖地势大体为东北高、西南低，其中又有小山丘点缀其间。北宋诗人黄庭坚曾用“玉峰凝万象，球萼绕群螺”一句，描绘了当年芜湖滨江一带丘阜林立的景致。几百年来，虽然人们因生产生活改造了不少，但总体地貌与当时大体相当。

南宋初年，芜湖城西一带，西面的范罗山、鹤儿山与北面的赭山、东面的鸡毛山等城池小岗，以及南面的青弋江共同环抱了一大片平地，这片平地之上沟塘纵横，孕育了大片良田。其中不少田地的主人都是张家。

张孝祥虽然壮年而逝，却经历丰富，于诗词也颇有建树。按安徽省非物质文化遗产网中“张孝祥与镜湖的故事”一文的说法，绍兴三十一年（1161），张孝祥第一次罢官回芜后，眼见本地百姓深受洪涝旱灾之苦，心中不忍，便捐出了自家百亩良田，掘田成湖蓄水防涝、造福桑梓。湖成，张孝祥将之命名为“陶塘”，以明归隐之志，更表达自己对“不为五斗米折腰”的陶渊明的崇敬之情。不过，陶塘之名的由来，《安徽省芜湖市地名录》又提供一种说法：“经几个朝代更迭，镜湖转为私人陶姓占有，故又称陶塘。”

尽管按县志记载，张孝祥当年在捐田掘湖之时，就环绕此湖种植了杨柳、荷花，陶塘一时成为芜湖风景最佳之地。但事实是，打那之后一直到清初的很长一段时间里，芜湖城西的这一泓碧水似乎在本地史料中消失了一般，鲜有人提及，远不如蟂矶、荆山、赭山，甚至吴波、识舟两座亭台闻名。

到了元朝，芜湖县尹欧阳玄排定的“芜湖八景”中自然就没有“镜湖细柳”的一席之地。这一点从历代志书中未见欧阳玄题咏陶塘便可窥一斑。此外，清康熙《太平府志》中收录了作于明代的《芜湖八景序》一文。序文是依据欧阳玄拟定的“芜湖八景”而写的，文中依次提及了赭塔晴岚、白马洞天、玩鞭春色、神山时雨、吴波秋月、荆山寒壁、雄观江声、蟂矶烟浪，也不见陶塘或镜湖的影子。

陶塘得名镜湖更是后来之事，至迟则不会晚于乾隆三十五年（1770）。因为这一年，黄钺在《次韵许滇生侍讲》一诗的注释中提道：“芜湖城西有湖，上人亦呼为镜湖。”（另有“土人亦呼为镜湖”版本）这一句其实传达了两层意思。其一，“上人”在芜湖方言中指的是父母一辈的人，说明当时老一辈人已有把陶塘喊为镜湖的情况；其二，“亦呼为”三字显然说明当时“镜湖”之名并不如陶塘来得普及，大名或是陶塘。

无独有偶，在后来的嘉庆《芜湖县志》介绍芜湖众水时，也没有专门提及陶塘或镜湖，但在介绍另一处水港时写道：“思贤港，在张状元祠后，西通陶塘铺沟至厂桥下入大江。”陶塘铺沟，因陶塘而得名，也没镜湖啥事。

陶塘也好，镜湖也罢，这片水面再次走入世人眼中，还是在乾隆年间。乾隆五十年（1785），一个叫陈圣修的广西人在芜湖任县令。在任期间，他判案公正，受到本地百姓爱戴。陈知县公务之余，最爱镜湖风光，在镜湖之滨修建了琴余别馆，自书匾额，还把老母亲接到湖边居住。要说，这个陈圣修还真对得起自己名字中的这个“修”字，虽然在芜湖只待了七八年时间，却围绕镜湖修建了一众建筑。比如：他命人将当时的澹人居和洪园合并为一，并在其中修建了小舫，化用张孝祥“留春伴我春应许”一句，取名“留春小舫”，这也是今天柳春园地名的最初由来。当然，也有柳春园因有柳树而得名的说法。还有一种说法，认为是从历史上镜湖的“柳阴”“留春”二桥桥名中各取一字而成。历史上，陈圣修还应黄钺之请，在镜湖边的来佛亭旁修建了张孝祥祠，并亲题“归去来堂”四字。

清中后期，镜湖已成为本地文人雅客饮酒酬和游玩之地。到了清末，晚清重臣李鸿章之子李经方在芜湖“搞房地产开发”之后，镜湖一带迎来繁华。光绪初年，《烟台条约》签订后，增开宜昌、芜湖、温州、北海四地为通商口岸。芜湖开始设立海关，随之形成商埠。李鸿章将米市由镇江迁至芜湖，芜湖沿江一带空前繁荣。掌握到内部信息的李经方瞅准了芜湖的商机，设立“李漱兰堂”，通过向官方购买空地，收购私人田园等方法，在芜湖大肆发展房地产，并投巨资在镜湖周边兴建了多处别业。这里的“堂”为堂号，相当于今天所说的“公司”。也就是说，李家公子来芜开了一家名叫李漱兰的房地产公司。民国《芜湖县志》载，光绪三年之后，茶楼、酒肆、梨园、歌馆环绕镜湖，盛况空前。

《皖人轶事》一书记载，一直到新中国成立之前，李漱兰堂在芜湖还有房屋276幢、万余间，地皮近300亩。有一段时间，镜湖甚至被称为李家花园。而且随着李氏家族在那一带的兴盛，镜湖附近先后诞生了大花园、留春园、西花园、景春花园、湖心亭、烟雨墩、藕香居，其中一些地名我们今天仍能得见。

《官场现形记》中有这么一段："其时正有一位大员的少爷在芜湖买了一大片地基，仿上海的样子造了许多弄堂，弄堂里全是住宅，也有三楼三底的，也有五楼五底的，大家都贪图这里便当，所以一齐都租了这里的屋。而且这片房子里头，有戏园，有大菜馆……真要算得第一个热闹所在。"隐射的就是李公子当年在芜大兴土木的往事。

可以肯定的是，到了民国初年，镜湖之称呼已与陶塘平分秋色，又随着神山偏于一隅逐渐荒废而入列"芜湖八景"。在民国八年《芜湖县志》中，"镜湖细柳"已作为八景之一，名列第二，神山时雨反而被列入附录了。尽管"镜湖细柳"并非八景最初版本，但如今称为"芜湖古八景"是没有什么问题的。值得注意的是，在这个版本县志的"城厢图"中，标注的仍是陶塘。我们今天所说大、小镜湖，中间以步月桥相隔。其实，历史上，陶塘专指大镜湖，小镜湖又名汪家田。

新中国成立后，政府重视对镜湖的改造，拆除沿湖破旧民房，疏浚清淤，修建湖岸，于1952年建设了陶塘公园，1957年更名为镜湖公园。20世纪末，市政府从镜湖边迁出，惠利于民，原址兴建了宽广大气的鸠兹广场，又在镜湖西面建设了中山路步行街。一城之繁华莫不集中于此。沿着大、小镜湖，烟雨墩、尺木亭、张孝祥像、观岚亭、留春亭……大大小小景点数不胜数。随着芜湖轨道交通的开通，单轨列车不时从镜湖畔飞跃而过，又为古老而秀丽的镜湖增添了一道亮丽风景。

小镜湖南面的假山上，有一座观岚亭。游客登临亭上，可远眺赭山风光。观岚，取远观赭塔晴岚之意。800年来，赭山、镜湖犹如一对情侣，在大江之滨相依相伴，穿越了风雨沧桑，也见证了芜湖的发展与变迁。

九莲塘：曲音缭绕荷韵香

这是芜湖古城北门外一片算不得多大的水域，却闹中取静，有着一个美丽的名字——九莲塘。

与相距不远的镜湖相比，九莲塘无论是作为公园还是单纯的地名，历史都算不得长。《安徽省芜湖市地名录》甚至都没有单独收录九莲塘地名，只是提到九莲塘巷。当年，此巷东起九莲塘公园，西到九华山路，全长近400米。九莲塘巷建于1901年。而对于巷名的由来，该书认为“因建宅形成九塘相连故名”。由此看来，九莲塘的得名是因为这一带曾经有九口水塘相连。

这是九莲塘得名的说法之一。然而，翻遍本土史料，其实很难数出到底是哪九口塘。不过，历史上，芜湖古城北门外一带水塘众多，彼此相连确是事实。民国《芜湖县志》就有记载：“蒲草塘在北门外，南名范白塘，西名门楼塘。九连塘在蒲草塘东南，团塘在蒲草塘东。”而在县志的“城北图”中，清晰可见蒲草塘、范白塘、门楼塘当时早已连成一片，即今九莲塘公园的主体水域。而团塘、九连塘则与上述三塘形成的广阔水面相连。这五口塘中，又以九连塘面积最小。团塘与九连塘之间曾经有一块状如螃蟹大钳子的陆地，因名蟹钳地。日军侵华时，曾绘有《芜湖县城之图》。其中，五塘的位置与县志高度一致，可见在很长一段时间内，这一带地貌变化不大。

值得注意的是，直到20世纪30年代，这里一直用的是“九连塘”，很符合“九塘相连”的最初之意。我们今天所说的“九莲塘”，很可能是后来文人雅化的结果。而从“连”到“莲”，一字之差，却多了几分韵致，远非蒲草、范白、门楼等这些土名所能媲美。或许也正因为此，“九莲塘”最终脱颖而出，成为这一带水域的统称。

九莲塘的由来还有其他说法。比如：传说当年地藏王菩萨曾留恋此处，上九华山之前在此撒下九朵象征佛国的莲花。这里是典型的“因名生义”，把“九莲”理解为“九朵莲花”，进而联想到地藏王菩萨。这则传说本身并无相关细节，更缺乏相关资料佐证，很可能是今人的附会之作。

1989年出版的《中国民间故事全集·安徽民间故事集》中又收录了关于九莲塘的一则民间传说。说的是很多年前，张家山下的九莲塘一带有一个小村庄。村庄有一口水塘，每年水塘中都要开出三五朵荷花，却从来不结莲蓬。直到有一天，这几朵荷花忽然结了莲蓬，一个叫藕香的姑娘因误食莲子产下一条小青蛇，便私下养在塘中好生照料。后来，小青蛇长大，张嘴吐给藕香一颗珠子，并告诉她遇有困难时可召唤自己帮忙，然后腾空而去。再后来，有一年芜湖大旱，河塘断流、禾苗枯焦。藕香姑娘眼见旱灾严重，百姓遭殃，想起了青蛇。青蛇在藕香姑娘的召唤下前来解难，于半空中丢下九颗莲子。那九颗莲子落地后转瞬长出荷叶、开出荷花，又顿化为九口池塘，帮助当地人渡过了旱情。九莲塘也就由此而来。

这个传说在本土多部书籍中都有收录，姑娘的身份、名称也有变化。比如在《芜湖风光揽胜》一书中，藕香姑娘化身成了地主家的丫鬟；而在《芜湖老地名撷萃》中，藕香又变成了藕姑。但不同版本，整体故事情节并没有多大出入。因而，这则传说的形成应该有一些年头了。

芜湖滨江带湖，历史上常常饱受水涝旱灾之苦，这则故事生动表达了农耕时期古人对风调雨顺、年丰时稔的美好寄寓。这或许也正是传说能够流传下来的原因所在。相对于民间传说，九莲塘原名九连塘，源自九塘相连之意，似乎更加靠谱一些。

抛开传说文本来看，九莲塘的历史清清爽爽。即便在清末民初，芜湖一地曾围绕镜湖大兴土木，也没这里什么事。除了民国《芜湖县志》

简单几笔勾勒之外，九莲塘并没有什么存在感。直到1976年，芜湖疏通九莲塘，并于1977年开始将其改造成公园，这一带才正式走入人们的视野。由于塘中盛产莲藕，淤泥深厚，疏浚之时挖出的塘泥便先后堆积成我们今天所见的小山坡，又先后建成了胜利桥、月洞桥、九曲桥、狮子桥。这次改造堪称九莲塘的一次涅槃，奠定了绝大多数我们今天所见的景观。但随后又有一段时间因附近生活废水的排入，九莲塘逐渐沦为一口臭水塘，塘边杂草丛生。2005年，九莲塘再次迎来升级改造，新增了亲水平台、长廊、假山及亭榭，修建了今天所见的公园大门。由于环境的改观，这里逐渐成为市民休闲健身、朋友相聚的首选场地，时常管弦丝竹缥缈，曲音缭绕，因而又有“戏曲公园”之誉。

奎湖：曾经芜湖第一湖

沿205国道一直向南，不久就会遇到一大片烟波浩渺，那便是南陵的奎湖。

奎湖总面积约7平方公里，曾经是芜湖第一大湖泊。2011年，随着区划调整，当时的无为县划入芜湖，其西南的竹丝湖以17平方公里摘得芜湖第一大湖的桂冠。

奎湖又名奎潭湖、奎潭，都离不开一个“奎”字。关于奎湖之名的由来，公开资料大多这样表述：“因湖中有七个圆形大沙墩，如奎星排列，因此叫奎湖。”但其实奎星与魁星是两个概念。《古代汉语词典》：“奎宿，星宿命。二十八宿之一，为西方白虎七宿的第一宿，有星十六颗。”在“魁”字词条下又有：“魁，星名。北斗七星中形成斗形的四颗星。”从这个角度来讲，奎湖似乎写为“魁湖”更为恰当。不过，可能是“奎”“魁”二字同音，民间后来慢慢地将二者混而为一了，所以，叫“奎湖”并不为奇。

据《芜湖山水》一书，奎湖中七墩各有其名，分别为莼墩、荷花墩、栖鹭墩、龟嘴墩、芰荷墩、龙墩、鱼墩，七墩分布恰如奎星。不过，七墩也可能只是后来之说，一开始只有六墩。如清代《江南通志》《大清一统志》《宁国府志》等都有“六墩极类奎星故名”之类的记载，而据2020年出版的《奎湖泛月》一书，六墩为梧渚墩、荷花墩（后消失）、莲姑墩、情雁墩（即今荷花墩）、起火墩、鹤顶墩。显然，六墩与七墩并非只是简单的一墩之差，而是各有表述，间有重合。其实，在清朝，已见七墩的说法。到了民国时期，《南陵县志》正式定为七墩：“奎潭，今名湖，县北六十五里……有七墩，状类奎星，故名。”

奎湖诸墩，几乎墩墩都有典故、传说。其中，最为有名的或为情雁传说。奎湖中最大的情雁墩（今称荷花墩）上曾有“情雁碑”一块。石碑的由来颇有说法。据说，早先，每年八月，成千上万的大雁都会落于此墩繁衍后代。一天，附近一位农夫在此墩听得大雁悲鸣。循声找去，原来是一只公雁半夜被水獭咬死，母雁在一旁哀鸣，悲痛欲绝，见人靠近也不飞走。农夫趁机抓得一死一活两雁，高兴回家。结果，被妻子一顿说落，说大雁如此恩爱，怎忍心杀害。于是，农夫打算将公雁埋到原处，将母雁放生。结果路遇官船经过，县官大人想吃雁肉，命手下买下大雁。农夫自然不肯，农夫与衙役的争吵之声引来了船中县官夫人的垂问。夫人听完农夫讲述后深受感动，不但说服县官放弃买雁，而且赏给农夫银两，让其树碑立传，告示后人，还借此事掐灭了县官一直想纳妾的想法。

奎湖的传说还有很多，比如：相传这里曾是南陵首任县令周瑜训练水师的地方，毕竟附近就有三国名将黄盖之墓，水系又连通漳河，通达长江。《芜湖风光揽胜》一书记载，奎湖是明朝万历年间由数万民工筑堤拦坝而成。清朝众多史料中，《古今图书集成·方舆汇编·职方典》中对“奎湖”的记载或最为详实，提到了奎湖有“九十九曲”“三关三锁”。所谓“九十九曲”即“九十九汊”。“三关三锁”，《奎湖泛月》书中解释为奎湖六塅。

或许正映着“奎”字，奎湖不但是一湖景致，也是一湖文墨。不但“奎湖泛月”为“南陵十景”之一，民国《南陵县志》又有：“傍湖而居多张秦二族，张职方有‘奎湖十景’诗，秦标有八景诗，诸名人竞题咏焉。”诗词之外，还有清人强立作有《奎湖赋》，“雨霁风微，十里之芰荷馥馥；湖平秋老，三篙则菰叶萋萋”，“点染风光，隐逸休夸太白；绘图烟景，游优不让范蠡”几句，尽展奎湖之美。奎湖地灵人杰，附近先后出有“南三峰、北三公”。南三峰非指三座山，而是明代三位名字中带“峰”字的都谏官，明末文豪盛此公列“北三公”之首。

奎湖物产丰富。早在嘉庆《宁国府志》中即有记载：“莲藕菱芡凫雁鱼鳖，诸利颇饶。”《江南通志》也有同样表述。当地盛产的“洋河藕”“奎湖糯”曾为清代贡品。据说，奎湖之中所产的藕，都是九孔十三节，白如雪，甜胜梨，素有“奎湖六月花香藕，赛过砀山大酥梨”之誉。奎湖中鱼类资源丰富，取自湖中鳙鱼所烹的“奎湖漂鱼”号称“南陵四绝”之一。

奎湖堪称体育之乡，还曾举办过全国农村体育运动会，如今，一年一度的龙舟赛成为当地保留项目之一。与他处不同，历史上，这里“划龙舟”一直在每年六月初六举行。据说，奎湖龙舟赛一开始也在端午这天举行。一年，一位船老大的女儿南生和一个小伙子水陵好上了。船老大不同意，要求水陵必须在端午节龙舟赛中获胜，才答应嫁女儿，却在前一天设计将水陵灌醉。南生没办法，只得自己女扮男装参加比赛。结果端午节后不久就遇连天暴雨，淹了庄稼。众人都认为是女人参加比赛犯了忌讳，要拿南生问罪。不想南生却因抢救失火船只上的小孩劳累过度溺死于水中。后来，人们为纪念南生“以德报怨”，遂将龙舟赛改到了六月初六。

去奎湖是在某一个夏日的清晨。远山含黛，湖面如镜，亭台小桥、沿水栈道，清风徐来、荷香馥馥，共同构筑了一幅绝美的山水图画，让人行走其间，流连忘返。奎湖现为安徽省省级湿地公园，于2014年正式获省林业厅批准创建。公开资料显示，目前，该公园有记录鸟类已达227种，其中重点鸟类26种。2018年1月，奎湖被列入安徽省第一批湖泊保护名录。

马塘：踪迹无寻处处有

马塘曾经是一口天然水塘，后成为芜湖城南的代称，还曾是一段时间内市辖区的名字。如今，在弋江区还有不少带“马塘”的地名。

一口天然水塘，为什么叫马塘？2009年出版的《芜湖市马塘区志》这样解释道：“据载，明太祖朱元璋在马背上南征北战取得政权后，喜好养马，至明万历四十一年（1613）前后，官方在芜湖城南养马数以千计，园墓（元亩）山以西的一片水域称马塘，‘马塘’由此得名。”

虽然该志并未详细注明此说法的具体出处，但也并非空穴来风。乾隆《太平府志》在《田赋志》一节中就详细记载了芜湖牧马厂田的情况：“（芜湖）牧马厂田贰拾所，共地壹百捌拾贰顷柒拾陆亩肆分伍厘，内开垦田陆拾肆顷肆亩肆分伍毫，各科不等共征租银肆百叁拾肆两肆钱贰分伍厘伍毫壹丝。”20所牧马厂田即大、小生息厂，东、西孳牧厂，德政厂、蜈蚣厂、双港厂，大、小白露厂，大、小圆亩厂，大、小龙山厂……这些马厂中不少如今尚有踪迹可寻，如大、小圆亩厂即在今元亩塘附近。历史上，青弋江南岸沟渠纵横，湖塘密布，水草丰美，为养马提供了优渥的自然环境。《安徽省芜湖市地名录》一书中就记录了不少带“马”字的地名，如马厂村、马房前村、马房后村、马饮等，都是当年养马留下的地名印迹，这些地名大多已随着近几十年的城市发展而淹没在历史烟尘之中，但也有部分至今留存，如：马饮立交桥因在当年马饮村附近而得名，如今成为沟通二环路、三环路以及峨山路的重要通道，“马饮”一名被“发扬光大”。

值得注意的是，当年，除了城南，芜湖城北四褐山附近还有马厂、马冲等地名，同样与马政相关。

清朝沿袭明朝马政，在芜湖设置养马官田。顺治年间，在十里牌、玩鞭亭（非今址）、陶阳铺（今湾里街道境内）设置三所养马官田。

那么，历史上到底有没有一口水塘叫马塘呢？应该是有的。乾隆《太平府志》在《地理志·乡社》一节中记载当时芜湖县县南的丹阳乡共有三十六塘，马塘为其一，还有马塘东圩、马塘西圩。

对于马塘的具体位置，民国《芜湖县志》是这样表述的："马塘在河南园墓山（即元亩山）西。"又："围墓塘亦名元亩塘，在河南园墓山西南。"元亩山其实本身只是小山丘，今已不存。《安徽省芜湖市地名录》上说元亩山不是单指一座山，而是由90多个山丘组成，海拔不足30米，而元亩塘因被元亩山环抱而得名。不过，该书收录的《芜湖市市区地名图》中有马塘区政府、马塘乡政府、马塘村、元亩塘及元亩山，但唯独没有标注为水塘的马塘。依照此地名图，再对照今日地图可知，元亩山应在弋江区马塘街道元山村东北一带，毗邻今平山村，而元亩塘即今环绕马塘新镇的那一大片水域。再对照《芜湖县志》的地理表述，马塘有可能是今天江城国际小区以南那片当年未标注的水域。

尽管今天这两块水域依旧被弋江南路割开，但2015年出版的《芜湖市江河水系图》已经将元亩塘延伸至江城国际小区以南，将二者统称为元亩塘。如今，江城国际以南的元亩塘水域经整体整治改造后，已成为城南一座生态优美的城市公园。

那么，马塘还有没有他处的说法呢？笔者曾就此采访过弋江区文化部门相关工作人员以及一些老芜湖城南人。收集到说法有二：

一是马塘即今南瑞湖的前身。这主要源于老芜湖人的口口相传。不过，对比县志说法，如果今江城国际小区以南即当年元亩塘，南瑞湖恰在元亩塘以北、元亩山以西，地理位置还是很符合的。

还有一种说法，认为在今袁泽桥桥南以西的一片水域，即今外经广场背后。经实地探察，这一带仍有大片水面保存。一位长期热衷本土历史文化研究的老芜湖人曾告诉笔者，当年，他家住古城东门附近，儿时常通过铁路桥到城南玩耍，其时的联盟化肥厂（今瑞丰商博城一带）以北有一口大水塘被一条东西走向的大埂一分为二。当年的乡政府驻地在塘边，以塘名而得名马塘乡。《安徽省芜湖市地名录》所注的马塘乡的确在此，但遗憾未绘出水域。那么，这一说法还有没有其他资料呼应呢？笔者在一张当年日军侵占芜湖时绘制的《芜湖县城之图》中找到了佐证。在图中这一带确有一大片水域，也有一条道路将水面一分为二。不过，水域之上标注“外马塘”。有外马塘，很可能就有马塘或内马塘，因而，南瑞湖前身是马塘的可能性还是很大的。

值得一说的是，历史上，芜湖特别是城南一带沟渠纵横，马塘也好，元亩塘也罢，水系相互连通，这也客观上导致马塘具体位置的不确定性。

当然，也有倾向于马塘一直就是泛指的观点。此一说认为，朱元璋定都南京后，十分重视马军建设，当涂、芜湖设有管马主簿。马要吃草饮水，因而马厂多设在河塘之滨，泛指马塘，《芜湖风光揽胜》即持此说。

仅就“马塘”二字而言，最“高光”时刻或许要推其成为市辖区的时候，一时整个城南尽称马塘。如今，尽管作为区名已退出历史舞台，但在今天的弋江区还存有不少带有“马塘”的地名，如马塘新镇、马塘街道等。

乾隆《太平府志》收录的《荆山记》中有这么一句：“荆山，去邑十六里，水陆皆从马塘，路南一路有石嶅。”石嶅，即石头为主体的小山丘。这段话的意思是当年芜湖人去荆山都要从马塘路过。路以南一路都是小山丘，这是很符合当时地貌的。这里，个人更倾向于马塘最初单指一口水塘，而非泛指。

江东多传奇

芜湖有文字记载的历史2500多年。在6000多平方公里的这片热土上，曾经发生过无数历史事件，走过不少历史人物，留下不少历史典故。囿于篇幅等原因，仅选取10位有一定代表性的人物，以求“窥一斑而知全豹”。

他们之中有的曾经是一代枭雄，纵横几十年，影响了历史，留下众多传说；有的曾经是“人中之龙”，在科举的当年，脱颖而出，成为人人艳羡的“状元郎”；有的曾经是山水画大家，开创全新画派；有的在芜为官，加意民瘼、造福一方，还系统整理了芜湖的山水风光，平添了一城的历史人文底蕴；有的在芜湖成长，最后身居高位，晚年醉心一邑的史料甄别，为本土历史文化的挖掘与传承做出了贡献。

回望时光之海，他们之中每个人的故事在我们今天读来，都堪称传奇。

泛黄的故纸深处，那一列列横平竖直的繁体字时刻告诉着我们，这人世间，他们曾经来过。

张孝祥：留春伴我春应许

炎夏。傍晚。

天际残存的一丝云霞逐渐暗淡下去。到后来，终究抵不住夜的坚持，彻底消逝去，白昼的热却丝毫未曾有退去的意思。

忽然，一阵蛙声此起彼伏，打破了惯常的宁静。邻居汪大妈端出一盆污水泼向门口时，埋怨了一句："这些个青蛙，一天到晚就知道叫，吵死个人的。"

隔壁的那个少年，正在窗前就着最后的亮光看书。许是听到了大妈的抱怨，又或是蛙声惊扰到了他。少年随手抄起桌上的砚台抛向窗前的池子。

蛙鸣应声而绝，少年眼不离书。俄顷，湖面收紧一泓涟漪。

池子在二街附近，少年叫张孝祥。

一　好底尽为君占却

这个乱扔东西的少年，后来考了个全国第一，成为芜湖历史上为数不多的状元，最终大有出息。

今天，我们身边这座城，市中心最繁华地段，赭山镜水相依，风光秀丽。今人能够在闹市区徜徉山水间，还要得益于这个少年。

状元张孝祥堪称"考霸"。

张孝祥，字安国，祖籍和州（今和县）。

南宋绍兴二年（1132），五年前"靖康之耻"的战火余温尚未消尽，金兵气焰嚣张。南宋初立，风雨飘摇。在明州鄞县（今浙江宁波）街头，不时可见北方逃难过来衣衫褴褛的人们，其中就有一个叫张祁的年轻人带着一家老小。老婆的肚子日益见大，他们依然居无定所，青年的脸上写满焦急。

这年冬天，天阴冷得紧。

在城外一所僧房里，一声婴儿的啼哭划破了那个动乱年代的长空，我们的“考霸”张孝祥诞生了。这之前，父亲张祁终于在这所寺院找到了一个临时的落脚处。

“考霸”的人生注定是与我们常人不同的，从一开始就面临着一场场考验。刚一出生，上天就给了他山河破碎、颠沛流离的生活。老天爷似乎觉得还不过瘾，继续让他襁褓蒙难，母亲在张孝祥出生后不久就撒手人寰。

少年时，张孝祥随父亲正式迁居芜湖，住到了西门外升仙桥以西（今二街状元坊）。正是在这里，“考霸”开启了耀眼的人生，让后来大奸臣秦桧都不得不嫉妒地感叹道：“天下好事都让你一个人占尽了。”（好底尽为君占却）

也许是“考霸”那方砚台砸焉蛙声的同时，也砸醒了上天。老天爷觉得一直这样对待一个小青年有点不公平，该补偿他点什么了。张孝祥毕竟天赋异禀。

有哪些天赋呢？《宋史》上说他读书，只要看一眼就忘不了（读书过一目不忘）。好记性啊！这已经超出常人的大脑结构了，是电脑，是扫描仪的架势。

等等，后面还有一句“下笔顷刻数千言”，就是说他写文章一眨眼的工夫就能“哗哗哗”地写上千字。这根本不是写文章啊，而是文思来了，直往外喷涌啊。

“下笔千言”还不是孤证。芜湖别称于湖，张孝祥因寓居芜湖而号于湖居士，后来出了本《于湖集》。他的堂弟张孝伯在这本书的序文中提到了他们年少时的一段趣事，言语间那是无限的羡慕，他是这样说的：“老哥你每次写诗、作文、写骈文，从来不需要打草稿的，拿笔摊纸，一气呵成、一挥而就，心灵手快，像暴风雨来时那样迅捷。每次，你都写完了，我还在一边抄草稿，你还嘲笑我抄这个干吗，然后抢走我的稿纸。”

那么，这么强大的基因，考试会是什么结果？

结果就是“十六领乡书，再举冠里选，绍兴二十四年廷试第一”。一个23岁的少年就达到了多少人一辈子也无法企及的高度。

高中状元，张孝祥成为当时众人艳羡的偶像，一时“吸粉”无数。

春风得意马蹄疾。

当时的张孝祥也许还并不清楚自己状元的得来颇费周折。原来，那年，“考霸”一不小心和大奸臣秦桧的孙子秦埙同科竞考。

埙，这个字音同“熏”，我特意查了一下，没有什么特别的意思，就是一种吹奏乐器，多用陶土烧制。这种乐器现在还有人在吹，只不过，很小众。

秦桧果然没多少文才，光顾着害人了，给孙子取了个吹奏乐器的名字，挺能吹的。

现在的问题是，一个能吹，一个有才，这两人都有那种要么不考，要考就要拿最好名次的架势。

霸气何来？张孝祥靠才气，秦埙靠势力。换现在来说，他俩志愿填的都是“状元”。

真实的情况是张孝祥可能还蒙在鼓里的时候，秦桧那边早忙活起来了。秦桧贵为当朝宰相，疏通关节、走走后门自然不在话下，那秦埙也是一路这么上来的。于是，主考官收了文章，象征性地问了些问题，就准备把秦桧这个挺能吹的孙子定为状元，将张孝祥列第二，另一个叫曹冠的列第三。

我估摸那会儿，宰相家里状元酒席都摆好了，就差说“准备起菜”了。结果，这时，最后拍板的人——宋高宗出场了。他瞅了瞅秦埙的卷子，觉得这个考生说的话和秦桧平常一个调调，没有新意，自己早就听得耳朵起茧了。

再看“考霸”的考卷，文章洒脱、文字飘逸。于是把张孝祥提为状元、曹冠第二、秦埙第三，定完了，还不过瘾，不忘跟身边的秦桧感叹一句："这个叫张孝祥的文章和字都写得不错。"要知道，宋高宗也是个书法爱好者啊。

《宋史》对宋高宗这一行为的评价是"上之抑埙而擢孝祥也"，也就是说，宋高宗是有意压一压秦桧的气势而提拔张孝祥做状元的。我觉得这是原因之一，但前提也还要我们"考霸"有水平、字写得好啊。

当时，有个叫周密的人，写的一部叫《齐东野语》的书也记载了这件事，而且更为详细，书中认可这是皇上有意压制秦桧的说法，进而鄙夷地说秦桧竟然没觉察。可见，当时秦桧的势力已经达到了无以复加的地步，他甚至已经狂妄地忘记了自我。

书中还说，听了皇上对张孝祥的赞誉后，老家伙还以前辈的身份和新科状元闲聊了几句。

"字写得这么好看，学的谁的字呀？"

"颜真卿。"

"皇上喜欢你的诗，你常爱读谁的诗呀？"

"杜甫。"

秦桧强忍不快，表面上还笑着说："好事都被你占尽了。"

二　忍弃平生荆布

"考霸"张孝祥得了状元，挫了奸相秦桧和秦桧那孙子的锐气，这就结下了梁子。

其实，纵使没有这档子事，张孝祥与秦桧也终究不是一路人。因为"考霸"的父亲张祁当时与一个叫胡寅的福建人交情好，而这个胡寅官做得也不小，但是个"直男"，遇秦桧当道，就辞官隐退了，跑去了衡州。当然，其中秦桧也"帮"了不小的忙，因为后来，他又被秦桧找了个理由贬到了更远的新州（今广东境内）。可见，老秦是有多么不想见到这个人。这点，《宋史》上写得很直白，"桧素憾寅"，也就是说他一直很恨胡寅。

周密在《齐东野语》中又告诉我们，当初在大殿之上，秦桧知道张孝祥得了状元后，第一反应不是皇上给自己脸色看，而是心有不甘："胡寅已经被我赶到那么远的地方去了，还有本事帮他好朋友的儿子高中状元？"

这个时候，跳出来一个叫曹泳的，又生出一个事端。

这个曹泳是秦桧一派的死党。这时候，他站了出来，当着文武百官的面，跟"考霸"说："少年，看你眉宇清秀，来来来，我家中还有个女儿给你当夫人好不好？"

对于这一段，《宋史》是这样记载的："曹泳揖孝祥于殿庭，以请婚为言，孝祥不答，泳憾之。"也就是说，张孝祥当时没有明确表态，曹泳于是非常嫉恨。很明显，曹泳能够当朝求婿，肯定是心里有一定把握的。毕竟，这样的机会，一般人是求之不得的。但他很不幸，我们"考霸"恰恰就不是一般人。

不多久，秦桧捏造了一个"张祁与胡寅勾结想造反"的理由将其关进了监狱。

张孝祥遇到送上门的家庭条件这么优渥的夫人为什么无动于衷呢？很明显，张孝祥不回答，自然是他心里不屑与秦桧之流为伍。

不过，著名词学家、安徽师范大学教授宛敏灏又考证出另一层缘由：张孝祥当时身边已经有了一个女人，虽没有明媒正娶，但两人已经有了一个儿子叫张同之。

张孝祥的这位李氏情人最终浮出水面得益于一次考古发掘。1971年3月29日，南京市江浦县（现属浦口区）农民在劳动时发现一座古墓，后经南京市博物馆专家认定为南宋张同之夫妇墓。墓中出土了《宋故运判直阁寺丞张公埋铭》，铭文中记载："公讳同之，字野夫，世为和州乌江人……父，孝祥，显谟阁直学士……妣时氏硕人……公以显学致仕……言于朝，愿回授本生母李氏，朝廷许之。"这一段文字为我们提供了以下几点信息：

1.张孝祥是张同之他父亲；

2.张孝祥的夫人姓时；

3. 但时夫人不是张同之的生母，他生母姓李。

在《中国历代著名文学家评传》（第三卷）一书中，宛敏灏结合埋铭、张孝祥的词以及关于张孝祥的其他一些生平资料为我们描摹了一个凄美的爱情故事。

南宋初年，金兵屡屡南犯，战火频仍。江淮之间居民大多渡江南迁避难。在这个大背景下，张孝祥与李姓女子相遇了、相爱了。在那个年代，没有明媒正娶的婚姻自然是不作数的，所以李姓女子就一直没有什么名分，自然也不会见诸史料。

后来，张孝祥又娶了表妹时氏为正室，与李氏的关系就一直没有公开。张孝祥有词一阕《念奴娇·风帆更起》，宛敏灏认为这是张送给李氏的一首离别词，其中有这么一句："德曜归来，虽富贵，忍弃平生荆布？"大意就是"苟富贵，勿相忘"。上海辞书出版社出版的《宋词鉴赏辞典》也认同此说。

值得一提的是，似乎不只是今人的考证。在历代文学作品中，对于张孝祥的这段往事也能觅得雪泥鸿爪。在明代赵世杰《古今女史》、高濂《玉簪记》和清代三台馆山人《万锦情林》等作品中都有张孝祥的身影，内容大抵相同，说的都是"张于湖宿女贞观"的故事。

三　我欲乘风去，击楫誓中流

古往今来，但凡有点能耐的，都少不了有点个性，张孝祥自然也不例外。

《宣城张氏信谱传》（下文简称《谱传》）说他"少年气锐，刚正不阿"。还举了个例子，张孝祥虽与秦埙同科及第，而且又都贵为前三甲（这是正儿八经的同班同学啊），但见面时，张孝祥也不过是敷衍个手势，丝毫不多啰嗦一句（一揖之外，不交一言）。

《谱传》中还记载了一件事，同样发生在"廷试拒婚"那年。可能是被高宗"词翰俱美"四字褒扬带来的勇气，"考霸"又捅了秦桧一下。当时，岳飞已经被秦桧诬陷入狱去世有几年了。而秦桧一派当道，百官没有一个敢为他叫冤的。张孝祥当上状元不久，就上书宋高宗，说岳飞的忠勇天地可鉴，一朝被人诽谤，不幸离世，这是敌国的幸运，也会让大宋军心涣散，对于国家来说，并不是好事。

说完这些，他还建议高宗为岳飞平反，并旌表天下。要知道，那时他刚被封了状元，连一个正式的官职都还没有。

正当众人为他捏一把汗时，没想到宋高宗听完之后，竟然更加器重起张孝祥来。

这一年，张孝祥终于得到了人生的第一个官——承事郎，签书镇东军节度判官。过了一年，大奸臣秦桧终于死了。

也许是少了秦派势力的掣肘，又或许是得到高宗信任与赏识，这之后，张孝祥官运亨通，一直做到了中书舍人。宋高宗还夸他“必将名世”。当朝皇帝说一个人以后必将闻名于世，这还了得！

中书舍人，是个为皇帝写公文的官，是与天子最亲密的近臣。级别虽然不高，但因为经常代皇帝发号施令，权力不小。这期间，张孝祥还借太庙长灵芝的事，委婉地劝说了高宗早立太子。这些话在当时都是一般大臣所不敢谏言的。

小小年纪就平步青云，自然有人看不惯。加之“少年气锐”，很快就被人弹劾，丢了官。

第一次丢官后，张孝祥倒也自在，闲居芜湖城西门外（今二街状元坊），往来宣城、芜湖。绍兴三十一年（1161）九月，金兵再次来犯，南宋军队在采石矶第一次大败金兵，金兵主帅完颜亮兵败被部下缢杀。一时间，江南大地，欢呼雀跃。

张孝祥更是亢奋，写下了有名的《水调歌头·闻采石战胜》：

雪洗虏尘静，风约楚云留。何人为写悲壮，吹角古城楼。湖海平生豪气，关塞如今风景，剪烛看吴钩。剩喜然犀处，骇浪与天浮。

忆当年，周与谢，富春秋，小乔初嫁，香囊未解，勋业故优游。赤壁矶头落照，肥水桥边衰草，渺渺唤人愁。我欲乘风去，击楫誓中流。

全词笔墨酣畅，音节振拔，奔放顿挫，豪健沉郁，表达了他想做东晋时期的祖狄，北定中原的志向。

张孝祥诗词的威力还不仅于此。

人家写诗作词或唱和次韵，或附庸风雅，通过下面说的这件事，你会发现，张孝祥的词，竟然可以让人餐而无味，无心吃喝。

可能觉得满腔爱国热情依然倾泻得不够彻底，第二年春天，在当时驻守南京的主战派重臣张浚的酒桌上，张孝祥作了有名的《六州歌头·长淮望断》。南宋《朝野遗记》载："歌阕，魏公（张浚）为罢席而入。"也就是说，唱罢这首词后，当时的张浚竟然忽觉酒菜无味，提前黯然离席而去。

这里要说一下的是，我们今人其实很难真切感受到当年南宋人心中之痛。比如，我们现在读到岳飞的《满江红》"靖康耻，犹未雪，臣子恨，何时灭？"一句，或许能在心里激起一种爱国豪情，但还是很难想象他们当年心底的那种字字泣血的锥心之痛。

"靖康之变"，徽钦二帝被俘，众臣以及公主、王妃被掳，被金人抢夺的金银财宝更是不计其数，这成为南宋人心底永久的创伤。

正是这阕词，让张浚记住了眼前的这个青年，后来提拔了他。

那时，张孝祥也有自己的偶像，那就是苏轼，从上面这首词中，我们也可略窥一二，他写词继承了苏东坡的豪放风格。

据说，张孝祥当年每作一篇诗文，都要问自己的门人："比苏大学士的如何呀？"

好在当年，张孝祥的诗文的确出类拔萃，门人也是鬼精鬼精的，回答得恰如其分，结果皆大欢喜。

门人的话大意是这样的，你的诗与东坡诗已有七八分像，但仍有一段距离，假以时日，必将超越。

才气过人的张孝祥又追着问："如果我再读个十年书又将如何啊？"

门人答道："他人就算再读个上百年，也未必能梦见苏东坡，但以先生这样的速度，要不到十年，就可以轻松超越苏东坡了。"

我猜想，张孝祥当时听到这里是极其满意的。只可惜，天不假年，老天爷并没有给他十年的时间。

豪放派的张孝祥当初还干了一件豪放的事——带薪休假（其实是被撤职，赋闲在家）。两年多后，张孝祥终于迎来了仕途上的第二春，绍兴三十二年（1162），他被派去江西抚州当市长。《宋史》载："寻除知抚州。年未三十，莅事精确，老于州县者所不及。"其实，这时候的张孝祥已经三十出头，说"年未三十"并不是很准确。

即便如此，这个年龄就当上一个州府的一把手，也是很厉害的，而且他处理政务很有条理，许多年龄比他大的官员都没他做得好。

张孝祥这件豪放的事就发生在抚州任上。《谱传》上说，张孝祥初到抚州时，由于当地军饷供应不足，一些兵士打算抢劫兵器库。当时情况十分紧急，"一时鼎沸，官吏屏迹"，也就是说已经酿成了群体事件，而其他官员躲得远远的，不敢出头。

作为当地一把手的张孝祥是咋办的呢？三十出头的他一个人单枪匹马地赶到军队中，责令军士："你们这是打算造反吗？来，先杀了我吧！"众人赶忙回答："不敢，只是因为欠我们军饷啊。"张孝祥当即宣布，听话者可以活命，随即取了金帛分发给士兵。然后又挑出几个为首的闹事分子，说道："带头闹事者，不能饶恕！"命赶到的手下将这几个人当众斩首。

狭路相逢勇者胜。

这招出奇制胜，吓得在场的其他士兵们一个个趴在地上不敢抬头，事态随即得到控制。事急从权，张孝祥遇到了一群还算规矩的士兵。

是勇气与运气救了他。据说，这件事后来被宋高宗知道了，还特意嘉奖了他一番。

在江西还未来得及感受完抚州的山水秀色，朝政发生了变化。隆兴元年（1163）夏日的某天，宋高宗把位子给了养子赵昚，便是宋孝宗。新帝即位，把张孝祥动了动，赴集英殿修撰，知静江府，从江西调到了江苏。

隆兴二年（1164），当初那个被张孝祥诗词感动得离席的主战派张浚得势，自然没有忘记这个青年。在他的推荐下，张孝祥升迁为中书舍人，迁直学士院兼都督府参赞军事，领建康留守。

这时，一个叫汤思退的不爽了。为什么？因为当初张孝祥考中进士，正是出自汤思退的门下（他是主考官之一）。他当宰相时，对张孝祥提拔大为用力（思退擢孝祥甚峻），二人私交还不错。

汤思退是主和派代表，如今，张孝祥拜投在主战派阵营，岂不是站在了汤思退的对立面？

当时，一心主张收复中原的张孝祥却顾及不了这些，他还建议两位大人应当勠力同心，以助宋孝宗恢复中原之志。这样的局面并没有维持多久，随着当时军事的失利，张浚很快被罢黜，不久去世。主和派完全得势，张孝祥随即第二次被弹劾，离开了政治核心。

这之后的五年时间里，张孝祥先后到任桂林、长沙、荆州……所到之处，由于勤政惠民，深受当地百姓爱戴。

乾道五年（1169），对当时朝廷偏安一隅极度失望的张孝祥起了归隐之心，绝意仕途。

这年三月，张孝祥请祠侍亲获准，终于回到了他的第二故乡，一生待的时间最长的地方——芜湖。

岁月变迁，宦海浮沉。那个曾经慷慨激昂、豪情万丈的少年终于被残酷的现实所打败，低下了高昂的头。这时，他的偶像已从苏东坡变成了陶渊明。

别了，征尘暗，霜风劲！别了，腰间箭，匣中剑！别了，我欲乘风去，击楫誓中流！

四　世路如今已惯，此心到处悠然

那么，张孝祥回乡时受到怎样的礼遇呢？《芜湖县志》载：“孝祥归芜湖，父子乘使者车，夹道聚观以为荣。”《谱传》记载：“既归芜湖，凡缙绅之士莫不晋接。”一个是平民百姓以在街头欢迎张孝祥父子车驾为荣，一个是本土名流争相进见。由此可见，张孝祥父子当年在芜湖是很受各个阶层的人们欢迎的。

《芜湖县志》上还提到，张孝祥回芜湖后，将自己的金钱散给亲戚宗室中那些生活条件不好的，时常还会有宾客登门造访，开怀畅饮。

回芜后，张孝祥徜徉山水，对芜湖一地名胜古迹多有吟咏，满腔文采终于有了安放之所。《芜湖县志》载：“寺观台榭吟咏殆遍，而悉为之题识。”这话丝毫不假，从赭山到玩鞭亭再到宁渊观，词人笔端流云；从吴波亭到雄观亭，张氏翰墨飘香。

归乡后的张孝祥缠绵山水之际也很关心百姓疾苦。芜湖处于水陆要冲，商贾云集，舟车来往频繁，百姓尽享便利之余，也深受其害。

上次说到的“采石之战”后，宋军收复了两淮失地，一时间，抗金的力量占了上风。宋孝宗赵昚素有恢复中原的志向，而当时的金世宗完颜雍也有南犯的企图。二人虽然未曾谋面，却像隔空发了一个邀约，“一拍即合”。

南宋这边的主帅是看好张孝祥的那位主战派张浚。当时，宋军兵分东西两路一路向北。李显忠率领的西路军一路进展顺利，很快就收复了灵璧；邵宏渊率领的东路军当时围攻虹县（今泗县）却久攻未下，最后还是在李显忠的帮助下才得以成功。

哪晓得这个邵宏渊是个争强好胜、心胸狭隘的人，不知道感谢，竟认为自己被夺了军功、抢了风头。等到后来李显忠被围困宿州时，他却不驰援，直接导致了著名的符离之败（当然，只是直接，还有其他深层次原因）。

对，这个符离，就是我们今天所说的符离集烧鸡的那个符离。当时，宿州的州治在符离。

符离之败的影响是深远的，可以说，直接击垮了那个远在杭州的青年赵昚北复中原的雄心与满腔热忱。这之后，特别是随着主战派代表张浚的去世，力主收复失地的势力极度式微，朝廷上下以恢复故土为讳，北伐灭金几成幻影。

符离之败之后，邵宏渊带部队一路南逃，所到之处的城市店铺都被搜刮一空。当时，芜湖一地的百姓、商家听说姓邵的军队即将路过，都吓得要命。好在，张孝祥的父亲张祁与邵宏渊还算有点交情，赶忙修书一封，自己又捐出几百斗大米。父子二人还穿着正装到江面上去犒劳军师。军队得了好处，才直接从江面扬帆而去，于芜湖百姓秋毫无犯（则自籴米数百斛，着紫衣，乘使者车，犒师江上，众得饷，扬帆而去，遂秋毫无犯）。

此举在当时反响强烈，县丞袁益之亲自到江边迎接张孝祥父子，士民夹道欢迎，赞誉之词不绝于耳。

说了这么多，张孝祥到底长啥样呢？高颜值的美男子还是长得一般般？举荐张孝祥的张浚有个儿子叫张栻，张孝祥和张栻的关系很好。

张孝祥因寓居芜湖，自号“于湖居士”。当时，这个张栻写了篇《于湖画像赞》。他是如何向我们介绍好朋友张孝祥的呢？

他是这样说的：“这个于湖先生哪，才华出众，相貌伟岸。遇到问题解决起来很果断，就像箭穿过靶心一样干脆。平时说起话来文绉绉的，洒脱自如……”（是于湖君，英迈伟特。遇事砉然，如箭破的，谈笑翰墨，如风无迹……）

说成这样，简直是完美者啊。

其实，“赞”是古时的一种文体，一般四言，也就是四个字一句。这个文体的作用就是夸奖别人，但大多用韵文写成，因此是很考验作者文字功底的。

因为要赞美，所以很明显，这种文体中用得最多的修辞手法自然是“夸张”。

那么，“考霸”张孝祥有没有自我介绍过呢？

有的。

翻遍了《于湖居士文集》，好在当年他给自己“自拍”了一张。

在“卷十五”中，他赞遍了一众名人之后，还留下了一篇“自赞”，是这样写的：“于湖，于湖。只眼细，只眼粗。细眼观天地，粗眼看凡夫。”

嗯，我只能说，这应该是他的一种自嘲吧。如果真是一只眼小，一只眼大，那离美男子还是有一点距离的。

文字太俏皮了。

当初，二度被贬后，张孝祥往来南京和宣城之间，路过溧阳，访当地的三塔寺，曾题了一阕《西江月·问讯湖边春色》。

西江月·问讯湖边春色

问讯湖边春色，重来又是三年。东风吹我过湖船，杨柳丝丝拂面。

世路如今已惯，此心到处悠然。寒光亭下水如天，飞起沙鸥一片。

看来，归隐芜湖后的张孝祥徜徉山水、迎来送往，除了偶尔的俏皮，也就是这份“世路如今已惯，此心到处悠然”的闲适了。

为着这份闲适，张孝祥用一湖碧波供养了千年。那湖碧波就是我们今天市中心的镜湖。

五　绕院碧莲三百亩，留春伴我春应许

对于大多数芜湖市民来说，状元张孝祥带给今天最直接的影响或者说印象，或许还在于捐田为后人于市中心最繁华地段留下了一湖碧波。

民国《芜湖县志》载，当年，张孝祥归来后，捐田百亩，汇而为湖，并在四周种上杨柳、荷花，为当时芜湖一县风景最好的地方，也就是我们今天的镜湖。

张孝祥当年还为镜湖作了一阕词。一个“怀”字其实很值得推敲，可以说明捐田成湖很可能是在张孝祥归隐之前。

蝶恋花·怀于湖

恰则杏花红一树。捻指来时，结子青无数。漠漠春阴缠柳絮，一天风雨将春去。

春到家山须小住。芍药樱桃，更是寻芳处。绕院碧莲三百亩，留春伴我春应许。

不过，《芜湖县志》只提到张孝祥捐田百亩一事，对其捐田的最初

动因并未具体说明。

今人有张孝祥捐田造湖，最初本意是为了蓄水防涝以及为农业生产灌溉提供方便的说法。南宋时期，今镜湖一带属城西郊，大片农田濒河望江，山丘与洼地相连，农业生产受自然影响很大。加之张状元是一个心记民生的悯农之人，这一说法有一定道理。但翻遍手边的史书古籍，也没有找到这一说法的确切出处，个人从疑。

可以肯定的是，捐田造湖与张孝祥后来效仿陶渊明归隐山水是有很大关系的，因而也有镜湖又名“陶塘”的说法。

当年，湖畔建有“归去来堂”。《芜湖县志》上说，张孝祥父亲张祁因为儿子任性，不愿意做官了，决意归隐芜湖，而筑了一座“归去来堂”，以供饮酒赋诗。真是一对会生活、会享受的父子！

归去来堂的具体位置，县志中没有具体交代，不过在清人黄钺的竹枝词中能窥得一二。

《竹枝词·其一》有：“升平桥畔状元坊，曾寓于湖张孝祥。一自归来堂没后，顿教风月属陶塘。”黄钺在文后自注：“升平桥即升仙桥，在城西。张中绍兴甲戌状元。故宅在焉。陶塘在其坊后半里，当即‘归来’遗址。”

这段话交代了张孝祥故居的位置，并告诉我们当时仍在，还推测了归去来堂的遗址在陶塘——陶塘在状元坊后大约250米的位置，就是归去来堂。这和我们今天所见的镜湖与状元坊的位置是相当的。今天的烟雨墩又传为当年张孝祥读书处。

宛敏灏先生在《张孝祥年谱》中，给出过明确判定：“归去来堂遗址，当在今芜湖市赭山南麓陶塘上。”《大清一统志》也明确记载了张祁筑归去来堂之事，只不过把张孝祥投砚禁蛙的轶事挪到了他父亲的身上。

专门建一所房子以供饮酒赋诗，也是活得够精致的了。看来，张孝祥酒量是不错的，或者很喜欢喝酒。的确，史籍中也有记载。

南宋时期，有位叫叶绍翁的诗人写了本《四朝见闻录》。这个诗人不是很出名。但我提起他有名的一句诗，你大概会一瞬间表现出“哦，原来是他”的神情。对！那句“春色满园关不住，一枝红杏出墙来”，就是出自这位仁兄笔下。

叶绍翁，生卒年不详，但可以肯定的是他生活的年代比张孝祥晚了最多半个世纪。这本书中大多是其亲见亲闻，因而具有很高的史料价值，其中关于张孝祥的描述也是值得相信的。

《四朝见闻录》中用几百字写了张孝祥，包括殿试拔得头筹、秦桧嫉妒等等。提到张孝祥个人时，一上来就是一段猛夸，说他“天性倜傥，轻财好施，勇于为义。为政平易，民咸思之”。接着，笔锋一转，说这个人有一个缺点，那就是“嗜酒好色，不修细行”，也就是很喜欢喝酒，还很好女色，而且不拘细节，更确切的意思是不在乎世俗的眼光，以至于宋高宗有一次都忍不住问他：“大家都说你贪赃枉法？有这事吗？”张孝祥答：“我实在不敢欺骗万岁，要说不修边幅，这是真有；要说贪赃枉法，给我一百个胆子也不敢啊。”可见，当年因为性格，张孝祥得罪了不少人。也因为一些特立独行的做法，一直成为一个有争议的人物。

也许就因为这些，南宋以降，一直到清朝中期，张孝祥一直名声不显。《芜湖县志》中唯一的一个状元，在历代本土方志中提到时却是惜墨如金。

陶塘也和他的主人一样，在明清两代的史籍中鲜见芳踪。

至于陶塘后来又缘何改称镜湖。公开说法为：“因其水清可鉴，形似圆镜，‘水惟不竞形俱鉴’，故名镜湖。”

翻看《芜湖县志》，“水惟不竞形俱鉴”一句实为清朝康熙年间一位叫邓光远的古人咏镜湖的七律中的一句。是否真为镜湖得名由来，就仁者见仁，智者见智了。

烟波浩渺，史海钩沉。不管怎么说，张孝祥与镜湖的故事就这样千百年流传了下来。2016年，《张孝祥与镜湖的故事》作为“民间文学”项，入选安徽省第四批非物质文化遗产名录。

其实，张孝祥退休回芜湖后没多久就去世了，年仅38岁。

或因《宋史》的盖棺定论，明清以降，对张孝祥的评价不如他在世时，甚至有的拿他“问门人自己作品与苏轼如何”的轶事取笑。

当代人对张孝祥评价颇高，特别是在文学方面，袁行霈主编的《中国文学史》，认为他是辛派先驱，“辛派词人是远承东坡而近学稼轩，而从东坡到稼轩，其间的桥梁则是张孝祥”。章培恒、骆玉明版本的《中国文学史》也认为“（张孝祥）继承了苏轼的词风，起到一种承前启后的作用”。

明清两代，芜湖一地曾多次修葺状元祠，并先后移于湖祠于镜湖旁、赭山山麓滴翠轩。岁月经年，如今俱不存焉。

“蛙声篱落下，草色户庭间。”美妙的蛙声于东篱之下此起彼伏，葱翠的草儿蔓延在房舍之间。

当年，唐代著名诗人张籍路过好友贾岛的破茅屋，曾这样写下贾岛寄居田园的闲适与悠然。

张孝祥是张籍的七世孙。只不知，同样的一阵蛙声，在300多年后的镜湖之畔二街旁被自己后人的一方砚台给砸灭了，张籍该作何感想?

焦蹈：一场大火“烧”出的状元

站在今天芜湖市域范围来看，从隋炀帝大业元年（605）创设进士科到宋元丰八年（1085），芜湖第一位状元的诞生，芜湖人等了近500年。芜湖历史上第一位状元的诞生竟然因为一场大火。这个人就是焦蹈。

虽然我们今天有不少人喜欢数字八，但对于大宋王朝来说，元丰八年（1085）着实算不上一个好年份。

这年正月开始，宋神宗便患病卧床不起。到了二月，病情越发严重。

病危到什么程度呢？宰相王硅请立太子时，宋神宗已经不能说话，只能点头表示同意。

三月，神宗去世，年仅九岁的宋哲宗赵煦即位，祖母太皇太后高氏垂帘听政。

为了北宋的稳定发展，人才还是要招的。

这年适逢乙丑科科考，礼部借当时的开宝寺开设考场，这就为后面的悲剧埋下了伏笔。二月的一天夜里，下半夜两点左右，考场突然起火。由于院门紧锁，寺院高大，里面木结构建筑太多，外墙又坚固异常，结果许多人被困在考场内不得出来。最后，赶来救火的人将院墙砸了一个大洞，才将礼部侍郎李定、给事中蔡卞、起居舍人朱服等一众主考官救出。

大火扑灭之后，大家一清点，损失惨重，没招到人才，还折损几员大将。南宋《能改斋漫录》一书记载：“承议郎韩玉、冀王宫大小学教授兼穆亲宅讲书翟曼、奉议郎陈之方、宣德郎大学博士马希孟，皆焚死。”这些人在当时都是不小的官，没想到因为一场考试把命送了。所以，我说元丰八年（1085）实在算不得好年份。

再看试卷。《续资治通鉴长编》载：“试卷三分不收一分，欲令礼部别锁试。从之。”也就是说，试卷被烧得剩下不足三分之一了。

这还怎么招人？没办法，那就重考吧。焦蹈机会来了，在第二次考试中一举夺魁，加之当时宋神宗刚刚病逝，宋哲宗赵煦新立，当年破例没有殿试。也就是说，这次招考，因为特殊情况，只有笔试没有面试，最终成绩按笔试成绩算。这一点，在宋元之际马端临的《文献通考》中有明确记载：“八年，进士四百八十五人，省元焦蹈，状元同（是岁，谅暗，不临轩）。”多少有一点运气成分在里面，但焦蹈就这样成为芜湖历史上的第一位状元。

于是，坊间“不因开宝火，安得状元焦”，“不因南省火，安得状元焦”等民谚便传开了。

关于焦蹈赶考，民间还有故事。说焦蹈压根就没参加第一次考试，因为他迟到了，没进入考场。为什么迟到呢？说是在来京师的路上，一天早上，焦蹈和仆人走过大街，楼上有人泼水，水落地时有硬物的声音。仆人听到了，偷偷捡到了一枚金戒指，过了两天才告诉焦蹈。焦蹈是个实诚人，要送还失主。结果一来二去，耽误了行程。等他到开封时，正赶上考场着火。这场大火意外中给了他参加考试的资格。

不管怎样，焦蹈当上了状元。不过，诡异的是，还没等他高兴完，不到一周的时间，他就离奇死去。这中间又有一则故事，说是当时苏州有个盲人，人称“草腰带”，很会算命。那天，他听到门外有人在报新科状元，就问是谁。有人回答：“无为人焦蹈。”“草腰带”听后，惋惜不已。大家很奇怪，让他算一下焦蹈以后能当多大的官。

算命先生回答：“工资都领不到一分，谈什么做官？”（不能食禄，安问官职也！）

大家都嘲笑他算错了，明明焦蹈已经高中状元。

没想到，十天后，果然京师有人过来说：“揭榜后六日，焦蹈已死。”

关于火烧贡院，陆游的《老学庵笔记》中又记载了一则故事，说当时有好事者将“火焚贡院状元焦”作为下联求对，一时无人能对。到了南宋宋孝宗年间，一位叫张震的出任成都知府，还没到任，成都风雷大作，吹走了剑南西川门的牌匾。张震震惊之余，“雷起谯门知府震”脱口而出。对仗工整、语意双关，堪称绝对。

因一场大火导致重考，芜湖人焦蹈一举夺魁，当了芜湖历史上第一位状元郎，多少有一点运气成分在里面。

其实，这也是偶然中的必然。在古代，别说状元，就算考中进士甚至秀才也是很不容易的。没点真才实学，是不行的。

那么，焦蹈究竟才华如何呢？

《无为州志》载：“焦蹈，字悦道，少游乡校，通经史百家，文翰有名。由乡荐第一人屡上春官不利，益肆力于学。元丰八年（1085）乙丑，计偕后期将谋归，俄，南宫火……因命礼部改试别院，蹈居第一。寻入对上，以谅阴，不亲策，特赐里布奏名进士四百六十人及第出身有差。蹈名仍第一。时人语云：不因南省火，安得状元焦。蹈，凡前后四首乡荐，又由省元登第，盍三元云。越六日，未授官遽卒。”

这段话充分肯定了焦蹈的才学，表明人家也不是仅凭运气中得状元的。焦蹈年少就出游乡校，精通经史百家，以文才出名，在乡试中考得第一，却在礼部的会试中屡次不中，因而更加奋发学习……陆游在《家世旧闻》一书中提到，当年自己的祖父陆佃很欣赏焦蹈。因为焦蹈的“论经不明，不如无经；论史不达，不如无史”一句，让陆佃认为这个年轻人颇有西汉文学家扬雄的风采。

所以说，机会总是留给准备好的人，这话一点不错。

《繁昌县志》也有类似记载，并另外交代了焦蹈没能及时参加考试的原因是途中归还人家戒指耽误了时间。而《无为州志》中有“计偕后期将谋归”一句。计偕，古代泛指举人赴京会试。“计偕后期将谋归”表明焦蹈参加了会试之后正打算回乡时，贡院起了大火烧了卷子。

这说明，焦蹈是参加了第一场会试的。两地县志都提到“越六日，未授官遽卒”，说明第二次考试之后，焦蹈高中状元之喜的确只享受了六天，实在令人扼腕叹息。

现在问题来了，两本本土方志中都有焦蹈的记载，都言之凿凿说焦蹈是当地人。

比如《繁昌县志》：“焦状元宅，在狮子山东麓。宅外有焦家里井。”“状元焦蹈墓，在县西三十里七八都赤沙滩。”

《无为州志》：“状元焦蹈墓，在西城外花疃，今为民占。”

翻看其他史籍资料，我们可以得出结论，焦蹈为无为人的可能性要大得多。因为焦蹈为繁昌人的说法鲜见于史料，多出于当地方志。

如宋代龚明之的《中吴纪闻》中有：“王父亟出问榜首姓名，云：‘无为人焦蹈。’”（《宋人轶事汇编》也引用于此）宋代祝穆的《方舆胜览》中有：“焦蹈，无为县人，四为举首，元丰八年魁多士，六日而终。”

康熙年间成书的《古今图书集成》中还提到了清代无为人祭祀焦蹈的“二状元祠”：“二状元祠，宋元丰状元，州人焦蹈登第，七日而卒。州人哀之，即其读书故址立祠以祀。旧在州治前谯楼西。明万历七年，府同知孙化龙署州篆时，辟州治前为东西往来官道，而焦祠适蔽其前，乃拆祠，移其像置西偏骐骥废馆中，以永乐甲辰状元邵宽并祀焉。”只不过，这里说的是七日而卒。

《无为州志》在《辨讹》一节中，甚至主动提到了焦蹈多地相争的这种现象，并分析了导致这一现象的原因，体现了当年州志编纂者判定焦蹈为无为人的底气。

编纂者还认为，《六安州志》中将状元焦焕（六安人，生活年代比焦蹈稍晚）与焦蹈弄混了，并将焦蹈“南宫之火”的事移到了焦焕身上，所以《六安州志》说焦蹈墓在六安焦家庄的说法是不对的。

又提到《繁昌县志》中说焦蹈墓在繁昌赤沙滩，并确认赤沙滩当时确有很多焦姓的人居住，推测是焦蹈的族人或后人当年自无为迁居到繁昌的，因而那一带的人认为焦蹈是繁昌人。

这种解释有一定的道理。

故事还没有结束。到了明代，南京出了一位叫焦竑的状元，这个人早年多次乡试不第。功夫不负有心人，终于上天垂青，快50岁那年，焦竑状元及第。这个人比焦蹈命运好，后来活了80多岁。考中状元后做了大官，不断著书立说，颇有一番作为。他还是明代科学家、礼部尚书兼文渊阁大学士徐光启的伯乐，据说当年作为主考官的焦竑从落选卷中发现了徐的卷子，并拔至第一。

正因为焦竑没有焦蹈那么不幸，高中状元之后又多有作为，于历史上留下了颇多事迹，有好事者于是将“南宫之火”安到了他的身上。

以上这些因素，直接导致了今天“不因南宫火，安得状元焦”这句话的背后，赫然站着焦蹈、焦焕、焦竑三位状元。

邢宽：取好名字太重要

状元张孝祥的故事，芜湖人耳熟能详，而说到芜湖历史上最后一位状元——邢宽，知道的人恐怕就不多了。

邢宽，无为人。他能考第一可能多少有点运气成分。

这是明代的事情。

明永乐二十二年（1424），岁次甲辰，一个很特殊的年份。

这是明成祖朱棣在位的最后一年。通过“靖难之役”夺了侄子皇位后的朱棣干了很多大事，并对当年建文帝的旧臣展开了残酷屠杀。

这一年，这个早已过花甲之年的老人依旧很忙。正月，他命郑和第六次出使西洋。四月，他亲率王师远征蒙古。七月，他卒于北征还师的途中。这年三月，他还忙里偷闲，主持了一场殿试。我们要说的故事就发生在这场殿试上。

《明实录·英宗实录》记载，永乐甲辰殿试，一开始是一位名叫孙曰恭的人为第一名。

古代行文都是竖写。朱棣本来已经同意了，忽然又认为“曰恭”上下相连，看起来很像一个“暴”字，连起来“孙曰恭”就是“孙暴”。再往下看，一个叫“邢宽”的名字跃入眼帘，我们这个无为人的运气来了，“邢宽”不就是“刑宽”嘛。

一个隐射残暴，一个意指刑罚宽和。朱棣大喜过望，朱笔一挥，将邢宽提为了状元。原来的状元嘛，朱棣还算手下留情，给了个探花，总算没掉出头甲。

这是一件真事，很多史料上都有记载。比如：明代王世贞的《凤洲杂编》《科试考》、焦竑的《玉堂丛语》等等。

“孙曰恭”这个名字取得的确不多好。我们今天常将“日”“曰”弄混，何况是在毛笔书写的古代？明代的《双槐岁钞》上说，当初殿试时，读卷官报名字时竟然读成了“孙日恭”。

好在大殿之上都是饱学之士，宰相、“三杨”之一的杨士奇当场发问：“难道不是‘曰’吗？”

朱棣很惊讶。

杨士奇说：“臣听说给人取名，是不用日月、山川这些字眼的。”

我用心查了一下，杨士奇这一说法是有出处的。《礼记·曲礼》有：“名子者不国，不以日月，不以隐疾，不以山川。”此外，《礼记·内则》中也有类似表述。看来，起名，真的是一门学问啊。

再说回来，殿试名次这么一改，不得已，朱棣只好用红笔重新书写，这是前所未有的。张榜公布后，大家一看，这次一甲三人的名字竟然都是皇帝红笔朱书，于是都猜测这三人未来前途无量。

只可惜，后来我们知道，邢宽最终也就是侍读学士，五品官。至于那个与状元失之交臂的孙曰恭，就更差了，翰林院侍读，从五品。

这年科举出了这档子趣事，自然少不得有好事之人附会一些其他的故事。

明代有部谐谑小说叫《雪涛谐史》，就记载了邢宽的一则故事。说公布成绩的头一天（当放榜前一日），邢宽做了一个梦，梦见自己走到皇上面前。皇上命力士扑向自己。自己被弄得头破血流，鲜血一直流到了脚后跟，当时就吓醒了。

到了第二天殿试时，朱棣不满孙曰恭之名，用朱笔点了邢宽的名字，那朱砂浓厚，红红的，浸透了“邢宽”二字，果然就像梦中流血一般。

《雪涛谐史》还告诉我们，早年，邢宽没中状元时，无为的郡守很看不起他，曾当众讥讽他是不酸的醋。醋都不酸了，还有啥用途？言外之意，也就是嘲笑邢宽没啥本事。邢宽高中状元之后，立马差人给郡守送去了一首诗：“邢宽只是旧邢宽，朝占龙头夕拜官。寄语黄堂贤太守，如今却是螯牙酸。”狠狠出了一口恶气。这件事当时流传了好一阵子。

当然，如果说邢宽是仅凭运气中了状元也是难以服众的。没点真本事，就算朱棣看不上“曰恭”，进士榜英才如云，也轮不到邢宽。《明实录·英宗实录》上说邢宽“自少颖敏，力学不辍”，自然是有过人之处的。《无为州志》上有：“邢宽，字用大，幼颖敏力学，永乐庚子领乡荐再上春宫中式第七名。”州志显然也不认可朱棣是因为他名字好而让他当状元的说法。给出的理由是，当时朱棣召见邢宽，问了有关祭祀、兵戎等相关的问题，邢宽应对中肯，查考研究详细，才被朱棣看中，擢为第一的。

邢宽这么有才，又贵为状元，可谓起点很高了。“开科以来，江北士占名第一者，唯宽一人。”那为什么后来仕途并不怎么顺畅，也没做出什么大的成就呢？这里面是有原因的。

我认为至少有两个方面的原因。

一个是身体原因，邢宽身体不怎么好。《明实录·英宗实录》说他“己未同考会试，寻引疾家居……丙寅召至京命复任”。寻，就是不久的意思，己未年是指正统四年（1439），也就是说，邢宽中状元当官后大概15年的样子就因病请假回家休养了。丙寅年为正统十一年（1446），也就是说，在家待了7年又被皇帝喊出去工作了。仕途上的黄金7年，被耽搁了。

那么，是什么病导致他休养呢？《明实录·英宗实录》上还有：“以足疾不良于行，故不得久于内朝云。”也就是说，是腿部的疾病，而且这个腿疾导致他没办法靠近天子做事。

还有一个是性格原因。《无为州志》上说邢宽“居家孝友，与人交终始不渝，且处心夷坦，于物无忤”。这说明邢宽是一个对人友好，没有什么心机的人，而且胸怀坦荡、与世无争。

到了清代，清人觉罗乌尔通阿在《居官日省录》中认为，邢宽之所以在廷试中得好运，是因为他祖父、父亲每次审案时，处理两可的疑难案件时，都宁可偏宽不依常法，也不错杀无辜而种下的善果。这透露了一个信息，原来，邢宽生活在官宦世家。

邢宽后来卒于代理南京国子监事任上，《无为州志》记载：“状元学士邢宽墓，在西城外二里花家疃。”在无为西大街，曾有一座“二状元祠”，纪念的就是无为历史上宋、明两代的两位状元焦蹈和邢宽，这一带还因此有过一条状元祠巷。历史上，在无为城西、东两面，又曾各有一座状元坊，分别为纪念他们而建。其中，东面的状元坊在清朝嘉庆年间还重修了。

时光流转，如今这些早已湮没在历史烟尘中，只有故纸深处才依稀瞧得踪影。

闲翻《无为州志》，无意中发现邢宽生有一子，取名邢曰。

周震炎：差点当上驸马的“太平状元”

在芜湖历史上还有一位状元，他叫周震炎，繁昌人。他的故事吧，挺令人唏嘘，好不容易高中状元，还差点娶了公主，结果最后竹篮打水一场空。

那是南宋年间宋理宗赵昀在位时的事。

尽管妻妾成群，但赵昀一生仅有一子一女，且儿子还在襁褓中便夭折了。于是，硕果仅存的那个女儿就愈显宝贝了！

怎么个宝贝法？举个例子。我们今天去翻翻《宋史》，会看到这一朝有延昌公主、瑞国公主、升国公主、周国公主、周汉国公主，搞得宋理宗女儿一堆似的，其实都是她一人。可以说，以往皇族子女的万千宠爱都集于她一身了。

封号都搞这么多，何况其他！

转眼来到开庆元年（1259），公主到了出嫁的年龄，皇帝开始给女儿物色起驸马来。

这年恰逢三年一度的科考。当时，宰相是南宋有名的奸臣丁大全，他给宋理宗出了个主意，让他学当年唐太宗礼待士子的做法，选状元当驸马。

这是一个极不多见的现象。不要看我们今天民间传说中有很多“中状元当驸马”的桥段，黄梅戏中甚至还有女驸马的唱段，其实，在古代，高中状元又有幸当驸马的少之又少。有人统计过，历史上有史可考的777名文武状元中，只有一人做到了这一点，当然不是我们周状元。

在给皇帝建议之前，丁大全已经让考官内定周震炎为第一。《万姓统谱》及《台湾雾峰林氏族谱》载，这科状元原定是浙江一个叫林公一的人。可怜这个人名叫公一，朝廷对他一点也不公。因为丁大全一顿暗箱操作，周震炎拔了头筹。两本书上写这里，都用了四个字："时论哗然。"

当年，周震炎小伙子长得一表人才，可能就是这个原因被丁大全看中了。美中不足的是，小周已年近三十，开始有了点老周的模样，这在古代确实算不小的年岁了。

宋代，繁昌县隶属太平州，周震炎于是又得了个"太平状元"的名头。当时，宋理宗纵情声色，不理朝政，加之用了奸相，正被北面的蒙古屡屡侵犯，想过点太平日子。一听这科的状元是"太平状元"，喜不自禁，尽管独生女儿宝贵，但还是答应宰相提出的"公主下嫁"的建议。

转眼到了廷谢之日。与往科相比，宋理宗这次似乎多了点老丈人面试女婿的意思。宝贝女儿则躲在一旁瞅了一眼，那是相当不满意。

《宋史》说到这一段，最为传神："廷谢日，公主适从屏内窥见，意颇不怿，帝微知之。"就是说，公主很不喜欢。

公主虽然没娶到，状元至少到手了。一直到这里，周震炎似乎还是人生赢家。但很不幸，这位士子身上就刻上了"丁大全"的影子，厄运也随之而来。

很快，这年十月，蒙古军大举南犯，攻打鄂州，丁大全隐而不报，最终酿成大祸。一时间众人弹劾，宋理宗气急败坏，大怒之下罢免了丁大全。城门失火殃及池鱼，周震炎被当作丁大全的势力，在当年十一月被宋理宗"诏降周震炎第四甲出身"。南宋科举考试共分五甲，周震炎从状元直降为第四甲，虽然没到末等，却也状如跳崖式下跌了。

按《宋季三朝政要》一书记载，周震炎是当年四月中状元的，到十一月被诏降，前后也就半年时间，这中间还差点成为皇亲国戚。

曾经贵为人上，风光无限，醒来原是南柯一梦，这中间的落差是没几个人能承受得了的。

可能为丁大全所累，也可能是自己一蹶不振，自此之后，《宋史》

等各类史料的记述中再无周震炎的事迹。

在本土方志中，多少也能找寻一点周状元的痕迹。道光《繁昌县志·舆地志·古迹》载：“周状元宅址，在老山内，状元名震炎，见选举（志）。”而在《选举志·进士》中，仅有“周震炎，开庆元年状元，见《文献通考》”。看来，当年修志者对周状元评价不高，连查阅相关史料的兴趣都没了。

王敦：玩鞭春色故事多

他，是家族企业的长公子，临危受命，力挽狂澜，扶大厦于将倾。

他，是这家企业的高管，老董事长撒手人寰，觊觎良久的位置似乎唾手可得。

她，只是芜湖一个普通旅馆卖东西的大妈，一个随手的举动却挽救了长公子。

是什么样的历史机缘让他们三人走到一起？又发生了怎样的事情？请让笔者拨开历史迷雾，抽丝剥茧，讲述真实历史事件背后的故事。

镜头一

芜湖。那是一个夏天。有点闷热。

那天一早，她像往常一样，赶去旅馆上班。这家旅馆开在去往南京的要道边，南来北往的商客很多，生意一直不错。她也许在想，再干个年把，挣足了银子，就可以给家中小二子讨上一门媳妇，过上幸福的小日子了。

那天，她并不晓得那个骑马过来的富家公子为什么就那么信任自己，把伴手的那件宝物交给了她，告诉她如何拖住后面追他的人。

镜头二

父亲刚刚仙逝。现在，他已经是家族企业的新任董事长了。他从小就很聪明，深得老董事长的喜欢。才几岁的时候，有一次西安来人，他正坐在父亲的身边，那个客人就问他："你觉得西安与太阳哪个远啊？"他回答道："当然西安近，因为没听说过有人从太阳边来。"第二天，当着公司好多人的面，老董事长问他同样的问题。这一次，他却说："太阳近。”父亲脸色一变：“怎么和昨天说的不一致？”他说：“抬头就见太阳，却看不到西安。”老董事长觉得他是一个神童。

但是，危机重重。算来，这已经是家族来江南的第7个年头了。祖上在河南洛阳的公司因市场竞争激烈经营不善破产。7年前，父亲在南北两大股东的共同辅佐下，另起炉灶，在南京开办了这家公司。公司运营并不好，父亲在时，和他一起创业的兄弟就已蠢蠢欲动。父亲一走，公司派往武昌的那位叔叔又起了回宁之心。去年就到了当涂，一直没来见他。听说最近病了，他决定只身偷偷前去查岗，结果差点被抓，幸亏有那位芜湖大妈的帮忙，至今想想都心有余悸。

镜头三

他曾经是总公司派驻武昌办事处的负责人。从武昌到南京这一路，风风雨雨这些年，他已经来来回回跑了好些次了。他反感了，厌倦了，也累了，他的目的其实很简单，就是不想再这样来回折腾了，还是直接回公司总部上班吧。只是，没人理解他，他很痛苦。

这一切，就只是因为他是一个完美主义者——宁为鸡头，不为凤尾，回总部，他只想大干一把，干一把手。

这……就不好办了。

他记得，离那个位置最近的一次，是去年，那时老董事长还健在。他实在想回南京了，也实在想不出什么理由，于是找了个“董事长身边有小人”的借口，带着手下直接跑到了南京，就差一点点，差一点点就可以掀了董事长的办公桌，坐他的位置了。姜还是老的辣啊，老家伙关键时候真淡定。竟然只派了个秘书和他谈，递话给他：“你要是眼里还有公司，就不要吵了，我们一起干。再不中，我回我老家，让你干！”结果很明显，他铩羽而归。

这一次，他又回来了，在芜湖已经待了差不多一年了，但是有了上次的阴影，他怕了。就这么点距离，但咫尺天涯，他就是不敢往前再踏一步……

这家公司叫东晋。新任董事长是司马绍，来回奔波的那个人叫王敦。而她，真的只是名不见经传的一位芜湖大妈。熟悉这段历史的朋友都知道这是晋明帝与王敦的一段史实。

好了，好了，说了这么多，我知道，后台那几个演员早就等得不耐烦了。好，大幕拉起来，正剧开始。

背景时间：

323—324 年

演员表：

老董事长——司马睿（晋元帝）饰

新任董事长——司马绍（晋明帝）饰

坏叔叔——王敦（东晋权臣、大将军……还有一大堆官职）饰

芜湖大妈——芜湖大妈（嗯，本色出演）饰

群众演员——王敦五个手下（都没见过什么世面）饰

323 年，东晋开国皇帝晋元帝司马睿在建业（今南京）去世，长子司马绍继位。

上期，我们说了，“坏叔叔”大将军王敦觊觎皇位久已。这年三月，他意图谋反，于是暗示朝廷招自己回京城，刚坐上龙椅的晋明帝只好写诏书（“敦将谋篡逆，讽朝廷征己，帝乃手诏征之”）。四月，王敦跑到芜湖（“移镇姑敦，屯于湖”）。

这一待就是一年多，结果待出病来了。第二年六月，晋明帝司马绍暗地得知有病的王敦要向南京进发。“初生牛犊不怕虎”的他骑着巴滇骏马微服来前来暗地观察，不料被一个士兵发现了，看出司马绍不是常人。

那时，王敦大白天正躺在床上休息，做了一个奇怪的梦，梦见太阳绕着自己的城池。“这必定是那个黄胡须的鲜卑奴来了。”王敦梦里大叫一声惊醒。有人要问了，这句话是什么意思？原来，司马绍的母亲是燕人，因而他的相貌有少数民族人的特征，胡须黄色（一说是头发黄），所以王敦给了晋明帝这样的蔑称。想到这，王敦情知不妙，忙派五个骑兵去追赶。史书记载，被发觉后，明帝策马奔驰而逃去之时，还不忘往

马粪上浇上冷水，真是处变不惊啊。

这时，大家请注意，我们这位做好事不留名、救人于危难间甚至挽救了东晋的芜湖大妈要隆重登场了。现在，我们不妨采访一下这位大妈。

“大妈，你好，能向我们简单描绘一下当时的情况吗？”

“那天，我跟平常一样在旅店门口卖吃食，就见一个黄胡子的小青年骑着一匹快马向我这边跑来，那马跑得好快哟。那小青年到了我面前就站住了，把手中的马鞭给了我。跟我说如果后面几个人追来，就告诉他们前面骑马的人走远了，然后再把那马鞭交给他们就可以了。（见逆旅卖食妪，以七宝鞭与之，曰：“后有骑来，可以此示也。”）哎，我跟你们讲哦，那根马鞭上有宝石，看起来很高档。后来……”

“好的。大妈，谢谢你。”

后面的事情，我们都知道了，当那五个士兵骑马赶到时，这位大妈就把七宝鞭拿出来给了他们，并告诉了他们晋明帝委托她说的话。芜湖大妈果然好样的，这么金贵的东西也丝毫不动心，更没有自己黑下来。相反，那五个士兵就相形见绌了，竟然就站在路边，你传给我，我递给他，把玩了好长时间，就这样耽误了大事。是的，你没有看错，《晋书》中的原文是：“五骑传玩，稽留遂久。”

后来，这五个没见过世面的人终于想起追人的任务了，打算继续追击，再看沿路留下的马粪，都已冷了（当然冷了，前面的人泼了冷水嘛），猜测已经走得很远了，于是便放弃了，明帝因此得以脱身。史书记载，就在这一年，王敦最终患病去世了。就好像是上天专门派来收拾他似的，任务完成的第二年，晋明帝司马绍也跟着走了，终年27岁。“平定王敦之乱，稳定东晋局势”由此成了晋明帝一生最大的功绩。《晋书》评价他，聪明敏捷能随机断事，尤其精通把握事物的内在规律。在位期间，适逢兵荒马乱，死于饥荒战乱瘟疫者过人口之半，国家空虚，社会凋敝，国事极端艰难。加之遇王敦挟兵威而震慑人主，欲夺其权。他虚与周旋，以弱制强，潜心谋划，当机立断，肃清大凶，虽在位短暂，对安定国家大局，影响却是深远的。

以上是《晋书》记载的一段史实。后来，芜湖人为纪念这段史实，分别修建了玩鞭亭、梦日亭。而这位芜湖大妈，据说因为帮助了晋明帝脱险，后来住在这一带的后裔都被赐为晋姓，并延传下来。

在芜湖大妈的帮助下，晋明帝机智逃脱，回南京后终于平定了叛乱。那么，围绕这段历史又诞生了哪些历史遗存呢？说到这里，首先要了解两个地名，那就是“芜湖”与“于湖”。

《晋史·明帝传》在写到王敦叛乱时，说的是王敦屯兵于湖（“夏四月，敦下屯于湖”）。写到明帝“查岗”王敦，也是发生在于湖（“六月，敦将举兵内向，帝密知之，乃乘巴滇骏马微行，至于湖，阴察敦营垒而出”）。而同一史书，在《王敦传》中，写到这一段时，则是芜湖（“时，帝将讨敦，微服至芜湖，察其营垒”）。

在我们今天，说于湖是芜湖的别称，南宋著名词人张孝祥还有个“于湖居士”的别号。但历史上，至少在唐朝之前，于湖和芜湖是两个不同的行政单位，换句话说，是不同的地方。《通考》记载：“晋武帝平吴，太康二年分置宣城郡，移丹阳郡于建业，领县十一：建业、江宁、丹阳、于湖、芜湖、永世、溧阳、江乘、句容、湖熟、秣陵。”可见，芜湖与于湖当年是并立的两个县。民国《芜湖县志》考证这两个地名，最后得出的结论是：以前都说于湖就是芜湖，是多么荒唐啊（“旧说相沿多以于湖为芜湖，其谬殊甚”）。县志同样提到《晋书》表述玩鞭事件发生地前后不一的现象。100多年前，编纂者写到这里也不由得发出感慨：同一正史竟然前后地点这么不一致，也难怪后世存疑了（“史出一手而前后地理之不齐如此，后世殆以疑矣”）。顺便说一下，《芜湖县志》在考证于湖、芜湖两地时引经据典，引用了一大堆史籍，用了一大段又一大段文字佐证，殊为可信，但也甚是枯燥。此外，县志还引用《括地志》，说于湖县址在咸保圩。

不过，由于唐代修《晋书》时间仓促，史料取舍过于简单。唐之后，于湖与芜湖似乎已经坐实为一个地方了。这充分告诫我们今人，治史如治学，当以严谨为准，否则贻害深远。

到了宋代，有一个叫蕴湘的僧人根据这段历史分别修建了梦日亭和玩鞭亭。现在，问题又来了。唐代之后的王敦城、梦日亭、玩鞭亭又分别在哪？

王敦城，《芜湖县志》指为今鸡毛山一带，“在今县东，敦镇姑敦筑城于此。又云：城在东北一里……”梦日亭则在王敦城附近。“梦日亭在县东，故王敦城。嘉庆前亭已废，其上为火药局。咸丰后复由芜采营建修大药库一座，民国间库朽坏，因折废。”

玩鞭亭在县北二十里。因历史上这一带风光旖旎，到了元代，欧阳玄评定“芜湖八景”时，以“玩鞭春色”入选。久毁，明时晋姓重建玩鞭亭。岭南人林世远在芜湖当知县时又进行了修缮。清乾隆年间，芜湖知县刘瓒在《重修玩鞭亭记》提到，“（玩鞭亭）距赭北十数里，有亭翼然中道者，即旧八景中所谓‘玩鞭春色’也”，并提及玩鞭亭经历代废建，不可详考。由此可见，我们今天在汀棠公园中所见的不但已非当年的玩鞭亭，位置也是有出入的。《安徽省芜湖市地名录》则明确指出：“为恢复名胜古迹，1983年在北郊风景区汀棠公园仿建玩鞭亭。”

那么，蕴湘当年修建的玩鞭亭又在今天芜湖的哪一带呢？由于时间久远，具体位置早已湮没在历史烟尘之中，很难详考。不过，在民国《芜湖县志》中还能窥得蛛丝马迹，大约判断出当年的位置。县志中“玩鞭”二字出现约40次，大多为玩鞭亭、玩鞭铺，说到底都与晋明帝这段历史有关联。例如：“玩鞭亭在县北二十里。”“陶塘（并非我们今天的镜湖）在县东北二十里玩鞭铺。”“博望乡在今北乡。旧有一五都……三都在今玩鞭铺……”“玩鞭铺在北乡二十里北辛兴埠、桐城埠一带，北与当涂境交界。”《安徽省芜湖市地名录》载，二十里村，“因距芜湖老城二十里，故名。曾用名，二十里街”。这本地名录是20世纪80年代芜湖市地名委员会编纂的。在城镇化浪潮中，芜湖的城市框架不断被拉大。我们今天已很难找到这个村庄，只留有一个名为“二十里”的公交站台。结合书中文字及当时地图来看，或在今天城北凤凰城一带，再结合“县东北二十里”“距赭北十数里”以及芜宁古道旁等关键词句，可推知蕴湘当年修建的玩鞭亭在今凤凰城一带的可能性还是很大的。

《图书集成·职方典》上说，在当时芜湖县城东北周村有一座大坟，附近百姓都认为是王敦墓。话说当年王敦屯兵芜湖，生病后有一天，梦见天降白狗来追咬他，这之后一会儿就死了，便葬在了这里。这个周村我们现在已经难见踪影，不过在《安徽省芜湖市地名录》中有不少相似的地名，诸如周小村、周家村（竟有三个）、前周村、后周村等等。凑巧的是，这些村庄的大体位置均为当年芜湖县城正北到东北一带。

王敦墓在芜湖是如何来的呢？《晋书》载，当年王敦病死芜湖后，过继子王应（因王敦无后，以兄儿子过继）秘不发丧，用草席包裹尸体，并在其外面涂蜡，埋于厅事之中。后来兵败，王敦的尸首被挖出来，烧了衣服戮尸。和当时另外一个叛党沈充的头颅一起被悬于南京街头，百姓欢呼，没人敢替其收尸。后来，还是尚书令郗鉴向晋明帝进言后才允许被其家人收葬。民国《芜湖县志》的编纂者由此判定，王敦的头颅被收回到芜湖和尸首一起合葬是可信的。顺带一提，郗鉴进言皇帝的发言很是精彩，从前朝对王莽、董卓、王凌、徐馥、杨骏等叛乱之人的处置上一一道来，谈到官刑与私殡，最后提出中肯建议，难怪怒气难平的晋明帝最终还是听取了他的建议。

我知道，有较真者要说了，仅凭以上文字，并不能佐证王敦墓在芜湖。何况，当年《晋书》也并没有白纸黑字写“王敦葬芜湖”。

别急，这时候，一个绍兴人站出来了。

南宋孝宗乾道六年（1170）五月十八日晚，一个绍兴人从老家出发。这一年，他45岁。在这之前，他已在家赋闲4年，此行目的地是四川夔州，要到那里去当官。他带着全家沿运河北上至镇江再沿长江逆流而上，一路与沿途地方官员聚会宴饮、走亲访友、旅游观光，历时5个多月方到达蜀地，丝毫不注意影响。不仅如此，他还把每到一地的聚会、游玩记录了下来，一点都不怕被人抓住小辫子。日记的内容包括：今天和哪些人干什么，到哪里喝的酒，明天到哪，哪个又来拜访我……有点像现在小学语文老师最讨厌的记流水账作文。他这一写不打紧，等他到了夔州，5个多月时间竟写了足足6卷，近4万字。

这部游记名叫《入蜀记》，是中国第一部长篇游记，这个人就是陆游。其实，《入蜀记》在历史上是很有地位的，可以说，丝毫不逊色于《徐霞客游记》。它将诗人沿途旅行生活、自然人文景观、风土人情、军事政治、诗文掌故、文史考辨、旅游审美、沿革兴废等等错综成篇，评古论今，夹叙夹议，对了解沿途各地的过往有着重要意义。陆游诗歌写了万余首，现存世9000多首，堪称中国历史上诗歌创作第一人。

这年七月十九日，这位仁兄的船终于晃到了我们芜湖地界，他很细心，特别提到这天顺风，自己把船停到了吴波亭。

笔者比较关心这位伟大的爱国主义诗人到芜湖时，衣食起居是否如意，所以特意翻了一下《芜湖县志》。陆游来芜的那年，正好是我们前面提到的那位祈雨的沈端节任知县。陆诗人的日记中并没有提及是否与沈知县见面了，笔者猜是很有可能的，因为他提到芜湖地方官员当时迎接了他（“知县右通直郎吕昭问来”）。那天，陆游在日记中对芜湖的历史写了不少，包括芜湖的由来，芜湖历史上发生的一些大事，等等。说到王敦谋反时，他告诉我们，南宋时的芜湖，王敦故城还在，还有玩鞭亭。还特别提到了有当地人告诉他，几年前，芜湖境内有一伙盗墓者偷挖了一座大墓，棺材已损坏，得到了不少宝镜与刀剑，坟头的砖瓦还有“大将军墓”四个字，很可能就是王敦墓。

芜湖一地，有史记载卒于这里的大将军并不多。换句话说，这个“大将军墓”是王敦墓的可能性是很大的。从《入蜀记》的记述中，我们可以得知，即便确认就是王敦墓，在南宋时已经遭到了毁坏，所以，我们今天难觅其踪一点都不意外。

不过，笔者个人对陆诗人提到的这座墓是王敦墓的观点是持怀疑态度的，理由很简单，就凭晋明帝那么咬牙切齿的恨，能让王敦全尸入土已是难得，还能容忍你刻上“大将军墓”四个字？

客观来说，王敦一班人对东晋的建立还是有大功的，犯上作乱则又是大过。是非功过、恩恩怨怨如今都成往事。王敦自此被钉上了叛臣榜。北宋文人张伯玉在写到王敦筑城时就曾经感慨：“不作忠良臣，高城有何益？”

这一段历史也为后世历代文人雅士所津津乐道，留下了不少诗文。

其中，既有南宋抗金名将张宪“健儿空玩七宝鞭，荆台老姥空谁传”的凌空诘问，也有北宋文豪黄庭坚“至今亭竹根延蔓，尚想当时七宝鞭”的无限怅然。

桓温：是非功过留与后人说

他，爱憎分明，舞象之年便手刃仇敌，名震江左。

他是成语大王，毕其一生，身体力行，为我们贡献了不少耳熟能详的成语。

他的人生是一部精彩的励志片，少有大志，不畏世人诽谤，砥砺向前，但最终又以悲剧收场。

他是谁？且听咱细细道来。

话说当初王敦作乱，晋明帝司马绍沉着过招，有一人参与了谋划。这个人叫桓彝。

叛乱平定，晋明帝论功行赏，要封他为万宁县男（“县男”是个爵名，从五品）。

如果这个桓彝领赏赴任，或许就没有我们后面要提到的奇男子横空出世时的威猛了。偏偏这时，一个叫温峤的人站出来说：“我看宣城山水环绕，却屡遭变乱，应该要找一个名实相副的人去，我觉得桓彝很合适。”这个温峤，在司马绍还是太子的时候，两人交情就不错。司马绍于是立马亲手写诏，派桓彝去了宣城，这就牵出了后来的一桩血案。

晋明帝去世后，以庾亮为代表的朝廷势力步步紧逼，要征召他入朝，解他兵权。《晋书》持的观点是，立功之后的苏峻居功自傲，慢慢起了割据、反叛之心，这其实都是当年房玄龄们站在忠臣角度上的揣度，写给李世民看的。笔者认为，最根本的原因在于晋明帝去世之后，各种势力之间的博弈与倾轧。苏峻如果真要有反骨，以明帝的聪明，会把他放到南京城附近的历阳（今和县）做一把手？

由于当时东晋的其他军事力量离南京尚远，第二年，苏峻就攻克了京城，这离当年王敦进攻京城还不到5年的时间。在宣城的桓彝于是集结义兵从石硊出发驰援京城，不久被苏峻的部将韩晃杀害，当时，泾县县令江播也是主谋之一。

这一年，有一个男孩才15岁，他叫桓温，是桓彝的大儿子，请记住他的名字。

这是一个奇男子！

奇在哪？

一是勇猛异常。史载，父亲被杀之后，15岁的他“枕戈泣血，志在复仇”。不过，江播没有给他机会，在桓温正好18岁的那年，江播驾鹤西去了。办丧事的时候，江播的儿子江彪兄弟三人早猜到桓温会来，就将刀子放在手杖中，以备偷袭。桓温假装吊丧，混入丧庐，一人手刃江彪兄弟三人，一时名声大噪。

二是外貌清奇。史书说他风度不凡，身形魁伟。这都还算是比较常规的赞誉。当时一个叫刘惔的说他眼睛像紫石棱，也就是紫色的石头，胡须像刺猬毛一样张开。老实说，笔者读到这里，脑海里闪现的绝对不是帅气，而是胡须炸裂的“燕人张翼德在此”。要知道桓温后来娶的可是晋明帝的嫡长女，人家是正牌的驸马爷。后来一查，这个刘惔竟然也娶了个公主，他们是连襟。《晋书》上记载桓温的面貌还有四字“面有七星”，果然奇人啊，连天上的北斗七星都落到脸上了。

三是骨骼惊奇。桓温原来叫桓元子。还不到一岁的时候，温峤（又是这个温峤，看来他和桓彝关系不错）见到他时就说：“这孩子有奇骨呀，来，让他哭几声给我听听。”桓温于是就哭了。听了襁褓中桓温的哭声后，温峤当时就下了评语：“这家伙以后会是个大人物。”桓彝倒是个机灵人，听他这么一夸，一激动就把温峤的姓加了进来，将儿子的名字从桓元子改成了桓温。

四是屡建奇勋。史载他西平巴蜀，北伐中原，为东晋开疆拓土、收复中原故土立下了汗马功劳。

兴宁二年（364），桓温率水师进驻合肥，准备北伐。这年，桓温年

过半百（53岁），已名利双收，也手握重兵，早受朝廷忌惮，但他不顾朝中势力的掣肘，决意北定中原。

五月，朝廷怕他起事，赶紧封了他几个大官犒劳一下（扬州牧、录尚书事），并遣侍中颜旄宣旨，召他入朝参政。

纵观东晋一朝，很有意思，对权臣的管理是很成问题的，走的都是“依靠武将解决外患——武将做大——赶紧征召回来入朝参政，顺便解除兵权”的路子。之前用这个法子，一不小心逼反了苏峻，现在还故技重施。

桓温当然一眼就看透了这些雕虫小技，于是找了个“中原未定”的借口没答应。

七月，晋哀帝司马丕二下圣旨让桓温入朝。其实，这两道圣旨应该都是崇德太后褚蒜子和一班文臣授意的。为什么这么说？因为，这个时候我们的晋哀帝正处于中毒的状态。

这是真的中毒，不是笔者说笑。东晋的皇帝看来很不好当，在司马丕之前的几任皇帝寿命都很短，除了开国皇帝司马睿长寿一点外，后面四任的平均寿命才22岁（司马睿其实也才47岁）。也许正因为此，司马丕年纪轻轻就很有危机意识，想破个纪录，于是潜心追求起道家的长生不老之术。他有什么好的保健方式呢？可归纳为“一个不吃，一个只吃”。“一个不吃”就是不吃饭，这点跟我们现在好些年轻人减肥类似。笔者猜想，他可能认为人一辈子吃的饭都是有定数的，提前吃完了，就会早去世。“一个只吃”就是只吃丹药。我们知道，丹药含有汞等重金属，吃多了是会中毒的。后来，他用宝贵的生命亲身证实了长生术不长生。《晋书》中写到这段：“帝雅好黄老，断谷，饵长生药，服食过多，遂中毒……”如果能穿越到唐朝，笔者真想问问房玄龄：这是典型的服毒，这个“雅”字你是怎么想出来的？不过，那个“遂”字倒是直接。

桓温接到第二道圣旨时，大军正好行进到赭圻。这时，朝廷又后悔了。后悔啥？朝廷的意思是让你一个人来就好了，你干吗把手下全带来了？

朝廷怕引狼入室，于是派尚书车灌前来制止。

一个怕你来篡位，一个怕你来谋害。

结果不欢而散。

感觉被戏弄，后果很严重！

桓温打算在离京城不远的地方驻扎下来，不是短暂停驻，而是筑起一座城池。这个地方叫赭圻。（“诏不许，复征温。温至赭圻，诏又使尚书车灌止之，温遂城赭圻……”）

“赭”字算不得常用字，今天还用作地名的不算多。我们芜湖就有两个，一个当然是市中心的赭山，另一个就是这个赭圻了。

赭圻在哪？今繁昌荻港镇境内。这是个古地名，今天，在繁昌县还有赭圻岭和赭圻村。赭圻村，有一年举办笔会，笔者去过一次，整座村庄隐在离大江尚有一段距离的一个山坳里。全村民居依山而建、对溪而筑，眼前是满目葱茏与小桥流水人家。

桓温筑城赭圻，是因为赭圻到长江南岸直线距离不过5公里，当年这一带是一片芦滩，水涨时更是能直接乘船到赭圻岭下。

如果要拍一部讲述奇男子桓温的影视剧，那么筑城赭圻的场景我觉得可以这样设计。

某一个午后，大军的船队行进到赭圻岭下，鬓发初白的桓温在部下的簇拥下弃船登岸，大部队沿山坡如长蛇缓缓而上，一时旌旗蔽日、绵延不绝。

终于，在一个山头，将军止住了脚步。眼前，山随野尽，江入荒流，暮色四合，残阳如血。

时令初秋，西风乍起叶初黄，万山逶迤脚下。登高望远，老人目光惆怅。潋滟的江波，闪烁着，像时空缝隙，洞穿了往事。老人想到了自己当年风华正茂，南康公主下嫁，加拜都尉、袭承父爵，一时风光无两；想到了而立之年初掌军权，助友北伐，畅谈匡济天下之策，快意人生；想到了领兵孤军深入，平定蜀地，直下锦城，威震朝野……

世事沧桑，岁月变迁。

俱往矣，一切的一切，如今都似眼前这浩瀚的江水，一去不复返了。现在，朝廷猜疑，政敌虎视，如果执意东去，不是兵戎相见，便是人为刀俎、我为鱼肉。而这里，前方有矶石（板子矶、战鸟圻）兀立江流，进可攻、退可守，形如大江锁钥；东南有险峻高山（覆釜山）可倚为屏障。这里，群山合抱，不如在此筑城，于江中岛上驻兵，静观朝变。

城是筑了，但桓温在此待的时间并不长，连头带尾加起来不到两年。因为筑城之后不久，兴宁三年（365），前秦来犯洛阳，司马昱当时辅佐朝政，与桓温会面于洌洲，命他移镇姑孰（今当涂），做好征讨前秦的准备。这时候，我们前文说的只吃丹药不吃饭，以身试毒的晋哀帝“实验”有了结果——服丹而亡。晋哀帝薨了，桓温征讨之事于是作罢。

桓温在赭圻待的时间虽然不长，却成就了赭圻城。为什么这么说？因为有了桓温筑城留下的基础，这之后的南朝，赭圻城成了南陵县县治。道光《繁昌县志》：“天监初，于春谷地置南陵郡，南陵县治赭圻，隋唐为镇。”天监是南朝梁武帝肖衍的第一个年号（502—520），共用了18年。当然，就算从502年算起，这也是100多年后的事情了，但这点时间在历史长河中依旧是沧海一粟。民国《南陵县志》也有佐证：“南陵废县，按旧唐书即汉春谷县，《明一统志》云：梁置南陵县，治赭圻，隋唐为镇戍，俗称县故城。今致故城在赭圻西二十里，与赭圻皆为春谷乡。”不过，至少在清代，这里已经没有多少城池的踪影了。请看乾隆《太平府志》中的感慨：“（赭圻城）今唯乱树荒墉、榛墟断莽、樵苏满径而已。”

据说桓温在赭圻筑城时，就怕朝廷兵马的偷袭。而当年那一带山高林茂，是各种鸟儿栖居的理想之所。听到鸟叫，桓温以为官兵来了，一时惊吓溃逃。

听到这个故事，是不是有点似曾相识的感觉？没错，有两个成语叫“风声鹤唳”“草木皆兵”，只不过，从时间上来看，这里比它还要早差不多20年。这个典故在《太平府志》《寰宇记》《舆地纪胜》《繁昌县志》等多部古籍中都有记载，大同小异。

不过，《大清一统志》引《元和郡县志》给出了一个新的说法：“南陵县战鸟山，在县西北一百二十里，临大江，本名孤圻山，昔桓温于赭圻讨贼，屯军山下，夜中鸟鸣，贼谓官军已至，一时惊溃，因以为名。”什么意思呢？就是说桓温当年驻兵赭圻时，为拔除战鸟圻上的匪患，在山下驻军。夜里鸟鸣，贼兵以为桓温攻山而逃跑，该山因此得名战鸟山。

笔者觉得，关于“闻鸟声而溃逃”这一事件，虽然历史上指为桓温的记载居多，但第二种说法的可能性也还是很大的。理由有二：一是如果桓温筑城溃逃，这么大的历史事件，当年《晋书》编纂者不可能只字不提；二是以当年战鸟圻的险要与特殊位置，被贼军占山为王，打劫江上来往船商是很正常的。而桓温筑城赭圻，肯定会派兵占据上游的板子矶和下游的战鸟圻这两个江中岛屿，以作护卫，因而，剿灭战马圻上的贼军自是情理之中。如果是桓温，《晋书》上一定会大书特书，甚至诞生“宿鸟疑兵”“鸟鸣皆兵”之类的成语。

这一点，近代著名藏书家、学者、南陵人徐乃昌在其编纂的《南陵县志》中也有提及：“《元和郡县志》《寰宇记》载战鸟山与此同，唯云贼谓官军已至，一时惊溃，因以为名称有异耳。”该志同时还引《元和郡县志》，特别提到“后（赭圻）城被火灾乃移镇姑熟”。也就是说，赭圻城后来是被火烧了，桓温才移镇姑孰。

《晋书》上还曾提到一件事，说的是桓温少有大志，有意西征立功，30来岁时就领兵平蜀。当年，诸葛亮在鱼腹平沙上建造八阵图，把石头垒成八行，每行相距两丈。征蜀大军路过时，文武官员都不认得，唯独桓温看到后说：“这是常山蛇势。”

当时，朝廷认为蜀地路途遥远，征蜀困难重重、危险太多，大家都不看好，替他担忧。桓温毫不在意。结果，三战三胜，奇男子一役成名，官职升迁为征西大将军、开府，封临贺郡公。这之后，桓温戎马一生的大幕纵情开启，西征北伐，虽有胜有败，但厥功至伟。

清末民初著名演义小说作家、历史学家蔡东藩曾说：“桓温发迹，尔后立功，一时显露才能与本领，卓越而超凡，是一个忠臣……到后来带兵伐蜀，一鼓荡平，让分裂了46年的蜀地回归晋室，这是庾冰、庾翼所做不到的，何充、司马昱也难以企及。如果这时桓温功高身退，就算是祖逖、陶侃也自叹不如，就是一个中外驰名的大人物。而刘惔猜他有反叛之心，天不帮忙晋室啊。刘惔不幸言中了……”平心而论，除了“废帝立威”一事，桓温晚年纵然有弄权之嫌，却并没有反叛之实。

所谓“废帝立威”，也只是代好友司马昱做了嫁衣裳而已。史载，太和六年（371）十一月，桓温带兵入朝，威逼褚太后废除司马奕的帝位，拥立会稽王司马昱为帝。这时，他还当了一次“老中医”，他废帝的理由很劲爆，说司马奕不能生育，皇子是他和后宫美人生的。可怜了司马奕，不但皇帝当不了了，临了还得了个“不举”的奇耻大辱，当海西公去了。也难怪司马昱即位后，胆战心惊，干了8个月就抑郁而崩了。这件事从侧面反映了当时的桓温确实威权日盛，在东晋说话是很算数的。即便如此，桓温并没有取而代之。

说到桓温，除了《晋书》，还有一部书不得不提，那就是《世说新语》。《世说新语》是南朝时期宋时刘义庆编撰的一部文言志人小说集，其内容主要记载东汉后期到魏晋时期的一些名士的言行轶事。笔者以为，其中记述桓温的文字是最鲜活、最生动的。有人统计，该书中涉及桓温的文字有近百条，也就难怪到了唐代修《晋书》时，编纂者们引用了其中诸多素材了。

《世说新语》告诉我们，桓温还是一个性情中人。有一次，桓温北伐时，路过金城（今江苏句容），看见自己30年前在这当一把手（琅邪内史）时所种的柳树都已经十围那么粗了。就感慨道：“树木都已经这样了，人又怎么经受得起呢?”然后，攀着柳枝、抓着柳条，泪如泉涌。由此，为我们留下了“桓公叹柳”的典故和成语“树犹如此，人何以堪”。一个南征北战几十年，见过多少生死别离的大司马，竟然不顾左右耻笑，为一棵老树黯然神伤、泪流满面。将军可能是睹物及人，想到了自己的坎坷一生。

桓温的性情还表现在很多时候的口无遮拦，想到就说。有一次，他躺在床上对左右亲信说：“像这样冷落寂寞，以后会被文帝、景帝所讥笑的。”（文帝、景帝指司马师兄弟）众人没有一个敢答话。《晋书》写到这一段最为传神，说过了一会，桓温按着枕头坐了起来说道：“既然不能流芳后世，还不能遗臭万年吗？”一下子就给我们贡献了“流芳百世”“遗臭万年”两个成语。其实，这都是作者影射桓温一直有不臣之心的套路。比如，《晋书》还提到，桓温当年路过王敦的坟墓时，看着王敦墓说：“有才德的人，可敬可爱的人啊。”临了，他还不忘加一句“桓温的心迹就是这样”。其实，编纂者恰恰忘了自己前面写“桓温是不屑于别人把自己比作王敦的”。同一部史书中竟然有两种不同的说法，令人诧异。

请看桓温的不屑。有一次，霸气侧漏的桓温遇到了一个“段子手”。当初，桓温一直认为自己的雄姿风度可媲美司马懿、刘琨一类的人物，有人拿他和王敦相比，他心中愤愤不平。一次北伐，桓温得到了一个手巧的老婢女。一问，原来是刘琨当年的歌舞艺人。这个老婢女也是古怪，一见到奇男子桓温，就号啕大哭。桓温于是就问他：“你为什么这么伤心啊？”老婢女说：“您和我以前的主人刘司空长得很像啊。”刘琨当过晋朝的司空，刘司空就是刘琨。桓温一听，非常高兴，赶忙穿戴好衣服帽子，再把婢女喊到跟前来询问。这时，我们的这位婢女充分发挥了她“段子手”的才能。她是咋回答的呢？五字一句，一共五句二十五个字：“面甚似，恨薄；眼甚似，恨小；须甚似，恨赤；形甚似，恨短；声甚似，恨雌。”

这是什么意思？翻译一下：脸庞很像，可惜有些薄命相；眼睛很像，可惜小了点；鬓毛很像，可惜红了些；身形很像，可惜矮了点；声音很像，可惜嫩了些。这言外之意就是，你看起来和刘司空长得很像，其实哪都不像。《晋书》中说，桓温听完脱下衣帽，昏昏欲睡，好几天都不高兴。

时间：未详

地点：别室（区别于正堂的房间）

人物：桓温、小尼姑

一天，从远方来了一个据说有点道术的尼姑，在别室里洗澡。桓温跑过去暗中偷窥。桓温看到了什么美艳的画面呢？没有！只见那尼姑先用刀捅破自己的腹部，然后再砍断了自己的双脚。洗完后出来（脚都砍了，怎么出来的？果然有道行），桓温问她凶吉。那尼姑回答：“您如果想当皇帝造反，就是我刚才那样的下场。”

除了这些故事外，桓温留给我们更多的是成语。

孟嘉落帽，说的是一次宴请，他的参军孟嘉的帽子被风吹掉，桓温有意戏弄他一下，不想孟嘉对答如流，四座惊服。

我见犹怜，说的是桓温怕老婆南康长公主。一次偷纳了房小妾。南康公主知道后，带了几十人持刀杀了过来，一看小妾楚楚动人的模样，刀都没拿住，大叹一声：“我看到你都怜惜不及，何况老桓。”

此外，还有入幕之宾、神州陆沉、肝肠寸断、渐入佳境……

谁都不会想到，英雄一世的桓温其实后来混得很惨。连好友司马昱驾崩前连番喊自己回朝（“于是一日一夜频有四诏”），都没敢回去（一说他是有意遥控朝廷），最后让侍中王坦之得隙改了遗诏，由“摄政”变成“辅政”。最终，原指望老友禅位给自己的愿望被现实的一盆冷水无情浇灭，后来抑郁而病。

在姑孰，患病日重的桓温退而求其次，指望朝廷能够加封九锡之礼（古代君王赐给诸侯、大臣的最高礼遇）的最后愿望也未曾实现。

宁康元年（373）七月，桓温于姑孰病逝，享年62岁。

更让桓温想不到的是，自己毕其一生坚忍，不做叛臣，更不屑王敦之流，300年后在《晋书》中竟还是被列与王敦同一传，最终还是被编入了奸臣与叛臣的序列。

沈端节：一座亭台志喜一场雨

电影《大话西游》中，紫霞仙子有一句话让人刻骨铭心："我的意中人是一位盖世英雄，有一天他会身披金甲圣衣、驾着七彩祥云来娶我……"这里，祥云成了一种精神寄托。

在人的传统思维中，祥云就是多彩的、美丽的，就该映衬在湛蓝天空之上。然而，在800多年前一个心急如焚的人眼中，或许远不如那一团孤云来得实在。那是宋孝宗年间，南宋偏安一隅，"隆兴和议"后，江南甫得安定，一切都很平静。这一年，湖州人沈端节来到芜湖，先为县丞，后任知县。四年后，夏秋之际，芜邑大旱。知县带人跑遍芜湖附近的寺庙祈雨，收效甚微。这时，进士赵泉言向沈端节进言，神山以前有座李卫公祠，很灵验，不能因为现在荒废了就不前去试一试。万般无计的沈知县听从进言，率队前往。800多年前的神山一带说是野岭荒山丝毫不为过，远不及今天，建成了雕塑公园，随着城市框架的拉大，又成为市中心的绿肺和市民休闲之所。

古人王椿在《李卫公祠记》里提到神山时，用的是"嶒崒森耸"，也就是山石突兀、山峰险峻。笔者猜想，1171年夏秋之际，某日的神山山麓是热闹的。连日的天干地燥，良田龟裂，知县沈端节的仪仗队带领全县百姓自芜湖城东门倾城疾出，往东北方向逶迤而行。走了数里，到得山下，队伍于杂草中披荆斩棘上山祈雨（"诛莽索途，登山祷之"）。那日，祈雨之后，芜湖的这位父母官占卜得讯，雨将于两日后到来。

两日后，午后时分，全县百姓翘首以盼，依然烈日炎炎，亭下也丝毫不见清凉，如大火灼烧一般。正在众人失望之际，忽然，天边一朵孤云飘忽而来。刹那间，没有雷声轰隆，也不见狂风呼啸，而大雨却轰然而至。久旱逢甘霖，《李卫公祠记》写到全县百姓遇雨时的反应，殊为传神：“邑人腾跃欢顾，若痿而起，若矇而瞭……”之后的事情，自然顺理成章。这一年，原本是大旱颗粒无收的一年，居然因为这场及时雨而大获丰收。于是，全城百姓，男女老少，无不欢呼雀跃。第二年，知县乃重修庙宇，始建亭台，一时香火为盛。沈端节又自苏轼《喜雨亭记》一文中得来灵感，取名“志喜亭”。

以上，是民国《芜湖县志》中记述的一段故事。在古代生产力和科技极端落后的情况下，雨水多寡对于农业丰歉有着重要影响，于是，在传统“天人合一”思想作用下便自然衍生了祈雨仪式。大旱之年，皇帝亲身祈雨的记述也是不绝于史书的。当然，站在今天，用唯物史观来看，这带着浓郁的迷信色彩。

800多年前南宋芜湖某天午后的那朵孤云，就是那位躬亲为民的知县沈端节心底的祥云。无论如何，这段故事经后人不断演绎、世代传颂，留下的是县令为民祈雨的一段佳话，也因此给历代文人留下了吟咏的题材。沈端节其人，县志中留下的记载并不多，“加意民瘼”四字，说明他是一个关心百姓疾苦的好官，唯独说到此一段不惜笔墨，多处提及。“神山时雨”也因此成为一景，列入个别版本的“芜湖古八景”。

志喜亭修建后，屡废屡建。如今神山之上的志喜亭为1983年重建。只是，沿着青石条台阶拾级而上，你还能想起古人“诛莽索途”的艰辛吗？

欧阳玄：他为芜湖写“八景”

春日迟迟，花草飞香。

也就是这样的一个季节吧？在芜湖荆山脚下，人们经常会邂逅一位青年，衣袂翩翩，或独自踝蹬，或三两随从；或登山览胜，或泛舟碧波。

这是700年前的事，这个青年叫欧阳玄，与大文豪欧阳修同宗，而立之年的他那时已是芜湖知县。

这是一个“猛人”!!!

猛到什么程度？首先，寿命长。从元世祖忽必烈一直活到元顺帝，他几乎活过了整个元朝。其次，他的官当得很大。为官40年，他“三任成均，而两为祭酒，六入翰林，而三拜承旨”。修实录、《大典》、三史（辽、金、宋），均不在话下。以上是文才，还有武略，晚年逢元末暴乱，“玄献招捕之策千余言，凿凿可行……”。要知道，这时的他已是80多岁高龄的老人了。

嗯，说到这，有些人可能已经按捺不住了。“这样的人在中国历史上还是很多的，他与芜湖有关系吗？”

答案是，有。

《元史》记载，当时，芜湖一地有好多疑案、悬案，长时间没有结果。欧阳玄到任后，咔咔咔三下五除二，很快便查明了案情，公正地进行了判决（“县多疑狱，久不决，玄察其情，皆为平翻”）。什么叫疑案、悬案？客观上限于当时的侦破手段，无法破案，这难不住他；主观上办案者慑于权势，不敢公正判案，也就拖了下来，他照单全收。史书记载了这样一件事，当时，芜湖有个豪门大族不遵从国家法度，虐待家奴。欧阳玄直接判决这些家奴恢复自由。这在当时是要有很大勇气的。如果这些都还算不得猛，那么《元史》中接下来的这六个字就足以让你愕然了，“飞蝗独不入境”。什么意思？有元一代，蝗灾频仍。但蝗虫们飞到芜湖地界时都绕着走。为什么？就因为欧阳玄在芜湖当县令！

嗯，这个……放到现在也属于高科技，完全可以写一篇《蝗灾防治之欧阳法刍议》的农业生产论文交流一下。

这位仁兄还是一个率真的人。

率真到什么程度？喜欢到大、小荆山一带游玩，特别是泛舟两山之间的湖泊。荆山一带当年的风光，乾隆《太平府志》有载：“鹤迹云石，古仙所遗。”山脚下有上千户人家，桃花、翠竹相掩映，山顶修有古寺庙（“村落千余家，桃竹阴森蔽日，山脊缮巍刹”）。风景很好，但这位仁兄去荆山的原因却很简单，因老家也有一座荆山。每每读到此处，总不免掩卷而笑。好生任性、好生矫情，又好生率真。

欧阳玄对整个元朝的贡献是很大的。对于芜湖，他也做了一件泽被后世的大事，值得我们芜湖人永远记住他的名字。那就是，他在芜湖任上很忙很忙的情况下，还忙里偷闲拍板了“芜湖八景”，并为这八景一一作了题咏，一色的七律。这里把题咏荆山的一首转载分享：

荆　山

青翠松杉一带长，雪峰倒影浸湖光。
一蓑晴絮收菰米，满径天花采玉肪。
泾水东流冰滓白，淮山西借夕春黄。
三年楚客江东寓，每见荆山忆故乡。

虽说在这之前，也有历代文人对芜湖风光甚至“芜湖八景”风光的题咏，比如李白、杜牧、刘秩、林逋、黄庭坚等等，但都限于即时而作、应景而成，更没有系统地梳理。欧阳玄敲定的“芜湖八景”是对芜湖域内风光的第一次系统总结，引发了后代文人的吟诵，更因此诞生了不少华美诗章，增添了芜湖的历史文化底蕴，也为后来评定“芜湖新十景”提供了参考。

《元史》中并没有明确记载欧阳玄在芜湖待了多久，各类文章一般说是三年。其实，如果仅从“三年楚客江东寓”一句判定他在芜湖就待了三年，是不严谨的。“三”在古文中多是虚指，有“多”之意。欧阳玄离开芜湖后，芜湖人为纪念他，将他经常泛舟的湖泊命名为欧阳湖。欧阳湖现已不存，个人以为，荆山一带今后的开发如能兼顾历史人文，对这些历史景观进行适当恢复与更新，将有助于传承历史，延续文脉，提升芜湖整座城市的历史风貌保护水平。

“猛人”终究还是人，元至正十七年十二月二十九（公元1358年2月7日），这位为元朝鞠躬尽瘁，耗尽了毕生精力的老人终于累了，在大都（今北京）与世长辞，享年85岁，留在身后的是风雨飘摇的大元帝国。

11年后，元朝灭亡。

周星驰电影《功夫》中有这样一个桥段，男主角儿时遇到一个邋遢老人，对他说：“年纪轻轻就有一身横练的筋骨，简直是百年一见的练武奇才，警恶惩奸，维护世界和平这个任务就靠你了。”欧阳玄10岁那年遇到一个老道人。那道人对他的老师说：“这个娃神气凝远，目光逼人，以后会凭借文章成为天下第一的，是国之栋梁。”（“是儿神气凝远，目光射人，异日当以文章冠世，廊庙之器也”）说完，没等他老师问话，道士就不见了。

看来，平凡人都只是平凡人的故事，“猛人”开启的都是威猛的人生。

萧云从：乾隆曾为他御笔三题

十里秦淮，风月无边。

金陵城。六朝烟水气衍漾在一河的桨声灯影中。

烟柳花繁深处，一水盈盈相隔。对岸桃叶渡附近，一处近水轩榭，书生正临水读书。少顷，书生疲倦，转身于墙壁题诗。门外求画者络绎不绝，书生兴之所致，泼墨挥毫。

桃叶渡口，游船穿梭。时有箫声回转起歇、飘渺悠扬，往来游客有寻觅箫声起处，众人皆指书生水轩。

弄箫的书生姓萧，芜湖人，彼时寓居南京。

这位芜湖书生了不得，诗书曲画皆擅，堪称芜湖版“唐伯虎”，后来成为一代宗师，开创了“姑孰画派”。乾隆皇帝看过他的作品后，曾先后御笔三题，大有“恨未相逢”之怅然。

一

书生大名萧云从，明末清初著名画家。萧云从，字尺木，号于湖渔人、无闷道人、默思。江左一地，以“于湖”为号且名于世者极少，张孝祥之后，当推萧云从。

必须说明的是，以上片段在正史方志中不见，是笔者依据清人宋起凤《稗说》中记载的场景还原的。

稗，是农田中状似稻苗的一种野草。宋起凤这个人很有意思，给自己的书起了这么一个名字，意思就是说，我这本书写的可都是野史村言，你们爱信不信。

然而，由于作者纪事甚详，又与萧云从过从甚密，还曾来芜湖拜访过他，因而书中提到萧云从的很多事情真实性很高，值得一鉴。

大多数名人的诞生都伴随着传奇色彩，而萧云从的传奇更是延伸到了出生之前。

史料记载，萧云从的父亲萧慎余，是当时的乡饮大宾。乡饮大宾，大约相当于我们现在说的乡贤，一般由德高望重的长者担任。这个词我们今天有点生疏，不过，在一些家谱的人物小传中会偶尔见到。这四个字充分表明萧家当年在芜湖是有一定地位的。

据说，萧云从出生时，他老爸做了一个梦。梦见五代末北宋初年的名画家郭忠恕走到自己跟前扔下一句话："我要当你的娃！"（"生云从时，父梦郭忠恕至其门曰：'吾当为嗣。'"）

这是万历二十四年（1596）的事。

梦由心生。用今天的观点来看，他老爸能做这样的梦，说明他自己很可能就是一位丹青妙手，至少平时能写会画，没准还是这位郭画家的"忠粉"。我们可以想象到他梦醒时分的那股兴奋劲。后来，萧云从果真刻了一方"郭忠恕后身"的印章，钤盖在自己的画作上，这是后话。

梦，终究还是要醒的。

醒来后的萧慎余于是将满腔希望寄托在眼前刚出生的这个孩子身上，希望他长大后能成为像郭忠恕一样的大画家。一开始，他给这个孩子名字取了个"龙"字，后来也许觉得太直接了，改为"云从"。"云从龙，风从虎……"隐晦了些，意思还是一样的。萧云从后来又字尺木。尺木，不是说一把尺子和一块木头，而是特指龙升天时凭倚的小树木，又喻为入仕的凭借。通俗来讲，尺木就是"当官的敲门砖"。

当然，萧云从的表现也很对得起这个名字。民国《芜湖县志》上说他打小就很聪明（"云从幼岐嶷"）。只不过，天意弄人，直到崇祯十二年（1639）萧云从才在乡试中有了个名字，还是个副榜。这年，他已经44岁了，是够打击人的。县志上说到这里紧跟着用了15个字："伏处不仕，结庐东郭，日键户，肆力于学。"用我们今天的话说就是，不想当官了，天天住城东，一门心思做学问。

30多年寒窗苦读，在科举考试中摸爬滚打却最终伤痕累累。非亲历者不能感同身受，何况主人公才华横溢、学富五车，这搁谁谁心里也不痛快。

县志在这里交代得很简单，其实萧云从当年还是有机会入仕的。《稗说》载，科举不如意的萧云从后来通过乡荐得到了一个法官的职位（“终以乡荐授职司李”）。当年，没有司法考试之类的制度来确保法官的法律知识储备。萧云从认为法官这个职位很重要，如果让一个没有一点法律知识仅靠科举出身的人去干简直草菅人命，于是选择放弃，最终绝意仕途（“念李官刑名重任，不娴法律之学，以官为试，其如民命何”）。

上天关闭了一扇门，一定会为你打开一扇窗。失意于科举的萧云从后来博览全书，在诗文绘画方面都大有长进，最终独领风骚，开创画派，青史留名。

丹青名世之外，萧云从在诗歌方面也有很高造诣。因为他一心潜学、博闻强识，萧诗向来以用典丰富、微言大义见称，大多晦涩难懂。

二

萧云从屡试不第，最终一心向学，隐居城东。那么，大概在今天的哪一带呢？

《稗说》上说其隐居处“门枕寒涛，邑山交拥，篱落下有精舍数间，左右老梅数株，松石映带”。好一幅山水梅涛图呀！寥寥数语让我们感受到这居住环境还是很不错的。依山面江，篱笆花墙之下几座精致的房舍被数株有些年头的梅花环绕，边上还有青松与山岩。

遗憾的是，作者把萧云从住处周边环境描述得如此生动，却对具体位置语焉不详，只说了“退而筑舍于姑熟（应为故孰），大江之湄”。姑孰指当涂，为当年太平府治，此处代指太平府。这句话相当于说萧云从的房子在太平府疆域内的某一处大江之滨，这就很宽泛了。

好在民国《芜湖县志》中收录了萧云从本人的《移居诗（并序）》。从这首诗的内容来看，应为萧云从晚年作品，因为他描绘了自己一生屡次搬家、颠沛流离的生活，以及亲友相继离世的辛酸往事。在这首诗的序言中有这么两句：“畴昔小筑于东皋，则迩王处仲梦日亭也。”王处仲，即王敦。这两句的意思是：我呀，从前住在城东，就在王敦梦日亭附近。

这个城东当然不能摆在我们今天的城市框架中来看，这里的城东是相对当年的芜湖古城来说的。

梦日亭，在今天鸡毛山一带，也就是在当年古城的东北角，历史上这一带还有过芜湖四大寺院之一的能仁寺。在萧云从的代表作《太平山水图》集中有一幅《东皋梦日亭图》，将并不高的鸡毛山画得巉峭高耸，可能跟他早年隐居于鸡毛山一带有关。

那么，在如此优美的环境里，萧云从整天做些什么呢？

整天博览全书，习书法，吟诗作画。特别是绘画，最后竟掩盖了他的诗名，以至我们今天说起他来，提得最多的是著名画家。萧画家还有个癖好，就是这些东西从来不随随便便给人看，平常人也很难见到他一面。整日随心任意，有点心情啥的统统寄情于笔墨（“博览群书，工篆隶，所为诗文，援笔立就，然不轻示人，人亦罕识其面”）。

那么，我们的萧画家是否真的只是一个两耳不闻窗外事的书呆子呢？也不尽然。其实，在中副榜之前，萧云从还与弟弟萧云倩参加了一个民间组织——复社。

这是当年风靡江南一带的一个很有影响力的社团联盟。因处于明末清初的关口，又带个“复”字，一些文章提到复社时，竟然简单地认为这就是一个反清复明的团体，相当于天地会。

明末，阉党专权、朝政腐败，读书人上升渠道受制。士子们一看，这哪行啊？我们多少年寒窗苦读，学得一身技，正准备货与帝王家，一展抱负呢。

当时，苏州太仓张溥、张采两人站了出来，联络四方人士，主张“兴复古学，将使异日者务为有用”，一下子联合了十几个文学社团，得名“复社”。

复社虽然以切磋学问、砥砺品行为已任，但也有一些改革政治、追求民主自由思想的主张。到了后来，清军入关，社会主要矛盾发生了变化，复社才有了提倡民族气节、重视操守的主张，也有了一些成员抗清的壮举。应当说，萧云从后来伏处不仕，誓不为清廷所用，与早年的此段经历有很大关系。

说回之前。

隐居时的萧云从爱梅，常以梅花来寄托自己坚贞不屈的品质，当年于梦日亭遗址附近筑室植下数梅后，还起了个很好听的名字“梅筑”。可见，科举仕途皆不得意的他打算与梅长相厮守，与梅妻鹤子的林逋有得一比。

可惜好景不长。

崇祯十七年、清顺治元年（1644），李自成攻破北京，崇祯皇帝自缢于煤山，朱由菘南京即位。很快，战火荼毒江南大地。萧云从拖家带口，背井离乡，避乱高淳。

三年后，已是顺治四年（1647）。等他再返回芜湖时，满目疮痍。精致的梅筑早已沦为清兵马厩，污渍遍地（“甲申后为镇兵是据，遂毁精舍为园枥”）。

王朝易祚、天下大乱，又哪有普通百姓说话的份？失望无奈之余的萧云从只好带着孩子挑书迁居到附近古城里的一条陋巷之中，这条旧巷后来很有名气，住过很多名人，叫作萧家巷。

目前，比较公认的说法是萧云从就是在客居高淳这段时间里完成了代表作之一《离骚图》，借当年屈原《离骚》诗抒发山河破碎的亡国哀思。

然而，由于兵荒马乱，他创作完成的《离骚图》，其中一部分在之后的兵燹战火之中流失，仅剩64幅图传世。到后来乾隆纂修《四库全书》时，甚为欣喜，却又多有遗憾，于是命侍臣补绘重刻，才有了一题萧云从画作的趣事。

三

萧云从流离他乡期间，绘《离骚图》以寄亡国之痛。那么他在绘画方面究竟有哪些成就，乃至被后人推为“姑孰画派”的始祖呢？

众所周知，《离骚》是战国时期楚国诗人屈原所作的不朽诗篇。诗中，诗人以自述身世、遭遇、心志为中心，集中反映出作者热爱国家和人民的伟大情感，抒发了诗人高洁的情怀和内心的苦闷。这就和萧云从中年遭遇明朝亡国的心境不谋而合，因而有了萧云从创作《离骚图》。

《离骚图》成书于顺治二年（1645），是萧云从为屈原《离骚》《九歌》《天问》等所作的插图。颇有故国情怀的萧画家在序言中只说了“乙酉中秋”，而没有用清朝年号。

《离骚图》计绘有《离骚》1图，《九歌》9图，《天问》54图，《远游》5图，其中《远游图》5图今失。这些插图无论从构图还是人物形象的塑造上，都在继承前人的绘画技巧的同时，加上了画家自己的创新，被后人推崇。

在我们今人来看，楚辞本身已经艰涩难懂，何况还要把这些加上个人体会，通过手中之笔表现出来？从这个角度来说，萧云从的《离骚图》堪称古代的国学普及画册了。

下面，我们再来聊聊萧画家的另一代表作《太平山水图》。

《太平山水图》一共有43幅图，都画的啥呢？既然是山水图，画的自然都是山水、古迹。哪里的山水、古迹呢？太平府。

当时的芜湖县、繁昌县、当涂县都隶属太平府，府治当涂。这43幅山水图中，包含太平山水全图1幅、当涂县15幅、芜湖县14幅、繁昌县13幅。站在今天芜湖市域来看，43幅山水图中大部分在芜湖市境内，比如市区的赭山、神山、范罗山、荆山、天门山以及吴波亭、梦日亭、玩鞭亭等；再比如繁昌境内的覆釜山、隐玉山（今五华山）、板子矶等。只不过，随着几百年来人们对自然环境的改造，有的景观已经有了很大变化，有些景点则早已不存。

在这些山水图画中，每一幅都题以古代名家的诗，并注明摹写历代数十位山水画家，如王维、关仝、郭熙、夏圭、马远、黄公望、唐寅、沈周等技法而创作，表现了当年太平府境内的山川秀美，同时又不为前人所限，创造出了高超的艺术境界。

值得一提的是，在这些山水画图中，既有写实，也夹杂了画家个人对家乡山水的见解，以至于在我们今天来看，市区一座座海拔并不算高的山，在画家笔下都变得高耸巍峨，甚是挺拔。这当然只是作者的一种夸张手法及艺术再加工。就比方说，李白诗句中写山寺“危楼高百尺，手可摘星辰”，写庐山瀑布“飞流直下三千尺，疑是银河落九天”，没有谁会当真，大多会心一笑。

千万不要小看这部山水图，它的优秀之处在于几十幅图中构图绝无雷同，笔法变化多端，点染皴擦，法度井然。这种成功，主要得益于萧云从是芜湖人，对家乡及整个太平府的山山水水早就了然于胸。

那么，这样一部了不起的画作又是怎样产生的呢？这里就不得不提到一个叫张万选的济南人。这个张万选是个“官二代”，父亲张延登曾为明朝重臣。张万选当时在太平府当推官，后擢升刑部主事。

这个老家附近就有东岳泰山的张推官竟然对太平的山水草木有着浓厚的兴趣，不但离任之时编了本《太平三书》，系统收集了历代吟咏当涂、芜湖及繁昌一带风景名胜的诗作名篇，还意犹未尽想出一册反映太平山山水水的画册收录在书中。

笔者仔细查阅了相关资料，这个推官本是明朝的官职，清初不久就废除了，正七品，掌理刑名、赞计典，也就是州府里一个负责办理案件的官员。这么说来，编纂搜集本土典故诗篇的《太平三书》肯定不是张推官的职务行为，属于私活。但要想有一部生动反映太平山水的图片资料，谈何容易？

于是，张万选想到了萧云从。已年过半百的萧云从欣然接受。《太平山水图》绘成后，再加上他选用了当时徽州一流的镌刻高手，更让此一组山水图册锦上添花。到了后来，乾隆时期所刊刻的《天台十六景图》，也是模仿的《太平山水图》。

《太平山水图》面世后，受历代文人画家的赞扬，清朝书画名家秦祖永认为它“追摹往哲，工雅绝伦，极为艺林珍重”。近代著名的收藏家郑振铎更是给予了极高赞誉：“大抵诸家山水画作风，无不毕于斯，可谓集大成之作矣！”以《太平山水图》为代表的萧云从画作还对日本南宗画派产生巨大影响，日本画人构图，在山石的结构，树、亭、船、水波的笔墨处理上都模仿了他的作品。

张万选也许怎么也想不到自己的一次私心，竟然成就了中国版画史上的一段佳话，而且对后来的山水画产生了很大影响。

四

有关萧云从的两个传说，不得不说。

先来第一个——萧尺木三拒胡知府，这则传说收录在《民间故事集成》一书中。书中分四个小章节绘声绘色地讲述了当年太平府胡知府来芜湖三访萧云从而不得见，因爱生恨，最终将其拘于采石矶太白楼作画的故事。故事大意如下：

第一次，胡知府来芜时，询问知县可知萧尺木。知县竟不知萧尺木即萧云从。胡知府非常不高兴，于是两个人坐轿，直奔萧家巷萧云从家。递进去个帖子后，萧云从竟然让门童还了出来，说主人不在家，婉拒了二位大老爷的求见。

第二次写得更生动。说过了两个月，胡知府要来芜湖吃鲥鱼，想顺带见见萧云从，萧云从这次称病不见。

第三次，则是芜湖出了一件大案，胡知府公事出差来芜审案。审完案件后，他吸取前两次经验，微服私访萧家。远远的，看到萧云从刚好出门，却又不好意思打招呼。

连吃闭门羹后的胡太守后来借修采石矶太白楼之便，派了萧云从的差事，让衙役来拘萧云从，要他为太白楼作画，画不成，不放人。没想到，萧云从仅用了七天的时间，便画好了四大名山，得以传世。一则民间传说故事，通过对一个知府大人蛮横专断行为的描写，让一个至情至性、风骨孤傲的文人形象跃然纸上。

这则民间故事并非空穴来风，在清代文人的笔记上也能觅得雪泥鸿爪。历史上，萧云从也确实为太白楼画过壁画，然而，具体情况却又有所出入。

我们先来看看这则故事是怎么来的。“萧尺木三拒胡知府”一事，最早或见于清人吴陈琬《旷园杂志》一书。这本书写的都是些啥呢？一些见闻杂事，而其中关于神仙妖怪的内容占了百分之七八十（“而涉神怪者十之七八”）。也就是说，这是一部和《聊斋志异》差不多的书。这样一来，内容的可靠性就大打折扣了。

《旷园杂志》收录的是一个个小故事，或长或短，或简或详。在《名笔往役》中，作者提到了这件事，但写得很简短。说的是知府胡季瀛仰慕萧云从名气很久，专门来拜访三次，都被推辞了，于是很生气。

当时，太白楼刚刚建成，需要画师作画，知府大人公报私仇把本不需服役的萧云从的名字加到了文件里，派衙役将他抓到楼中，扔下一句话：什么时候画好，什么时候走。（“若图成，即当开释”）没想到，古稀之年的萧云从七天画成了庐山、峨眉山、泰山和华山四大名山。

整个故事和上面民间故事差别不大。最大的不同是民间故事中胡知府三次来芜湖，想见萧云从都是顺带。而在清人笔记中，是特意拜访。此外，民间故事增添了很多细节，但经不住推敲。比如：说胡知府第二次来芜湖为吃鲥鱼，明显就太假了。乾隆《太平府志》卷十二《物产》一节介绍鲥鱼：“鲥鱼，采石上下大江多有。”因而，胡大人根本犯不着舍近求远。

再比如，萧云从的好友、清人宋起凤《稗说》中提到，萧云从晚年生活甚是艰辛，自己拜访他时，萧云从很高兴，为他接风，竟到了需要卖画换酒的地步。可见当时的萧家根本不是什么高门大户，哪有什么门童来收递帖子？分明是后人附会之说。

值得一提的是，民国《芜湖县志》竟然引用了《旷园杂志》的这一说法：“郡太守胡欲求其迹，数通殷勤不可得，乃于公牒入其名张致之，不得已为图四名山于太白楼壁。”

其实，萧云从到太白楼作壁画，纯粹是应太守之邀而欣然前往的，他在《太白楼画壁记》中已经清楚地交代过：“知余为老画师，折简相招。”言语之外，颇有一丝得意。由此可见，胡太守用强相执，完全是无稽之说。

此外，胡季瀛出生书香门第，是一个很正派又兼具廉洁操守的官员。太白楼正是在他的努力下，重新修建起来的。想来，是后人为了烘托萧云从的高大形象，妖魔化了一个颇有作为的父母官，这对胡季瀛实属不公。

最可惜的还是，萧云从的太白楼真迹后来毁于咸丰年间，今人已不得见。

萧云从的另一则传说，芜湖人耳熟能详。说的是当年芜湖铁匠艺人汤鹏与萧云从比邻而居，汤鹏向萧云从学习绘画特别是版画上的技巧，二人相互砥砺，共同进步。萧云从指点汤鹏通过“以锤作笔、锻织成画”的方式，最终创造出了铁画这一民间艺术奇葩，成就了“芜湖铁画”后来的名气，也造就了绘画史上的一段经典传奇。

这则传说，在清代文人书中偶有记述，似乎并非空穴来风，但细节上与我们普遍了解到的传说又有所出入。

比如：清代戏曲作家谢堃写过一本金石类杂著《金玉琐碎》，这本写收藏、鉴赏方面的古玩专著，主要介绍铜器、玉器、石玩、印章、铁器等古玩，收藏界的朋友或感兴趣。

这本书中，作者写到铁画时就提到了这则传说。他告诉我们，自己曾在当涂朋友家亲见几幅署名“汤鹏锻”三字的铁画。小时候也听说芜湖铁工汤鹏与萧云从的故事。他们是邻居，汤鹏经常去看萧大师作画，结果有一次被萧云从呵斥。汤鹏不服气，回说：“你难道认为我就不懂画吗？”回去后发愤图强，终于锻铁作画，创制了铁画。写到这里，作者还没忘感叹了一句，“有志者事竟成”。

同一朝代稍晚，有一位叫彭蕴璨的苏州人，编了一本名叫《历代画史汇传》的历代画家人名辞典。这部书辑录了上自上古黄帝，下到作者生活年代（嘉庆、道光年间）的1500余位画家的生平故事，很别致地用诗韵加画家姓氏作检索，真是有闲情雅致呀。

这本书堪称大而全。但成于大而全，也毁于大而全。为什么这么说呢？由于该书从人数、内容等方面均采辑较多，也就难免疏漏错误。比如：《历代画史汇传》将汤鹏也列为画家。这还是能够接受的，毕竟铁画也是一种画，涉及绘画技艺。但如果有心的朋友翻看一下这本书，你会发现连三国时期的关羽、张飞也被收录进来了，这把画家的门槛设置得也实在太低了，你让古往今来众多丹青妙手情何以堪？实在是贪多而滥。

但得益于其系统性，这本书在历史上也还占有一席之地。书中提到了萧云从与汤鹏的这段故事，所用的文字与《金玉琐碎》几乎毫无二致，只不过，在文尾特别标注了来自《芜湖县志》。然而，现存几个版本的县志均无类似记载。

民国《芜湖县志》中多次提到汤鹏。大都说他锻造的铁画惟妙惟肖，等他去世之后，世人遗憾其技艺不得传承，因而有了很多假冒作品。而对汤鹏与萧云从的这段故事只字未提。最为相近的一次是县志在收录韦谦恒《铁画歌》的序言中提道：“汤鹏，字天池，吾邑人。少工铁，与画室为邻，日窥其泼墨势。画师叱之，鹏发愤，因锻铁为山水障，寒汀孤屿，生趣宛然，传至白下，可值数十缗。然性颓放，不受促迫，故卒以技穷云。梁山舟为作长歌，因与谢金圃、吴杉亭、陈宝所知之。”这里，提到了汤鹏向画师偷学绘画技巧而被画师责怪的情节，一个“窥”字说明，画师与画匠并非相互切磋，而是汤鹏单方面地偷学。在这里，也并没有点明画师就是萧云从。

一部连“萧云从三拒胡知府”这样荒诞不经的传说都收录其中的本土方志竟然会对萧云从与汤鹏的这段传奇故事只字不提？

以上记录这则传说的两本书的作者都不是本地人，在文中所用也是“听闻”，加之本土方志中对萧汤二人这段传说未着一字，因而，这段传说可信度实在不大。那么我们来看看，历史上和他们几乎生活在同一时代的芜湖本地人黄钺又是怎么介绍这段故事的呢？

黄钺生活的年代晚萧云从、汤鹏100多年。黄钺在其《壹斋集》的

《汤鹏铁画歌·引》中是这样记述他们的联系的。当然，受时代所限，他一开始加了一段道士传技的传说，我们看看就好。

黄钺说，自己小时候常听爷爷讲跟汤鹏的故事，讲得很详细。那时，汤鹏很穷，租住在黄钺家的祖屋，打铁的手艺也很一般。有一次，一个道士来铁铺炉中借火。炉中冰冷，问怎么回事？汤鹏答："生意不好，一个多月没打铁了。"（"有道士乞火于炉，炉灭，诘之，曰：'月余未锻也。'"）那道士打了一下炉灶，说了声："现在行了。"这之后，汤鹏打铁技艺大长，铁画打什么像什么。可唯独山水铁画不行，于是上门拜访萧云从，求他的画稿……（"第惜山水未能也，往诣萧尺木，求其稿……"）

其实，汤鹏的生卒年月并没有公认的具体时间，只是大致推算出生活在清朝顺治至康熙年间，这与萧云从生活的年月是相一致的。加之，汤鹏租住的黄家大屋与萧家巷近在咫尺，因而，二人相见的可能性是很大的。无论怎么说，姑孰画派作品中笔墨疏简，线条枯瘦，意境空寂，与铁匠手下锻制的铁条有着天然的契合，汤鹏乃至今天的芜湖铁画吸收了当年姑孰画派的绘画技巧总是一个不争的事实。

当然，每一个芜湖人，打心眼里都还是愿意相信几百年前萧云从与汤鹏相遇的这段传说的。如今，屹立在滨江公园中大幅铁画《太平山水图》前的萧云从与汤天池雕塑，纪念的就是这段故事。

五

再来说一说乾隆帝为萧云从御笔三题的故事。

那是乾隆三十七年（1772）的事（一说乾隆三十六年），那时萧云从已经去世百年了。

那年，安徽学政朱筠向乾隆倡议纂修《四库全书》，广罗天下古籍，要修一部旷古烁今的集成巨著，这就很精准地抓到了乾隆皇帝"稽古右文"的心思。为此，他还特地上奏了一道《谨陈管见开馆校书折子》，提出了搜访天下遗书、校录书籍的具体建议。乾隆帝自然十分高兴，虽然当时朱筠因失职差点被连降三级，但他认为此人学问尚优，可堪大任，该到动一动位置的时候了，一激动“加恩授翰林院编修，在四库全书馆行走”。那一年，朱筠43岁。

正因为纂修《四库全书》，朝廷搜集到了前文我们说过的《离骚图》组图，可惜当时已历经130余年，只剩下64图。乾隆见后十分欢喜，遂命侍臣补画（“岁久惜佚阙，西清命补成”）。

众所周知，乾隆帝堪称古今题字第一人。于是有了《题萧云从离骚全图八咏》，诗中还不忘感叹，要不是修《四库全书》，我哪有机会知道这个人啊（“不缘四库辑，那得此人名”）？

楚王好细腰，宫中多饿死。也许瞅准了乾隆的喜好，第二年，侍郎曹文埴献上《涧谷幽深卷》一幅，这幅作品是当年萧云从与如皋才子冒辟疆芜城会晤时所作。这里值得一提的是，芜城，指广陵城，为今扬州，因鲍照《芜城赋》而得名。很多人在这里将芜城简单认为是芜湖，其实谬误千里。芜湖历史上虽有称芜城的现象，但委实不多。

这幅画卷长四丈余，几经周转，到了曹文埴手中。收到这样一幅宝贝，乾隆自然万分欢喜，欣然写下《题萧云从山水长卷》。

乾隆第三次御题萧云从的作品是《秋山行旅图卷》。这一次，他克制住了冲动，不再像前两次那样感叹相识偶然，而是开门见山，从鉴赏的角度评点了一番。

题萧云从关山行旅长卷

几点萧萧树，疏皴淡淡山。
由来以意胜，无不寓神间。
秋景宜寥廓，客人自往还。
粗中具工细，识语破天悭。

以上便是乾隆三题萧云从画作的故事，但故事还没结束。

话说当年，一生穷困潦倒的南宋画家李唐，晚年因仍爱画长卷巨制，而深得宋高宗喜欢。宋高宗甚至在他的画作上题下：“李唐可比李思训。”李思训是北宋的一个大画家。

萧云从很推崇画家李唐与宋高宗的这段轶事，曾感慨自己是个平头百姓，没机会上达天听，但自己很有志气，不肯输于古人。他希望自己的长卷也能被人所识，有李唐那样的际遇。

历史总是这么有趣。

一百多年后，萧云从的画作迎来了高光时刻，另一位高宗（乾隆即清高宗）不但对他的画作爱不释手，而且御笔三题，一时传为佳话。

这真是：今人莫羡古人事，何妨又作后人谈。

纵有千年铁门槛，终须一个土馒头。

清康熙十二年（1673），才华横溢却一生郁郁不得志的一代大师萧云从走到了生命的尽头。

传奇人的人生总是从传奇中来，又在传奇中隐遁。萧云从在世时曾对本土一些晚辈画家多有提携，其中就有一个叫方沂梦的，年少时即得萧云从所称赏，后来二人成了忘年之交。《芜湖县志》上记载了这样一则故事。话说那年，方沂梦寓居扬州，有一天晚上梦到了萧云从的书斋，萧云从把自己的作品一一给他看，但和平常神情大有不同。方沂梦一觉醒来，好生诧异，于是在案头记下了这一梦，并说与身边人听。不过两三日的时间，萧云从去世的消息便传到了扬州。

关于萧云从的离世，《芜湖县志》也有正统的说法，是这样记述的：“（萧云从）执诸同志手，曰：道在六经，行本五伦，无事外求之，仍衍其旨。赋诗毕，瞑去。真诣所践，又与画禅渔隐不同趣矣。”

萧云从去世后，葬于严家山父墓之侧。严家山这一地名现已不存，约为今天范罗山东南位置，即曾经的扶风里。

萧云从对范罗山有着天然的亲近。在其画作《江山胜览图》中，他曾深情写下：“余家范萝之松，载于郡乘，晨夕相对，读书其间，可以娱老……”

两百年时光悄然逝去，转眼到了光绪年间，那里已是“残碑仆地，荒冢偎烟”。当时，芜湖的严家山一带已归李鸿章之子李经方所有。时任道台袁昶修书一封，商议重修萧云从墓。人在英国的李经方回复：

“一如所议，兴筑之费固慨然独任，复于隧道前多留余地，以待建祠，传曰：当仁不让。”其时，旌德名士汪畸撰写了《重修萧处士墓碑记》，详述修墓经过。这块墓碑现被保存于芜湖古城夫子庙大成殿旁的碑廊内。

岁月经年，世事沧桑。如今的范罗山早已是市中心闹市区，寸土寸金。山上古木参天，山下车水马龙，来来往往的行客中或许没有几人再记得起这位曾经被乾隆皇帝御笔三题的芜湖才子、画家。

2006年10月，萧云从诞生410周年之际，芜湖市在镜湖边尺木亭对面立起一座萧云从塑像，以供世人瞻仰。

这尊塑像与芜湖书画院咫尺之遥，或许颇合其意。

萧云从又号无闷道人，只不知，范罗山下的这一方镜水，究竟能否安放下这位芜湖大画家的满腔忧思。

黄钺：要写春山雨后看

深秋，月夜。

冷风飕飗，古宅森森。

眼前的几十间老屋应该有好些年头了吧？墙体有些倾圮，墙面斑驳陆离，矗立在眼前，望着弋水大江，写满一脸穿行岁月的沧桑。

风声，甫定。

月华弄影。耳畔窸窸窣窣，又似门窗开阖之声自远处漾来。狐狸，隐约在老旧的屋顶穿行，踩得瓦片嘎嘎作响。转至正堂，一副红漆棺材赫然入目，阴森可怖。

这，该是恐怖片里的场景，却是一个孩童心底抹之不去的记忆。26年后，几近不惑之年的他，回忆起曾经的这段过往仍历历在目。

这个孩童叫黄钺。

一

清乾隆十五年（1750），那是所谓“康乾盛世”最耀眼的时光。国力强盛，万邦来朝，这一年，乾隆帝在北京开始忙着为太后修建清漪园，即后来的颐和园。

在江南，芜湖城。

西门外青弋江北岸的升平桥畔，数十间老屋连墙接栋。

八月初五这天晌午，庭院深处忽然传来一声婴儿啼哭，左邻右舍们都知道这是黄家老三出生了，这之前，老黄家已儿女双全。这个初生的婴儿就是黄钺，只是当时没有人会想到，这个黄家老三最后活到了92岁，后半生厚积薄发、大器晚成，官至礼部尚书、太子少保、户部尚书、军机大臣，为乾隆、嘉庆、道光三朝大臣，位列道光帝为功臣绘像的十五位老臣之一，70岁、80岁、90岁生日时，曾三获皇上亲书福寿匾联。

黄钺祖居徽州祁门县左田村，说起来与笔者还有点老乡之情。宋末，黄钺祖上迁当涂，清顺治年间再迁至芜湖，居住在古城西门外升平桥边。因而，黄钺又字左田，常以当涂黄钺自居。

黄钺天资聪慧，勤奋好学。六岁发蒙，到了八九岁，也就是相当于现在上二三年级的孩子，已经能口占五绝了，因而很受当时私塾老师的喜欢。母亲自然很是高兴，希望他能好好读书，有朝一日平步青云、光宗耀祖。

本来，有祖上留下的祖宅做保障，自己天资又好，一切顺风顺水。但老天却跟年少的黄钺开了一个大玩笑，给了他一个苦难的童年。黄钺5岁丧父，10岁失母。他母亲去世时，大哥黄裳才17岁，新婚不久，姐姐15岁，正准备出嫁，一家四口人在数十间旧屋中相依为命。老宅年久失修，中堂摆着一具寿材，狐狸经常出没其间，也就有了本篇开头的一幕了。

屋漏偏逢连夜雨。第二年，长嫂又去世，姐姐远嫁，迫于生计的哥哥不得已变卖祖屋外出经商。因母亲娘家家境殷实，慈爱的外婆便把年幼、孤苦无依的黄钺带在身边抚养了6年。然而，据后来黄钺回忆，这段寄人篱下的日子并不好过，自己时时被身边人当成不祥之人，常常以泪洗面。

童年苦难的经历挡不住黄钺求知的脚步，当年，安徽巡道在芜湖创立中江学院招员授业时，黄钺便位列其中，年仅18岁。

清时，各省学政每三年要组织一次生员考试，以分列等级，俗称岁试。乾隆三十八年（1773），黄钺的人生终于迎来第一缕曙光。这年，又到了岁试的时候，卷子一交上去，当时的安徽学政朱筠一眼就看中了黄钺的文章，觉得这个青年有“奇才异能”。正好，此时的朱筠因倡修

《四库全书》而受乾隆器重，被授翰林院编修，充《四库全书》纂修官。因而，朱筠回北京时把黄钺一起带去了。

把黄钺带到京城做什么呢？方便他参加科举考试。可惜的是，黄钺第一次进京，表现差强人意。“三上三不报”，屡试不第。

二

朱筠对黄钺有多器重？除了“以为奇才异能”，另外一件事也能窥知一二。那就是在入京途中，朱筠带黄钺去拜见了当时鼎鼎大名的诗学泰斗袁枚。

这个袁枚很了不起，少有才名，擅诗文，生于康熙年间，早在黄钺出生的头一年就辞官隐居南京随园，著作等身，比较有名的有《随园诗话》《子不语》《续子不语》等，被誉为性灵派宗师。

当时，朱筠带黄钺去见袁枚，一个是初出茅庐、未显才学的后生晚辈，一个是堪称诗坛盟主、声名远播的花甲老人，袁枚弟子万千，前来拜会的“粉丝”更是无数，会对他有印象吗？

还真有！袁枚在后来的《随园诗话》中提到了这件事。袁枚说，朱竹君（朱筠字竹君）这个人在安徽当官任满回京时，我问他可招到什么人才了，他当场手写了几个姓名，擅考据的、有才华的各有代表。第二天，他就带了一个名叫黄钺的秀才来见我，好一个美男子啊！

是的，你没看错，黄钺那时已几近不惑，竟然还只是个秀才，真是有负年少盛名。

但是，袁枚没有这么看。这段文后，他意犹未尽，还引用了黄钺的两首诗句简单点评，表示认可。应该说，一个当时还没有什么名气的青年能轻易入得袁枚法眼，与朱筠的力荐是分不开的。

除此之外，黄钺还因为朱筠结识了朱珪、洪亮吉等当时的大家。朱珪是朱筠的弟弟，这个人同样了不得，当过嘉庆皇帝的老师，嘉庆帝对其很是倚重。黄钺最终被嘉庆重用，应该说也与此人有一定关系。乾隆五十二年（1787），朱珪督学浙江，黄钺去杭州拜谒，并被其招为幕僚，随其游历江浙，因此有了纪游之作《泛桨录》。

应当说，黄钺对杭州一行是充满期待的，朱珪对他的看好，又让他燃起了对生活的希望。这在他写给好友王泽的诗中可见一斑："炉火尚宜煨榾柮，溪帆又欲挂籧篨。相看东郭履穿未，此去西湖水涨初。"（《将之杭州留别子卿》）此处，引"东郭履"之典故，用"西湖水涨初"来隐喻自己将作别贫贱，重整旗鼓。第二年，39岁的黄钺中举。

乾隆五十五年（1790），年届不惑的黄钺终于迎来人生的第二次荣光。这一年，他参加会试，中第二十一名，以殿试二甲第六名进士的身份入选，授户部主事。然而，十年寒窗苦读，好不容易入仕当了京官，未及一年，却又告假还乡。

这一切，皆因为一人，他就是大名鼎鼎的贪官——和珅。早在乾隆三十八年（1773），黄钺第一次入京时，这个与他同年出生的青年就开始得到乾隆的赏识。公开说法是，后来和珅掌管户部，结党营私，气焰熏天，而黄钺不想趋炎附势，于当年十月便告假还乡。

民国《芜湖县志》则记载了一则传闻。说黄钺当年还未参加殿试时，和珅就派人去找他，想招为已用，并许诺其前三甲，黄钺笑而不答。和珅于是憎恨黄钺，黄钺也因此连庶吉士都没搞到。还说黄钺成绩本来是能进前十的，甚至留下了"驰驱九陌逐下风，不肯轻投一人刺"的说法。

然而，实事求是地讲，和珅与黄钺的这次正面"刚"的真实度委实不高。所以县志在引用时本身就用了"相传"二字起笔，很大程度上是后人附会之说。

回乡之后，黄钺先后出任徽州府紫阳书院山长、六安书院山长、安庆敬敷书院山长。这个山长通俗一点来说就是现在学校的校长兼主讲教授，由此可见，黄钺当时才学已经很受公认了。

本来，按这样的发展轨迹，黄钺也许会是下一个袁枚，隐于江左，或传道授业，或著书立说，终成一代大儒。然而，嘉庆四年（1799）和珅倒台，举朝震惊。其时，黄钺年近半百，和珅的垮台也影响到了江南老黄的人生轨迹。

三

嘉庆四年（1799）和珅倒台，消息传到千里之外的芜湖，曾经因和珅而告假归乡的黄钺听到这一消息，却显得颇为淡定，只是有感而发，写下《感事》一首：

感　事

祸福由来召有门，雷霆击物敢称冤。
老獾入室熙宁乱，轧荦生儿天宝昏。
岂有明神犹诞降，大都妖孽偶游魂。
稷狐社鼠纷逃匿，六幕清明奉泰元。

感什么事呢？当然是感不可一世的权臣最终沦为阶下囚而送命的可笑之事。

诗中抬头一句由《左传·襄公二十三年》中“祸福无门，唯人所召”一句化用，通俗点讲，就是四个字：“咎由自取。”

颔联用了两个典故，“老獾入室熙宁乱”说的是北宋王安石变法。我们今天谈论王安石变法，以正面肯定为主。然而，清代以前，对王安石变法的评价普遍不高。熙宁，是宋神宗年号，黄钺这里认为正是王安石变法给国家带来了动乱，甚至导致了北宋的灭亡。

“轧荦生儿天宝昏”提到的是唐代著名的“安史之乱”。传说，安禄山出生在轧荦山。天宝是唐玄宗年号，“天宝昏”即“安史之乱”。

全诗虽只字未提和珅，却明显将和珅比作祸乱国家的王安石（至少黄钺这么认为）和安禄山。由此可见，老黄淡定的表面之下内心是汹涌澎湃的。

嘉庆四年（1799）的那个春天，年过半百的这位芜湖老人终于迎来了曾经让自己颇为不爽的这位同龄人垮台的消息，长舒心中一口恶气。与此同时，他知道自己的又一次机会来了，因为看好自己的那位帝师朱珪已经由安徽巡抚任上被嘉庆急召，去往京师的路上。

果然，在朱珪的推荐之下，到了年底，传来了天子召见的信息。

大风阻归大风阻，老黄最终还是到了京城，也得瞻了云日。嘉庆和黄钺的这次见面，虽然见面时间不长，但显然是比较重要的，无论是黄钺个人的《壹斋集》还是《芜湖县志》乃至《清史稿》都有记述，时间、地点、人物、对话，都记载得极为详细，完全可以写成一篇新闻消息。

嘉庆四年（1799）腊月二十三，北京，故宫养心殿。嘉庆一见到黄钺就说："老黄啊，我还没当黄帝的时候，就久仰你的大名了。为什么请这么老长时间的病假不出来上班？"（"朕居藩邸时，知汝名久矣，何以假归不出？"）

其实很好奇老黄这位长期病假的员工是如何作答的。只可惜，无论是《清史稿》还是《芜湖县志》都没有详细的记述，只有"钺以实对"（《清史稿》）、"钺据实陈奏"（《芜湖县志》）。其个人的《壹斋集》中更是对此提都没提，只一味地感激。

所以，到底黄钺有没有跟嘉庆帝说当年请"病假"是因为看不惯部门主管和珅的为人做派，其实并没有最直接的证据。《壹斋集》上还记载了一个小细节，嘉庆帝关心了一下老黄问："汝到京寓何处？"臣对："暂寓僧舍。"

很快，黄钺便得眷圣恩，加封为"懋勤殿行走"，由主事改擢赞善，直南书房。

天子召见之后，黄钺自此平步青云、官运亨通，先后出任湖北、山东、顺天等乡试主考官，兼山西、山东学政，升任礼部尚书。道光帝即位后，又被封为军机大臣，调任户部尚书。道光三年（1823），给功臣绘像，黄钺为十五位老臣之一。直至道光六年（1826）退休，前后长达27年之久，此时，黄钺已是77岁高龄。

四

黄钺因朱珪举荐而先后得嘉庆、道光两帝的器重，居庙堂近30载，却位高权轻，特别是没参与过什么重要国家政策的制定，自然在这两朝重要的历史事件中也难觅其踪，最终使得黄钺在历史上的名气与他贵为三朝重臣的身份颇不匹配。

造成这一结果，个人以为原因至少有三：

其一，我们先从大的方面来说。清朝是一个由女真族（满族）建立起来的封建王朝。虽说实现了满汉同官，到了中后期甚至更多地倚重汉官，但相对来说，对汉族官员的重用还是远远不够的，即使位高也无多少实权。

我们知道，古代科举是层层选拔。能得中进士，你就基本上踏上当官的道路了，那是相当不容易的。若能高中三甲，那简直是凤毛麟角。

我们今天说“活到老，学到老”，清朝人就很好地贯彻了这一点。

这话怎么说？因为在清代，你即使考中了进士也并不是一劳永逸的。就算当了官，也别想告别考试，之后还有“大考翰詹”和“考差”在前方向你招手呢。“大考翰詹”，就是指朝廷的翰林和詹士都必须参加的一次考试，和“考差”一样，都是对官员考评的一种手段，成绩好的能提拔，差的要给处分。

黄钺就遇到过这么一次。

嘉庆十七年（1812），那是一个春天。朝廷大考翰詹。

那时黄钺已经虚63岁了，一个甲子轮回还外加三度春秋呢，基本可以称黄老了，估摸着早已鬓白如雪了，大考翰詹时竟然第一个交卷。

是的，第一个。结果卷子还“写作俱好”，让人无可挑剔。

但是卷子改过之后，他被评定为“三等”。

嘉庆帝虽然不似乾隆那般有文采，但思想工作还是抓得挺好的。

据说，他听到此消息后大为惊讶，赶忙找黄钺谈心：“老黄啊，你可不要难过啊！你说，我要是把你名次改到前面，那还不是分分钟的事？但那样的话，外面可能就有人讲闲话了，说我徇私照顾身边人，你的人品才华难道我还不知道吗？”（“朕何难改列前茅？外间必以朕为护庇内廷人，岂汝学问人品朕犹不知耶？”）

简简单单两个反问句，直接浇灭了黄钺心中的愤愤，也浇灭了他的一腔热忱。

值得一提的是，笔者后来翻到《壹斋集》。偶然发现，也正是这年正月，京城大雪飞扬。大年初一，老黄在太和殿随侍嘉庆的时候，因雪滑还闪了老腰。60多岁老人闪了腰其实挺危险的。当然，嘉庆帝给足了面子，及时喊来御医。

下面，我们再来看第二个原因。

以“十全老人”自居的乾隆晚年选中了能力相对平庸的嘉庆作为自己的接班人，心里自然很清楚。于是，他给平庸的儿子留下了不少辅政人才，譬如朱珪、刘墉、纪晓岚、庆桂等等，这些人中，不少都是鼎鼎大名的。

然而，必须看到的是这些人当时大多都已经七老八十了。以嘉庆四年（1799），嘉庆真正亲政时为例，朱珪69岁、刘墉79岁、纪晓岚64岁、庆桂62岁。嘉庆一朝的内阁、军机处大多是老人当道，这就注定了官场上呈现出一派老气横秋、暮气沉沉的气象。加之整个大清帝国当时已见颓势，很多社会矛盾已经积累到一定程度，可谓强弩之末，积重难返。这种光景，你让年轻人如何出头？能有什么作为？

况且，黄钺自己当时也老大不小了，这就注定了黄钺的守成有余而创新不足，绝少参与重要政事。

第三个原因，我们就应该从他自身来找了。黄钺出身寒门，自小颠沛流离。童年苦难，加之寄身外家受人鄙视的经历，造就了他谨言慎行、与人为善、不招惹是非的性格，大约就是一个“你好我好大家好”那样的老实人，更不擅长与同朝大臣迎来送往，久而久之，难有存在感也就不足为奇。

《芜湖县志》中便记载过一件事。那是黄钺古稀之年被嘉庆任命为会试正考官时，嘉庆与他的一段话。“老黄啊，你本出身寒门，因朱老师推荐，才到了我的身边。希望你能以他的人品学业为榜样，那样，我自然也不会亏待你的。”（“汝本寒士，因石君荐拔，遂至于此，能法石君先生人品学业，必能永沐朕恩。”）嘉庆这段话很高明，说是闲聊，实为攻心，对一位70岁的老叟唠叨时还不忘提醒他要认清自己的定位，并提出殷切期望。

五

说到黄钺对芜湖地方文化的贡献，首先要提到的当然就是他的《于湖竹枝词》。

《于湖竹枝词》有人说一共66首，也有人说50首，笔者对照黄钺的《壹斋集》和民国《芜湖县志》，认真数了几遍都是50首。可能是来源和版本的不同，又或是选择标准的差异，总数有所出入，亦可未知。这都不重要，因为这里所关注的不是数量而是内容。

竹枝词虽然带个“词”字，却是一种诗体，和传统的七言绝句很相似，只不过没有绝句的格律那么严罢了，据说是由古代巴蜀民间的民歌演变而来。曾任夔州刺史的唐代诗人刘禹锡是把民歌变成诗体的第一人，他的竹枝词中的一句“东边日出西边雨，道是无晴却有晴”脍炙人口。

竹枝词这种诗体兴起于唐，深受古代文人推崇，到了明清早已广受诗家喜爱。它以吟咏风土为主要特色，几乎从诞生开始就与地域文化结下机缘。这就不难理解，我们的黄钺为什么在写芜湖风土人情时选择这一诗体了。

《于湖竹枝词》亦文亦诗，记述了不少本地的历史典故、岁时风物、逸闻轶事等，每首诗后还有简单的注释，或多或少，或详或简，钩沉辑佚，拾遗补缺，对我们今天研究芜湖的历史文化有着很大的帮助。

比如，《于湖竹枝词》第一首就写到了市中心的镜湖和张孝祥捐田成湖的故事。

升平桥畔状元坊，
曾寓于湖张孝祥。
一自归来堂没后，
顿教风月属陶塘。

这首诗后，黄钺借《四朝见闻录》提到了张孝祥与镜湖的故事，还告诉我们，当时的镜湖已经荷花满塘，四围种满杨柳，并明确指出了当年的归去来堂就在镜湖旁。

按《壹斋集》的归类，《于湖竹枝词》作于乾隆庚戌年。笔者推算应为乾隆五十五年（1790），当时黄钺41岁。也就是说，这里告诉我们至少在200多年前，镜湖一带已经是细柳依依了。

又比如，在第二首中，我们还得知当年是有人在镜湖里养鱼的，因而平常是没有游船的。当时的县令陈圣修买过两条小船，黄钺得以在赭山之下的镜水之上纵情划桨游览湖光山色。只可惜，转过头两年，陈圣修仙逝，黄钺空余回味，只能无限怀念了。

再比如，《于湖竹枝词》中写到今天的赭山，黄钺提到了滴翠轩，告知我们传说那是黄庭坚读书处，并提出了自己的疑问；提到了当年的花津桥，当然与今天的花津桥不是一回事……

《于湖竹枝词》还提到了不少芜湖一地的历史典故与传说，比如：桓彝平叛在石硊练兵、萧云从归隐于梅筑等。此外，还涉及了不少芜湖习俗，比如：当年端午节的重午龙舟赛、七夕节的乞巧走月偷瓜、中元节的祭奠等。甚至，还有本地的一些主要蔬菜，如韭黄、芹菜、蒌蒿、甘荠、莼菜等。

值得一提的是，黄钺借竹枝词以镜湖为中心，为我们勾画了一张文字地图，让我们今天对芜湖历史上的一些主要名胜古迹、遗址的具体方位有了大致了解，特别是镜湖一带，很方便我们今天按图索骥。

总之，黄钺对芜湖一地的名胜古迹、人文典故、风情民俗、地方物产等等都了如指掌，更是借助诗文（还有画作）进行了生动形象的表述，甚至做了较为详细的考证。这些对于我们今天了解本土历史文化有着极其重要的作用。其个人作品集《壹斋集》更是具有丰富的地方文化史料价值。

六

在《壹斋集》中，我们很轻易地发现黄钺就是一个“老饕”。他不但自己当年吃了，还跟我们讲味道不错、怎样不错，还将每种食材的来历考证得一清二楚。

比如：我们今天仍常见的野菜——蒌蒿。当然，在我们现在早已经不“野”了，完全实现了人工种植，也就是我们在菜市场和超市中常见的芦蒿。芜湖人又常喜欢将其发音为“驴蒿”。

芦蒿有一股天然的清香，冷冬时节，就着咸肉，搁点干子炒出来，绝对好味道，是酒桌上的“常客”。如果你有幸买到那种红杆子的，那就走运了。掐一次茎叶，手留余香一阵子，价格自然也是普通的两倍以上。

当然，在黄钺的笔下，可没有咱讲得这么俗气。这首《蒌蒿》的古体诗大约写于黄钺30岁的时候，那时他已然是笔力遒劲，让我们后来人读来自愧弗如啊。

《蒌蒿》一诗五言80句，共400字，将蒌蒿的底细扒得像火上烤干了一般。诗中并没有一上来就跟我们说蒌蒿，而是告诉我们他比较喜欢食素，像山庙的和尚（“肠肚习蔬食，酷类深山僧”），又说如果能有芦笋一顿吃到饱，那简直满足得无法想象。

不过，诗人这时笔风开始转了，说芦笋没有长起来的时候，蒌蒿也是不错的嘛（当其虇未茁，蔏蒌差堪任），典型的欲扬先抑手法。

接下来，诗人就从江南本是泽国，水草丰盛说起。侃侃而谈，他说这蒌蒿寸许的时候，远望去一堆堆地长在那，就像一蓬蓬乱发一般，紧跟着又引经据典，从《诗经·汉广》《尔雅·释草》中找出来历。不过，和我们今天蒌蒿的吃法略有不同，他说当年既可以生吃，也可以蒸着吃，就没说炒着吃。接着，他大量运用比兴手法，以芸薹、芹菜、韭黄等作比，又从中医角度来讲这一野菜的药用价值，真是知识渊博，堪称是蒌蒿食用大全啊。

芜湖美食，自然少不了“芜湖三鲜”。“芜湖三鲜”即鲥鱼、刀鱼和江蟹（一说河豚）。很可惜，大江之中天然的鲥鱼如今已然绝迹。作为一个地道的饕客，黄钺诗文中多次提及甚至专门写到鲥鱼。笔者简单梳理了一下，《壹斋集》中专门写鲥鱼至少有五次，最为详细的一次莫过于嘉庆壬申年（1812），彼时，黄钺已63岁。四月，久居帝都的黄钺思念起家乡的物事。他遥想起20年前，自己在徽州休宁紫阳书院当山长时，家人将鲥鱼油浸之后寄给自己以藉乡愁的往事。一时感慨岁月不居，物是人非，写下《鲥鱼》一首。

抬头一句就是“鲥鱼四月美绝伦”，毫不委婉。

“渭北春天树，江东日暮云。”这个暮春，这位老人怀念的是鱼，又不只是鱼，还有江南故乡秀美的风光与亲人故友。

黄钺还告诉我们，鲥鱼在大江之上刚出水时银光闪闪。每年捕出的第一尾鲥鱼称头鱼，要价最贵。“头鱼入市竞豪夺，千钱一尾充厨珍”。而且，鲥鱼最是金贵，出水即死。老黄在诗中把鲥鱼当成一位义士，误入渔网，却从不受辱，舍生取义，杀身成仁。然而，即便这样一种金贵的鱼，过了端午，身价就陡降，公主变村姑，芜湖普通百姓如果咬咬牙，也能一饱口福。“端阳已过论价贱，被絮自典拼家贫。”

这首诗，黄钺至少给我们透露了两点信息。一是当年鲥鱼是很金贵的，一般人轻易吃不起；二是鲥鱼的数量还是可以的，但一般人想吃是不容易的。

再看刀鱼。介绍刀鱼时，黄钺一上来就发问：“是谁把刀丢江水边的？锋刃寒光闪闪如新磨的一般！”（“谁遣瓜刀掷水边，寒光霍霍发硎新”）这说明什么？当年的大江里刀鱼真的是多得不能再多了。这两句只有比喻与反问，绝无夸张。因为笔者早先曾多次采访老芜湖人，不止一次听他们说20世纪80年代，刀鱼是大江中很普遍的一种鱼。

黄钺还告诉我们，当年清明上坟、祭奠先人，芜湖人必用此鱼。这习俗不知什么时候没有了。

刀鱼如此普遍，江蟹想必更加不屑。可能正因为此，“长江三鲜”中的江蟹，黄钺着墨最淡。只写了一首《食蟹戏作》，并未直接写蟹，这里略过。

此外，黄钺还写了大量诗文向我们推介芜湖美食，比如栗、鲫鱼、香菜、笋干、芋头、香椿头等等。只是最让人想不到的是，令他嘴角留津的竟是芜湖的莼菜。

七

说到黄钺绘画，我们先来认识一个叫王泽的人。民国《芜湖县志》载：“王泽，字润生，号子卿，晚号观斋。”这个人很了不起。为什么这么说呢？因为这个王泽既是一个画家也是一个高官。虽然官当得没黄钺的高，两人却是一生的挚友。

王泽在京历任武英殿提调、实录馆纂修、体仁阁直阁、国史馆协修……在地方又先后担任徐州府、赣州府知府等职。

王泽比黄钺小9岁，二人既有师生之谊，又是姻亲（儿女亲家）；既能吟诗作画，也擅笔墨丹青，可谓是志趣相投。到了王泽退休回到芜湖后，两人更是几乎朝夕相处、诗词唱酬不绝。有心之人曾统计过，仅《壹斋集》中，二人互相往来的唱和之作就有60余篇。

道光十七年（1837），岁次丁酉，王泽80大寿，黄钺作诗曾有“与君交游六十载，平生意气倾山海”（《寿子卿八十》），由此可见二人交情。这也就难怪，二人退休归芜后，时人以“芜湖二老”尊称他们了。（《芜湖县志》：“大江南北无不以‘芜湖二老’尊之。”）

黄钺绘画之才很早就有名气，擅长山水、花卉，尤其是梅。黄钺爱画梅，更喜欢赏梅，这点和清初的萧云从很是相似。

黄钺爱梅，在他的《壹斋集》中同样可见一斑。《壹斋集》中，黄钺多次提到芜湖赏梅的几处佳地。如今尽管这些地方早已不存，但从他的诗句中还能大致了解一二。如范罗山后圆照寺（俗名铁佛寺，即今铁佛花园小区一带）旁的古梅，枝干扶疏，色香迥别。黄钺曾多次提及此梅。据说此梅花开之时，游人络绎不绝。

又如：平山口的古梅，高丈余，围八尺有奇，相传为南唐时栽种。黄钺多次提及自己偕同好友一起去赏花，并告诉我们具体路线，即“出芜湖南门，渡浮桥，东南行十里而近，曰平山口”。以此推算而来，在今二环路与三环路之间的弋江区平山村一带。

只可惜，如今这两株古梅早已不存，徒留追忆尔。

黄钺在绘画方面的最大贡献在于对画论和画史的研究，代表作有《二十四画品》与《画友录》。

在《二十四画品》中，黄钺一上来就告诉我们，绘画一技，两汉以来，学士阶层最是精湛。前人如谢赫、姚最，关于品画都有书传，称《画品》，而自己得闲，也学着品了画作，于是有了这部专著。老黄说，那个司空图不是写了本《二十四诗品》吗？咱这个就叫《二十四画品》。（“乃仿司空表圣之例，著《画品》廿有四篇。”）

在这部绘画论著中，黄钺在全面总结历代绘画创作，特别是宋元以降文人山水画的基础上，将画作归为气韵、神妙、高古、苍润、沉雄、冲和、澹逸、朴拙、超脱、奇辟、纵横、淋漓、荒寒、清旷、性灵、圆浑、幽邃、明净、健拔、简洁、精勤、隽爽、空灵、韶秀共24品。《二十四画品》通篇以四言韵语呈现，论画不拘于一门一派，综合归纳各家各派的绘画风格，表现了黄钺独到的艺术见解和美学思想，承前启后，丰富了中国绘画的理论，为后来人所推崇。

芜湖地处长江中下游，历史上得舟楫之利，经济、文化、艺术都很发达。特别是明末清初，涌现了一大批画家，其中最出名的莫过于我们前面聊到过的萧云从与他开创的姑孰画派。黄钺虽早失双亲，却出生在书香世家，祖父、父亲都是善诗文之人，胞兄黄裳也是颇知绘事，黄钺自己更是不在话下。也正因为此，乾隆乙卯年（1795），他将芜湖一地当时以及清初的画家的基本情况进行了系统的搜寻整理，编写了《于湖画友录》（“综同里诸君暨国初诸老之善画者，为《于湖画友录》”），晚年后，又进行了补充修订，更名为《画友录》。

《画友录》或简或详地记述了清初至乾隆年间或出生或寓居于芜湖

一地的72位画家的生平轶事，对他们的师承关系、画艺成就考述评骘，保存了不少弥足珍贵的史料，还细心甄别了一些谬误，成为研究中国画史不可多得的资料。

八

时光荏苒，转眼到了道光五年（1825），彼时，黄钺已在朝26年，官居户部尚书之职时，已76岁高龄。这年五月，道光帝突起了恻隐之心，于是下了一道圣旨："户部尚书黄钺年逾七旬，夙夜入直，未免劳勚，著不必再军机处行走，俾得专办部务，仍入直南书房，亦不必逐日进内，钦此。"这段话通俗一点说，就是你已经高寿70多岁，年逾古稀了，还和其他小青年一样没日没夜地工作，难免身心俱疲。今后，你还干你的事，就不必和其他人一道每天都来了。

这本算得是皇帝的抚慰之意，当然，也可能有另外一层意思。但黄钺可能认为这是嫌自己老了不中用了，于是，赶紧上了一道折子请求让贤，道光帝却不同意。

到了十月，老黄再次上折，这一次更进一步，请求退休。道光态度很明确，给了三个字：不同意！

道光虽然当时并没有应允，但黄钺心里清楚自己年事已高，落叶归根是迟早之事，于是命儿子带着家眷南归，并特别要求他将自己一辈子的藏书悉数运回芜湖。

正当黄钺感激道光信任，准备"鞠躬尽瘁死而后已"，大干一场时，情况发生了变化。

道光六年（1826）八月初六，黄钺在下朝回家途中，当马车到地安门时，遭遇了一场很严重的交通事故。史料中是这么记载的："舆人失肩倾跌，舆骤堕地，腰为闪挫，归寓至不能起坐。"也就是说，下朝回家的路上，赶马车的人出了问题，马车倒地，黄钺闪着了腰。前面我们说过，黄钺的腰在有一年雪天值班时是闪过一次的，这次想来是老病新疾凑到了一块，加之已是70多岁高龄的老人，受到的伤害显而易见，他回去后竟不能起坐。

这件事后，道光帝给了黄钺一道特权。没几天就到了道光帝的生日，古代帝王的诞辰那是大事，道光帝因为黄钺受伤这件事，直接给他下了一道圣旨："著安心调养，初十日不必行礼。初十日亦毋庸进同乐园，俟身体全愈再行入职，钦此。"

这年十月，黄钺趁热打铁，再次申请退休。一切顺理成章，这回道光帝允了，并且进行了君臣间的深情对话。道光说："你精神状态虽然还好，但毕竟快八十岁了。我再天天要求你起早贪黑地上朝，又于心何忍？不如准你退休，衣锦还乡的好。"（"汝精神虽好，然年近八旬，若再留汝夙夜入值，朕心反觉不安，故准汝所请，汝归可谓全始全终，荣耀乡里矣。"）

接着又关切地问道："你孩子在哪个部门上班啊，这次回家走水路还是陆路？"讲到这里，道光帝忽然又说："等我50岁生日的时候，你可一定要来。"（"朕五旬时当再来京。"）请记住，这是道光帝第一次对黄钺提了这么个要求。

笔者以为，这只不过是道光帝对老下属的一种口头上的抚慰，因为当时道光才45岁，而黄钺已经是77岁高龄了，这在古代是一个十分了不起的年龄。所以，道光应该只是口头一讲，只是让他想不到的是，黄钺退休后不但活过了第一个五年，而且活到了三个五年。这是后话，暂且不提。

为什么说这是道光抚慰老臣的随口之语呢？那是因为等到半个多月后，黄钺来辞行时，道光在关心问到黄钺什么时候回家时，竟然问到黄钺老家在江南还是江北？是的，当时就是这么问的。可能性无非有二：一种可能是道光对下属体恤得实在不够；还有一种可能，那就是我们的芜湖当时实在是太没名气了，搞得道光都不知道芜湖是在江南还是江北。

黄钺总算是"解甲归田"了，据史料记载，黄钺离开京城时，场面那叫一个隆重，黄钺当年主考的六届以及山西的门生100多号人一齐送其至广安门外。

这一路，双旌猎猎，舟船浩荡，一路往江南芜湖而来。腊八头一天，黄钺到了芜湖，赶忙上奏谢恩。

道光帝回到："我五十大寿的时候，在北京等你……"（"朕五旬寿辰，待卿来京欢晤……"）

九

那么，黄钺归芜后，都做了哪些事呢？

"芜湖二老"或酬饮镜湖，或揽胜赭山，或泛欧湖游荆山，或登白马山寻紫燕洞。诗词酬和之际，也为芜湖地方文物古迹等的发掘与考证留下了史料，特别是他本人知识渊博，旁征博引，又善于史海钩沉，并亲为踏勘，详加考证。譬如赭山塔的修建时期，荆山"寒壁"为何人所题，镜湖附近古迹的考证……这些对于今天芜湖一地历史文化的研究来说，弥足珍贵。

道光九年（1829），在老家芜湖的黄钺迎来80大寿，道光帝御书匾联，并赐了不少珍宝，一时风光无两。

又过两年，道光十一年（1831），到了这年秋天的八月，道光迎来自己的50大寿。前文我们说到黄钺临行前，道光帝心心念念让他到时务必还京祝寿。这既是君臣之礼，也是赴老友之约。

可惜，这时的黄钺已是风烛残年。年初，黄钺病得不轻，其年谱载："二月，患下血，几殆。"也就是说已经便血。

当年从芜湖到北京不似我们今天这般方便。古时，那可是要坐舟船沿长江东去然后沿运河北上的，一路晃晃悠悠，没个把月根本到不了。八旬老人大病初愈，如何成行？

道光帝倒也通情达理，体恤老人，赶忙下了一道圣旨："老黄啊，时间过得可真快，今年我就要迎来五十岁大寿了。虽然我们很早就约好了，等我五十大寿时，你要来北京同祝。可我听说你大病初愈，又八十多岁了，路途遥远，就不必来了。"（"本年，朕五旬万寿，闻在籍尚书黄钺欲来京祝嘏，惟因黄钺甫经病愈，且年逾八旬，不忍令其远道跋涉，著传旨毋庸来京。”）说到这，道光想得还很全面，特意加了一句：如果已经出发了，估计也没走远，就折回吧！（“如已启程，谅距本籍不远，著即于途次折回。”）

皇帝都给台阶下了，正当众人长舒一口气，以为黄钺作罢之时，没想到这老头挺犟，四个字：坚持出发。

结果这一趟也成了黄钺的梦魇，因为他在去途中永远失去了一位至亲——自己的大儿子。在途经今山东省沂水县境内时，一路侍候其赴京的大儿子突然得了急病，而且很快就去世了（痰疾猝发）。客观来说，大儿子染疾与千里奔京是有一定关系的。毕竟，那时，大儿子也是年届花甲的老人了。黄钺于是愤懑写下：“仓皇中道折，只益眼前悲。”

一路的坎坎坷坷自不必多言，终于在七月盛夏到了京城。从芜湖到京城这一路，黄钺早年来来回回走了不知多少次，这应该是最为艰辛的一次了。一进京的他就赶忙进了圆明园向道光请安。八月，道光50大寿，君臣同欢，自不必多言。

其实，黄钺不顾年迈，仍远途跋涉，除了当年退休时，道光的再三叮嘱之外，可能还有另外一层原因。那就是上一年冬天，已经退休在家近四年的黄钺竟被道光帝下旨从一品降为三品，原因是他在担任户部尚书时对属下伪造护照失察。

户部伪造护照是清道光年间的一件震惊全国的大案。清朝公开允许买官卖官，谓之捐纳。然而即便是这样一件上不了台面的事竟然还曝出丑闻，有人公然伪造官衔执照，出售假官，进而发展成一大灰色产业。

于是龙颜震怒，道光帝下旨查办，为此事而降职、调职、革职的官员数百人。这里不作展开，有兴趣的朋友可以去网上查阅，央视专门推出过专题解说。

因此，这样来看，黄钺赴京起因是当年的君臣之约，背后似乎更有一份惶恐与对在职时失察的一份愧疚吧。果然，他的这次履约，让道光帝龙颜大悦，祝寿当天即赏还了一品顶戴。

这是君臣二人的最后一次见面。这之后，黄钺再也未曾到过京城。

也就是从其赴京这一年开始，安徽沿江一带频发大水，芜湖圩田尽被淹没。大水有多大？其年谱载：“水入城者，数月不退。”《壹斋集》中则说，当时，水涨上来时，芜湖城里的人靠“划盆”出行。“划盆”，就是我们今天所说的腰子船，圩区随处可见。连年水灾，黄钺带头捐款，第一次就捐了千金。道光十三年（1833）七月，又发大水。黄钺在《壹斋集》中曾绝望地说：“自道光癸未以来，屡遭异涨，重以淫雨，圩堤不胜冲激，辄被荡决……”于是，众人有钱的出钱，有力的出力，从这年春天开始加固圩堤，“穷日夜与水争地，费金钱米谷无算”。

很不幸，老天不抬爱。到了这年七月十八至二十三，江水汹涌，还是破了诸圩。当时，水稻已然成熟，可备收割了，结果一夜之间付诸流水。黄钺无奈地认为：“天降灾祸，非人力所能胜也。”进而留下了“十年三大水，民病岂能支”的喟叹。

抱怨归抱怨，悲天悯人之际，黄钺除了捐钱赈灾，还想出了一个应对灾年的好办法，他联合当时本地十四家邑绅共建义仓，名曰“丰备仓”。这个仓库的作用，就是备荒。年成好时，大家每亩出谷两斤存在这里，以备荒年时拿出来赈灾。丰备仓按《芜湖县志》记载，在县署西，黄钺还为之特地写下《丰备仓记》一文，记述了这一盛事。丰备仓后毁于咸丰年间兵燹。

义仓建成之后，黄钺又见旁边仍有几分空地，于是又邀本土乡绅捐田百亩办起私塾。在芜湖做的这两件事，一是为解决百姓温饱，一是为解决平民的读书；一为物质层面，一为精神层面，对芜湖影响深远。

是人，终究走不出自然的规律，终有生老病死。道光二十一年（1841）六月最后一天的下午，这位老人走到了人生的尽头，被葬于当涂县南面的褐山下。

褐山在哪？乾隆《太平府志》中有：“褐山，在郡治西南四十里临大江。”即今天的四褐山。对比同一章节中对天门山位置的描述也可得出这一结论：“天门山，在郡西南三十里，本名博望，亦称东梁山，与何州西梁山夹大江对峙。”

四褐山西濒大江，正处于黄钺老家与芜湖之间的中点位置，离当时的太平府治和芜湖县正好各约四十里；又是一座文化名山，正因为靠大江航道，西眺江船往来，留下过著名战事和名人诗句。梅尧臣“暗石惟愁碍，矶头水自煎”描述的正是这里。选择此地托体山阿，或正是黄钺本人的意思。

纵观黄钺一生，年少失怙，青年失意，中年失所，前半辈子旅食四方，过着颠沛流离的生活，到了中晚年终于平步青云，位列高官，正史上虽然名声不够显赫，但能做到清正廉明，生活简朴，特别能关心乡里百姓疾苦，加意民瘼，殊为难得。

值得一说的是，这么一位在芜湖历史上占据一席之地、曾为本地做出了诸多贡献的名人，在我们今天的江城大地上竟很难寻觅其曾经的痕迹，相比于张孝祥、萧云从等人，黄钺未免落寞了些。

事逐岁时迁

春节、元宵、清明、端午……形式多样、内容丰富的传统节日，是中华民族悠久历史文化的重要组成部分，更是传承优秀历史文化的重要载体。在各类节日的庆祝活动中，人们既能增长知识，又有助于彰显陶冶情操、弘扬传统。

芜湖地处江南，承东启西。节日习俗中兼有吴越、荆楚习俗的影子，又形成了自己独特的节日内涵。同时，这些节日习俗中又有不少农耕文明的身影，承载着稼穑之艰，兼带有浓郁的地理特征和美食特色。比如：历史上，芜湖端午龙舟赛曾经盛极一时；芜湖人清明扫墓祭品中必有刀鱼……这些习俗在漫长的历史发展过程中渐行渐远，但反映了当时的社会状况，值得我们今天去了解、记录。

其实，传统节日的形成是一个民族或国家的历史文化长期积淀凝聚的过程。每个节日都有其独特的内涵、鲜明的特色和别致的习俗。在快节奏的当下，对于这些传统节日，我们今天或许缺少了该有的仪式感与敬畏之心。在如何继承好老祖宗留下的宝贵节日遗产，弘扬好中华优秀传统文化的道路上，我们要走的路还很远。

节日习俗随着时代的不同而变化，映射着当时丰富多彩的社会生活文化，这也正是传统节日的魅力所在。

万象更新又一春

毫无疑问，春节是中国的第一大节日。

在我们今天，提及春节，无论如何也绕不过每年的央视春晚。同样，无论怎么吐槽央视春晚，除夕夜看春晚守岁仍是不少人不可或缺的一项活动。其实，极具仪式感的春节本身便是一场异彩纷呈的晚会，各色年俗便是这场晚会中美轮美奂的节目。狭义的春节，特指大年初一。《现代汉语词典》解释为：“春节，农历正月初一，是我国传统节日，也指正月初一以后的几天。”更广义的春节应从农历的腊月开始直到正月十五。

春节历史悠久，起源于殷商时期年头岁尾的祭神活动。值得一提的是，“春节”二字最早指的并非我们今天认知的农历岁末年初。一般认为，自汉武帝改用农历以后，中国历代都以二十四节气中的立春日为春节。而我们今天的春节（大年初一）在更长的时间里被称为新年、元旦。

今天公历1月1日占用“元旦”之称谓，大抵有点鸠占鹊巢的意思。1911年辛亥革命后，我国采用公历纪年。公历1月1日，也就得了“元旦”之名，农历的岁首也就用了“春节”的名号。

历史上，春节这场“晚会”往往从腊八甚至更早拉开序幕，内容丰富、形式多样，一直绵延整个正月。所谓“过了腊八就是年”，大抵如此。南朝时期梁代宗懔的《荆楚岁时记》提到春节习俗时，就是从我们今天所说的“腊八节”开始的，只是未明确提出“腊八”二字。“十二月八日为腊日。谚语：‘腊鼓鸣，春草生。’村人并击细腰鼓，戴胡头，及作金刚力士以逐疫……其日，并以豚酒祭灶神……岁暮，又为藏驱之戏……”可以看到，在科技不发达的古代，人们认识自然有限，很多年俗带有一定的封建迷信色彩。书中还提到，除夕夜，家家都准备好鱼肉、蔬菜，做好年夜饭，合家欢聚畅饮，一起守岁喜迎新年。这一习俗穿越1500多年，到今天竟然未有太大变化。

看来关于吃的习俗，古今皆然。不过，接下来说到的就有点过了。《荆楚岁时记》中说人们过春节，吃喝玩乐，一到了正月十二，就会把这些菜肴全部倒到大街上，还有一个坚挺的理由："旧的不去新的不来。"这，就有点浪费了。

到了南宋时，陈元靓的《岁时广记》则引经据典，给了"除夕"准确的定义："《礼记·月令》曰：'是月也，日穷于次，月穷于纪，星回于天，数将几终，岁且更始，是为岁之终也。'《文选》云：'岁季月除，大蜡始节。'故曰岁除，又曰除日、除夕、除夜。"作者引用了这么多，其实概括起来就是一句话，除夕就是岁末，过了晚上12时，一元复始，万象更新。

《岁时广记》随后罗列了除夕的各地各类习俗，其中与"傩"相关的占了很大一部分，比如有司傩、乡人傩、逐除傩、驱鬼傩……傩，是古人在腊月举行的一种驱疫逐鬼的仪式，为原始巫舞之一，后演变为一种舞蹈形式。在我们今天，还有一部分傩舞傩戏作为非遗项目留存保护，比如祁门县的傩舞、郎溪县的跳五猖就是国家级非遗，而芜湖市级非遗"芜湖马灯"，也是与此类似的一种驱除疫鬼的傩祭习俗。

此外，该书还记载了一些其他习俗，譬如"卧井旁"，大年三十这天，让人手握花椒趴在水井旁，待夜深人静时，将花椒投入井中，以压制邪气。再比如"浴残年"，乍一看以为是我们洗年澡，今天湾沚区乡村一带仍保留有"洗年澡"习俗。早前，笔者曾采访过这一年俗。岁末，当地人于大锅中烧水，人入锅中洗澡，迎接新一年的到来。不过，这里的"浴残年"与洗澡可没关系，它是指年三十这天，用好吃好喝的招待宾客。

《岁时广记》中记载的年三十习俗很多，限于篇幅，此处不再赘述。

下面来聊聊芜湖本地又有哪些岁末习俗？民国《南陵县志》上说，腊月初八这天，僧尼都会以枣、栗、杂米、豆等煮成"八宝粥"，沿门相送，接受的人则往往会用一两升大米回赠。20世纪90年代出版的《繁昌县志》有类似的记载，认为腊八就是佛教节日，后演变为“吃腊八粥”的民间习俗。民国八年《芜湖县志》上说，腊月十七开始，芜湖人便开始打扫卫生；腊月二十三，便会将糖果摆放在灶台上，焚香恭送灶神。“腊月廿三日设糖果于灶陉，焚香送灶，散草豆饲神马，云神于是日上天白人间事也。”这里的“神马”是灶王爷的坐骑。不是一匹马，更不是网络词，而是一种昆虫。唐代小说家段成式在《酉阳杂俎》中有过描述：“灶马，状如促织，稍大，脚长，好穴于灶侧。俗言，灶有马，足食之兆。”也就是说，腊月二十三这天，芜湖人会有意留点东西在厨房，以喂食这种状如蟋蟀的灶间常客，还说灶王爷这天会骑上它去天上汇报人间的事情。岁末，芜湖人家还会选择良辰吉日邀请道士写朱符贴于门上，于门槛处杀鸡，让鸡血流于门前。

除夕当天最是热闹，芜湖人会在门上插冬青、柏叶，贴门神、春联，然后在盆中生火，一家人团圆，举杯相庆，之后，妻儿还会来到长辈面前拜年辞岁。一年的最后一夜，人们守岁，彻夜不眠。

除夕当天的习俗，各地大同小异。1992年出版的《无为县志》说，除夕这天，无为人早、中餐吃得很简单，而晚餐最是丰盛，被称为“年饭”，年饭中必有一盘鲢鱼，以兆“年年有余”。饭后，长辈给晚辈“压岁钱”，一家人围炉闲话、共同守岁。

黄钺曾在其《壹斋集》中详细记述了芜湖岁末的十大年俗，谓之“岁暮十咏”。这“十咏”分别为扫尘、糊窗、蒸年饭、发檄、烧年纸、安乐菜、压岁钱、接灶、封门、赠鼠嫁。扫尘，就是打扫卫生。我们今天在过年前，也大多会打扫一下。黄钺透露，每年岁末，三九刚到，街头巷尾卖扫帚的人就会多起来。糊窗，则是指当年玻璃虽已出现，但仍属奢侈品。普通百姓，每到岁末，都会用白纸将窗户糊上，以抵严寒。蒸饭，就是指我们今天准备的年夜饭。发檄则和我们上面说的傩戏有相类似，由道士带领，拜神驱疫。这种封建迷信活动，连当年的黄钺都表示不屑，直接写道：“取此义岂通鬼神？土风久远谁堪论。”

烧年纸则是一种拜神祭祖。安乐菜，即我们今天所指的八宝菜。今天的一些老芜湖人依旧会常备。黄钺在介绍此菜时，还特意提到了这款八宝菜所用的一些食材，与我们今天并无太大区别。

压岁钱、接灶，我们今天都比较好理解。封门之俗则是指除夕夜吃过年夜饭后，时过三更闭门放鞭炮，希望留住财气挡住晦气。

赠鼠嫁涉及的是一则民间故事，传说守岁日，也是老鼠嫁女之日。为不打扰鼠辈们的婚姻大事，人们这天会放一些食物供老鼠食用，是一种祭鼠活动，反映了古代人们朴素的人与自然和谐相处的思想。

以上都是年前的一些习俗。到了正月，各项活动则更加丰富。从大年初一凌晨开始，便被安排得满满当当。第一件大事便是整理衣冠在家庙燃香祭拜祖先，长幼站位也是极讲究的。嘉庆《无为州志》记载，无为人这天不动火、不提水、不扫地。这一习俗，在本地其他区县也大抵相同，有的甚至包括不借钱、不动刀剪针线等。到了初七人日，还要以七种菜做羹，又有的剪彩或镂金箔做成人，贴屏风上。

初二开始，大家便开始走亲访友，互相拜年，请春酒，俗称“请年酒”。出门大家相遇时，亲友熟人也多讲吉利的话。2009年出版的《弋江区志》特别提及一习俗，正月初二至初八日，新婚夫妇会到岳父母家拜年，但当天必须返回，称作“正月媳妇不空房”。正月初四夜，一些商店则会焚香点烛祀财神，门前悬店铺号灯，以活鲤鱼为主要供品。到了初五凌晨，便燃放爆竹，称“接财神”或“接利市”，然后正常开张营业。商人一年忙碌又开始了。那年头，如果你是一个伙计，如果店主没安排你一起拜神，则暗示你已经被老板辞退了。看来，早年的职场也不好混哪！被炒鱿鱼都这么隐晦。

岁月经年，在漫长的社会变迁中，春节的年俗有的至今仍然保留，且随着当下传统文化逐渐得到重视而保持着旺盛的生命力，还有的一些则在社会发展中逐渐消失、被舍弃。总的来看，好的年俗依旧在传承，带有迷信色彩、一定陋习的年俗则逐渐被人们所遗忘、抛弃。而年俗的内容也随着时间的流逝不断变化，老的年俗在不断逝去，新的年俗也在社会发展中不断加入。因而，有时候，我们说年味变淡了，也许不是变淡，而是变化了模样。

正月十五话元宵

“月上柳梢头，人约黄昏后。”提起元宵节，最容易让人联想到的诗词恐怕就是欧阳修《生查子·元夕》这首了，让人看到豪放词家也有婉约缱绻的柔情一面。当然，此词历来又有朱淑真、秦观所作的说法。

元宵节是中国传统节日之一，为每年的正月十五，普遍流行于全国各地。在没有网络和手机的古代，春节往往是一年中最热闹的时节。它由若干连续性节日组合而成，从腊月初八这天拉开帷幕，一直延续至正月十五。如果将春节比作一场民俗节日的大狂欢，那么元宵节无疑是这场狂欢的压台之作，是狂欢的高潮。过了元宵，就意味着春节节庆活动即将告一段落，新一年的忙碌又要开始了。

关于元宵节的起源，一直以来众说纷纭、莫衷一是。比较公认的说法有以下几种：

其一认为起源于西汉。其中又有两种说法。一说元宵节是汉文帝为纪念“平吕”而设。西汉时期吕后专权。吕后病死后，吕氏族人害怕，于是密谋作乱篡权，后被平定。汉文帝刘恒即位后感叹太平盛世来之不易，遂把平息“诸吕之乱”的正月十五定为与民同乐日，京城家家张灯结彩庆贺，这也是元宵节的由来。

又说汉武帝时期，每年“正月上辛日”祭祀太一神，通宵点灯。后人认为，今天元宵节夜游观灯习俗或来源于此。

其二认为起源于东汉。东汉永平年间，汉明帝为提倡佛教，曾在上元夜“燃灯表佛”，并令百姓家中挂灯，此后渐成习俗。

第三种认为起源于魏晋南北朝时期。道教中有天、地、水三官。魏晋南北朝时期，道教盛行，出现了“天官赐福、地官赦罪、水官解厄”之说，并认为三官分别在农历的正月十五、七月十五、十月十五降临人间，进而诞生了上元、中元、下元三节。其中，上元节即元宵节，中元节俗称“七月半”，现在民间仍有祭祖习俗。下元节习俗已相对式微。

元宵节于2008年入选第二批国家级非物质文化遗产名录。或许是元宵节的由来实在纷繁复杂，中国非物质文化遗产网官网对其起源避而不谈，只提及“我国自汉代开始即在元宵燃灯，由此逐渐发展成为一种风俗；至唐代这一风俗更为盛行”。

在漫长的历史演变中，元宵节形成了众多习俗，很多习俗又在历史发展过程中逐渐消失。如《荆楚岁时记》中就有记载，南北朝时期的正月十五这天，人们常常会煮豆粥，并在豆粥上浇上油脂祭祀门户。具体方法是将杨树枝插在门上，看树枝随风摆动的方向，用酒肉食物，并在豆粥上插上筷子祭祀。书中还引用了《续齐谐记》中的一则传说。苏州一带有一位叫张成的蚕户有一次起夜，猛然看见一个妇人站在自己屋子的东南角。妇人对他说，这是你养蚕的地方，我是这里的神灵。明年正月十五这天，你要煮碗白米粥，上面加点肉脂来祭祀我，我保你蚕桑兴旺。张成按妇人要求照做，果然年年养蚕收成大好。从那以后，世人都在正月十五这天煮起了米粥。

如今这一习俗已很难得见，取而代之的是赏花灯、猜灯谜、吃元宵、舞狮子等。

那么，古时芜湖一地的元宵节又有哪些习俗呢？

古时的芜湖人多称元宵节为上元节，又称“灯节”。民国《芜湖县志》记载，每年正月，先是街市上卖各色花灯。花灯由手艺人或以纸糊成，或剪彩纸而成。还有从其他地方进货过来的花灯，制作尤其精美，大家争相购买，送给家中女子及亲人。男女恋人之间再贵的花灯也舍得买下。没几日，市集上的花灯便销售一空。元宵节的前三晚为试灯。一到天黑，彩灯齐出。本地的年少者结对在大街之上，演出各种杂戏，也有的唱插秧歌、采茶词。观看的人更是摩肩接踵，一直闹到半夜。一切在元宵节当晚达到高潮，一直持续到天亮。

这场热闹的主场地在花街。过去，花街一带多竹篾匠，平时卖各色竹器，到了元宵节，则挂出五光十色的花灯。芜湖曾有民谣：“花街半里路，尽是篾匠铺。平时卖竹器，正月花灯出。晚上灯点亮，疑是天仙处。”今天，你去芜湖古城花街路段，就会发现一段墙面写有此谣，只是个别字有所出入。

舞龙灯也是古时芜湖人元宵节的一大习俗。黄钺的《于湖竹枝词》中就有“灯船戏罢平安戏，豪竹哀丝处处催”一句，说的是正月十五芜湖人看完舞龙灯听梨簧的惬意。梨簧戏是芜湖本土的传统戏曲剧种，2006年被列入首批省级非物质文化遗产名录。

在古代，元宵节更多指的是正月十五前后的这段时间，而非今天所专指的正月十五或正月十六某一日，因而，很多古籍中介绍元宵节时又往往将其纳入春节一同介绍。

元宵节无疑是一年中极热闹的日子，即便离最隆重的春节如此之近，也无法掩盖它的光芒。乾隆《太平府志》中就曾生动记载元宵节的闹市的繁盛。元宵节，百姓都会在门上悬挂花灯。城市里多挂鱼、龙等灯和演出各色杂戏，整条大街之上花灯堆砌如山，耳畔则是箫鼓喧天，连宵禁在这天也放宽了，一直热闹到天亮，堪称“千里风烟同乐国，万家灯火共楼台”。府志中还特别提到这天繁昌的绅士之家则会雇佣龙灯队，走街串巷舞龙，以祈祷拔除过去一年的晦气，迎来新年的好彩头。道光《繁昌县志》曾就元宵节的奢华感叹，虽然未免浪费，却也彰显了盛世太平。

南陵人在元宵这天曾有一习俗，用一瓦罐装油点上火，取名“灯缶”。农家放在门口，叫田公灯，估计是祈祷新年的丰收。做生意的则摆在货柜上，取名财神灯。

元宵无疑是这天饮食文化的主角。多部本土方志中皆提到元宵节这天都会吃元宵，而且一定是在早上，象征着合家团圆和睦。除了元宵，团子、馄饨等面食也会出现。《弋江区志》中就提到，当年百姓会将面粉团捏成缸甏等状蒸煮，称为“蒸缸甏”，并视“缸甏”潭内水汽多少，卜一年之晴雨，很有农耕文化的气息。嘉庆《无为州志》也提到，清代的无为人在这天会用黏米做牢丸相馈遗。缸甏也好，牢丸也罢，都是面粉捏成的面食，其实与元宵的区别可能也只是外形。

元宵在芜湖一地其实广受欢迎。《食在芜湖》一书记载，自20世纪初，芜湖街头巷尾元宵铺及元宵担子便随处可见，其中尤以镜湖旁的大花园入口处的“正福斋元宵铺”最为出名。直到今天，酒酿元宵的甜糯仍在老芜湖人的记忆中雀跃。

还有一些关于元宵节的本土谚语，如：“正月十五过小年，吃块肥肉又下田”，说的是到了正月十五，这个年算是彻底过完了，小伙伴们赶紧捋起袖子加油干，该干吗就干吗吧！再有“云漫中秋月，雨洒上元灯”，说的是如果头一年中秋夜雨，你没赏到月，那也就没必要指望来年的元宵节赏月了，因为这天必定也是雨打元宵。这是千百年来，人们在生产生活中对天气规律的观察和经验总结。

人生看得几清明

熙宁十年（1077）的那个春天来得或许有些晚。一位中年男子打点行囊奔波在齐鲁大地，他从密州（今山东诸城）出发，此行的目的地是徐州，内容是赴任。

四月，在徐州任上，男子眼见暮春初夏，满树梨花淡白，一时感慨岁月蹉跎，给密州的继任者孔宗翰回赠了《和孔密州五绝》（这里的五绝不是五言绝句，而是五首绝句，才气过人）。“惆怅东栏一株雪，人生看得几清明”是其中第三首《东栏梨花》中的一句。

这位男子便是后来大名鼎鼎的北宋诗人苏轼。词领豪放一派的苏东坡竟也有悲怆苍凉的一刻？千百年来，关于这首诗以及诗中“清明”的注解各有分说，有说清明是指清澈明朗，也有的说特指清明节。其实，此处应为诗人将纷繁尘俗看得透彻清明之意。

撇开大文豪的这笔“糊涂账”，一起来聊聊清明节。

清明既是中国传统节日，又是二十四节气之一。传统节日、二十四节气的双重身份，使得清明带给我们普通人的最直接感觉就是这是一个比较规矩的节日，基本上每年都在公历4月5日前后造访。

清明又是一个很霸道的节日，他有一个哥哥叫寒食，比清明还早一两天，可是千百年来，过着过着，因为兄弟俩靠得太近，人们几乎就把它给忘了，也逐渐把两者的习俗基本合二为一了。现如今，知道寒食节的人已然不多。比如，你去网上查询：“寒食节，清明节前一二日。”所以，我说清明虽然规矩，但很霸道。寒食节虽然式微了，但它是传统节日中唯一以饮食习俗来命名的传统节日。

可以这样说，如果把中国这些传统节日排个队，前三名几乎毫无争议。春节、端午、中秋之后，排到第四，我觉得如果清明不站出来，估计其他节日都不太好意思露面。元宵节虽然也算隆重，但和传统节日老大春节跟得实在太近，这多少掩盖了它的一丝光芒。七夕、冬至或也想来扳下手腕，毕竟还差点火候，大众认可度还是少了那么一些。

一路走来，清明节绝对是一部成长励志片。为什么这么说呢？因为在漫长的历史发展过程中，它逐渐融合了寒食节和上巳节的习俗。以至于春和景明之际，我们聊起传统节日野外踏青、扫墓祭祖时有种唯它独尊的霸气。

清明节、寒食节、上巳节都是我国历史悠久的传统节日，或起源于春秋时期。谈及清明节，人们又大多会从寒食节说起。《荆楚岁时记》记载："去冬节一百五日，即有疾风甚雨，谓之寒食。禁火三日，造饧大麦粥。按：历合在清明前二日，亦有去冬至一百六日者。"这段话大概的意思为：离冬至节气105天时，就会遇到疾风骤雨的天气，寒食节也到了。每逢这个时候，人们会禁明火三天，制作一种麦芽糖调制的粥，吃寒食。也就是说，清明节是在介绍寒食节时引出的。可见，在当时，清明节还没有寒食节受欢迎，不过，后来慢慢地，吃寒食竟成了清明的一大习俗。

在这里，还有一个传说。《琴操》（一本中国古代琴曲专著）上说，春秋时期，晋国公子重耳和贵族介子绥（也就是介子推）一同逃亡在外，经常食不果腹、衣不蔽体。有一次，重耳饿得实在不行了，子绥竟然割下自己大腿的肉来给这位公子食用。几年后，重耳回国当上了国君，也就是后来大名鼎鼎的晋文公。结果论功行赏时，重耳竟一时疏忽，把介子绥这个人给忘了。

偏偏这个介子绥又是一个极其清高的人，不愿抛头露面声张，于是带着母亲隐居在绵山。后来，晋文公终于想起了他，遍访子绥，求他出山。好不容易得知子绥隐居绵山一带。这个子绥也是个怪人，竟然躲了起来，坚决不出。晋文公于是做了一件让他毕生后悔的事，让人在他隐居的地方放火烧山，想逼他露面。

子绥也是个狠人，竟然就是坚持不出，抱着一棵柳树让火活活烧死了。这也便是“清明柳”的由来。

这场大火让晋文公深深明白了一个道理：原来，功名利禄也不是所有人都趋之若鹜的，有的人你错过了一时也就错过了一世。

痛定思痛，为了哀悼这位忠义之臣，他命令老百姓五月初五这天不得生火。这也是今天有人说端午节的由来与介子推有关的原因。不过，关于这个日期，宗懔也发现了问题，当时的寒食禁火已经不在五月初五这天，而是清明前一两日的寒食节。为此，他给出的观点是“风俗流传所致”，也就是时间长了，发生了改变罢了。

当然，本着怀疑主义和严谨的态度，《荆楚岁时记》的作者宗懔还是留下了一句：“据《左传》及《史记》，并无介子推被焚之事。”也就是说，这很可能也就是一个传说而已。不过，我们还可以发现一点，当时还没有清明祭祀先人的习俗。扫墓祭祖习俗，我国先秦时期就有记载并已流传开来，与清明结缘则是秦朝之后的事了，公开说法是唐朝时正式盛行，这在诸多唐诗中可见痕迹。

较为公认的是，唐朝时，清明与寒食、上巳融合，将它们的习俗合而为一的迹象已经相当明显。到了南宋，清明节的习俗内容已然丰满了。在《岁时广记》中，清明节的出场夹在寒食节与上巳节之间，虽然只有一卷的内容（寒食、上巳各两卷），但已然占据了一席之地。“吕原明《岁时杂记》曰：清明节在寒食第三日，故节物乐事皆为寒食所包。”（《岁时广记·卷十七》）简短的一句引用，说明了清明与寒食乃“同胞兄弟”。当时的清明习俗也的确与寒食差别不大，譬如改新火、取新火……不过，已经有了清明扫墓的记载。“朝诸陵，《东京梦华录》：寒食第三日，即清明也，凡新坟皆用此日拜扫……”

除了以上习俗外，宋时清明还有宴进士、戏拔河、游郊外等与上巳节类似的习俗，也就是我们今天所说的清明踏青的范畴。有意思的是，书中还提到了“煮新茶”的习俗，这与我们今天一些好茶人追求的“明前茶”不谋而合。

其实，寒食、清明、上巳就像一胞三兄妹，大哥“寒食”高冷、淡泊名利，二弟“清明”有点霸道，小妹“上巳”浑身透着一种青春、烂漫。

清明节在古代备受重视。官方甚至为寒食、清明置假，在《唐会要》“休假”一节中就有相关记载，一开始放假4天，后来到5天，甚至加到7天。清明放假，后来历代多有沿袭。

2008年，清明节正式被确定为法定节假日，放假1天。

将清明节设定为法定假期，是对传统文化的传承，起到了积极的促进作用，清明节正通过祭祖扫墓、野外踏青等习俗方式，以积极姿态回归大众视野。其实，在更早之前的2006年5月20日，清明节已经国务院批准被列入《第一批国家级非物质文化遗产名录》民俗类别。

芜湖本土有哪些清明节习俗？民国《芜湖县志》上记载：“清明日，人家皆插柳枝于门，是日相率上冢，赍牲醴、焚纸钱致奠于草际，既祭植一纸标于冢上，名曰标祀。”也就是说，清明这天，芜湖人都会折来柳树枝插到门上，而且会在这一天相约一起，带着米、茶、酒、果、肉之类的物品到祖先坟前烧纸钱进行祭祀，还会插一竿纸标在坟头，叫作标祀。关于清明插柳，嘉庆《无为州志》给出了解释，“清明，比户插柳枝门首以留春，迎城隍神于厉坛，多诣先人冢，扫奠”。清明插柳，意谓“留春”，因“柳”“留”谐音。这与许多送别的古诗词中“离别折柳”的意象是一个意思。

这是普通百姓，那些名门大户怎么做呢？有宗族祠堂的大家族，在这天还会由族长召集同姓宗族老少众人一起参加祭祖，在祠堂内按辈分高低向祖宗牌位行跪拜之礼。祭拜之后，满案不计其数的祭品酒菜也不会浪费。大家会坐在一起分食、饮酒，一直到日落才会结束。当然宗族中多多少少也会有一些因俗事困扰事先要离开的。先行离开的这部分人，则会在祭品的肉中割一块带回家中。关于清明扫墓的日子，芜湖人有“前三日后三日”或“前三后四”之说，乾隆《太平府志》则记载：“清明扫墓，在前后各十日。”同时，该志也记载了清明节“以柳条插户”的习俗，看来这一习俗在当涂、芜湖一带很是盛行。到了民国四年（1915），清明节这天又多了一项内容。因为清明节又被当时官方定为植树节，这天，官绅和学校的师生们会选择一块空旷之地开展植树活动，一时鼓乐喧天，彩旗招展，成为清明节的一大盛景。普通百姓也会在这天到村口院落、屋前屋后自觉植树。不过，这一现象并未维持多久，因为很快，人们发现芜湖地处江南，气候较早，到清明再植树似乎已经有点晚，而且也会妨碍人们清明祭祖，于是官方大笔一挥，将植树节改为清明一周前。

清明前后，万物复苏，春风和煦，花草飞香，还是一个味蕾雀跃起雾的时节。《芜湖县志》中就有，从清明到四月初一，能见“十新”，即：鲥鱼、玫瑰花、金银花、雨前茶、青梅、蚕豆、豌豆、大麦、小麦、菜籽。其中贵为“长江三鲜”的鲥鱼早已不存，徒留故影于旧纸堆中穿梭，“鲥鱼第一网，渔人必遍送各官绅，以博赏资”。

老早，另外一鲜——刀鱼也会于清明时节来凑热闹，常被芜湖人用柳条穿着带去坟头祭祀先人，成为江岸人家一道独特的祭祀风景。艾蒿也是这一时节的美味，但并不同于我们现在炒食的蒌蒿，也不是姗姗来迟的端午主角艾叶。山区一带人们常于林缘、灌木丛、农田、路旁以及河滩上采摘而回，用清水浸泡漂洗除去蒿味，再取汁和面做成饼状，内以豆腐粒、大蒜、虾米、肉粒等为馅，是为“清明粿”，这也是千百年来古徽州清明时节的一道美食小吃，如今黄山市各县依旧沿承。芜湖虽大多地处平原地区的江边，但也有一些地方有类似习俗。比如，民国《南陵县志》记载：“（清明）先一日，妇女采艾蒸饼，香味可口，殆取寒食禁烟之意。”

早先，芜湖清明节这天还有一道独特的世俗风景，并流传有一段民间故事。《芜湖县志》记载，当年，每逢清明节这天，整个芜湖城的算命先生都会去弋矶山一带拜祭一座古墓，以求照顾来年“生意”。

古墓的主人据说是唐朝太史令李淳风。李淳风是唐代贞观年间人，精通天文、历算，擅阴阳之术，著名的《推背图》据说就是他和袁天罡所著。李淳风，其实是我国历史上的一位天文学家、数学家，也是一个道士。

这个人的能力很对得起他的名字“风”，为什么这么说？因为他被认为是世界上第一个给风定级的人，早在唐朝时就通过观察“不同风力对树的影响”来划定风的等级，以上都是正史有载的。

然而，在民间，他的形象逐渐被放大。在朝代更迭、历史烟尘中，他慢慢地被神化为诸葛亮、刘伯温一类的人物，能知过去与未来。所以，从这个角度来讲，当年芜湖那些算命先生去拜祭他也算是拜对了祖师爷。

关于这座李淳风墓的来历，县志上是这样说的。明洪武初年，也就是朱元璋刚建立明朝的时候，当时的芜湖县令李行素一次渡江时，看到长江中有一具棺木沿水流漂下，便命人打捞上来，一看，棺木之上还刻有几行字：“唐朝李淳风，洪武水来冲。芜湖李知县，载我过江东。”

李县令不敢怠慢，赶忙命人将棺木载回南岸，不料刚上岸，到了一处高地，竟怎么也搬不动了，于是便葬在那里。

关于清明团拜的这一情况，黄钺在《于湖竹枝词中》中也曾提及：“清风楼畔葬淳风，旧说荒唐不可从。博得盲人求利市，年年团拜墓门中。”因古代算命先生多为盲人，这里以盲人指代“算命先生”。

清风楼在哪？《芜湖县志》上有：“清风楼在县西北驿矶。明成化年间，知县刘宪为御史黄让建，取东坡清风阁名之。”驿矶，即驿矶山，也即今弋矶山。

结合这些，我们可以知道，这座古墓应当在今天的弋矶山一带（一说在狮子山一带）。应是先有古墓，后有清风楼。当年的弋矶山、狮子山一带属芜湖城西北郊外，虽说濒临大江，不说荒无人烟，却也远没有今日的喧嚣繁华。只不过，岁月经年，清风楼也好，淳风墓也罢，早已不存。

其实，稍微细想一下，李淳风墓在芜湖的可能性几乎为零。因为李淳风为岐州雍县（今陕西境内）人，其主要活动轨迹也是在家乡及京师长安一带，多属黄河流域。一具棺木怎么可能跨流域跑到两千里外的芜湖呢？这则故事很有民间传说的味道，其中牵强附会的东西太多。因而，早在百多年前的清朝，黄钺就给出了“旧说荒唐不可从”的论断。

在没有天气预报的古代，二十四节气对农业生产的影响相当大。清明作为节气，在二十四个兄弟姐妹中排行老五。清明这天，太阳到达黄经15度，大自然冰雪消融，草木青翠，天空清澈明朗，万物欣欣向荣。

“清明前后，种瓜种豆”，清明自然也是播种的好时节。清明节气在公历上日期相对固定，在农历上时间幅度就比较大了，基本在二月下旬到三月上旬之间。

“二月清明不上前，三月清明不退后。”意思是说，清明节如果在农历二月，播种啥的就不要急吼吼地再往前赶了，因为春姑娘还没睡醒呢，播种太早，欲速则不达。可如果清明出现在农历三月，那就不要再偷懒了，太阳都晒到炕头了，赶紧起床下田播种去吧。不然迟了时令，秋收时就要喝西北风去了。

有意思的是，《芜湖县志》在记载这段谚语时弄错了日期，颠倒了二、三月，原文转载：“乡间农时，恒依据谚语以行之。如‘三月清明不上前，二月清明不退后’，谓播种也。”结果，修志者很快就发现不对了，实际情况是农人播种时提前了不少时日，进而生出了难道是农民伯伯干事喜欢“宜早不宜迟”，又或是土地和种子有了变异的感慨（然据农家言，近十余年来，盖提数日矣，如是又谓“宜早不宜迟”，或者地气种子有所变迁乎?）。着着实实闹了一通笑话，果真是有些“四体不勤，五谷不分”。

既然都到了清明，那就该是春光明媚了。即便如杜牧所说的“清明时节雨纷纷”，总不至于下雪了吧？也不尽然，老天爷有时也会打个盹，给清明时节来场清明雪，然后问你惊不惊喜，意不意外?

黄钺的《壹斋集》中就记述了一次芜湖清明下雪的场景。乾隆六十年（1795），芜湖的清明日遭遇雨雪，而且还不小。一夜之间盖过了屋瓦沟沿，不过毕竟到了清明，大清早就化掉不少，雪水顺着屋檐下的竹笕呼呼而下。门外的小孩子们正穿着棉袄在雪地上剪着一片新绿的柳枝，也算是一大奇观。

诗人说那年清明真是冻死个人，棉被都变得硬邦邦的，明明穿了鞋子，两脚像赤足在外一样的冰冷。难怪会发出“这哪里是清明的节气，古来都少有啊”的感慨（“哪复是清明？前年冬亦鲜”）。

其实，民间谚语还有“三月桃花雪”“清明断雪”等，由此可见，清明有雪，这已算是极端的气候了。

端午时节话端午

在我们今天，端午节已经和春节、中秋节一道被尊为中国三大传统节日。

那么古代人是如何看待这个节日的呢？《荆楚岁时记》写到五月时，抬头就是八个字："五月俗称恶月，多禁。"可谓一棍子打死。这是什么意思？通俗地说就是，五月是个不吉利的月份，有诸多禁忌。接着，作者就顺带提到了当时的禁忌，忌讳晒草席、忌讳盖房。

我们今天认为，五月这个月份，阳气达到一年最盛，天气闷热、空气潮湿、衣物易霉、五毒并出。的确对我们人类是不够友善。

从《荆楚岁时记》中，我们还可以看到，当年，在五月初五这天，所有的人都会到野外踏青，还做"斗百草"的游戏。"斗百草"是说人们会到野外去摘各种野花野草，然后在一起比谁摘的花草种类多，品种稀奇，最后还要以对仗的方式报出花的名字。

也就是说，你不但要知道这是什么花什么草，还要多多少少知道有关它的一些典故。看来，在古代虽然不考"生物"，但一个小游戏就能把你语文、生物知识测验一番。

相比之下，小朋友们做这个游戏就比较简单了，只要求他们将摘来植物的花梗或者叶柄相勾、相拽，断者为输。笔者至今记得，自己儿时就玩过这个游戏。春夏之交后，常与小伙伴们找一种花梗弯钩状的紫色小花来一决胜负。看到对方花冠掉落的瞬间，一种紫色的欢乐便在童年的时光里漫溢。只是那个午后，我还不知道，原来这么简单的一个游戏历史这么悠久。多少年之后的今天，当我远离了这些可爱的紫色精灵们时，我才知道那种随处可见的小花，有个大名叫紫色地丁。

说回端午，《荆楚岁时记》告诉我们，采艾叶悬挂、赛船、采杂草药在那时已经成为习俗。书中还介绍说，五月初五这天是屈原投江之日。百姓们哀怜他的离去，所以坐船去搭救他。因为这种船非常轻快，像要飞起来的野鸭子一样，因而被称为“飞凫”。有两支这样的队伍，一支自称“水上部队”，一支自称“水上骏马”。州郡长官和有身份的人都在岸边观看。（舸舟取其轻利谓之飞凫，一自以为水军，一自以为水马。州将及士人悉临水而观之）由此我们至少可以得出两点结论：一是端午划船在当时已含有浓厚的竞技色彩；二是当年很可能还没有“划龙舟”之说。此外，书中还简单提到了端午纪念伍子胥说，纪念越王勾践之说。

以上是《荆楚岁时记》中关于南北朝时期端午节的记载。那么，芜湖历史上有哪些端午节的习俗呢？

民国《芜湖县志》上说：“端午，亲戚多以角黍相馈，又预蓄菖蒲艾叶于盆盎……”角黍是个啥？就是我们今天的粽子。这段话的意思是，端午节这天，亲戚之间都以粽子作为互赠的礼品，又提前准备好菖蒲、艾叶放在盆盎等一些大容器上。

县志中还提到，到了这天中午，大家就会按惯例说些吉祥话，然后将菖蒲剪了泡酒。在很早之前，还要吃野鸭子。到后来，就以鹅代替作为下酒菜了。看来，古代生态环境也受到破坏了，野鸭子都难找到了。

端午这天，还要用雄黄涂小孩的额头，用石榴花洗眼睛，据说都是为了祛毒。女人们则要剪布做虎头，上面装饰蒜符、小粽子一类的物事，系到小孩子们的身后。这就是当年端午的习俗。

接着，下文向我们栩栩如生地描绘了芜湖当年端午赛龙舟的盛况。青弋江中十多条龙舟，旗红鼓彩，震动了整个江面。龙舟赛以渡江先到者为胜，当天，观看的人都会在两岸呐喊助威，划龙舟的稍有懈怠，人群中就会责备谩骂之声四起，这样一直要赛五天。

出龙舟的一方按天凑钱，准备肉类和水果作为食物。划龙舟的人则看报酬的丰盛程度表现出不同的态度，满意时则拱手客气就座，少少地吃个几口。否则就一口吃尽，以示愤怒。小年轻们则乘着精美的游船在水上缓慢移行。点爆竹招龙舟。

到了傍晚，龙舟赛结束后，各大游船还会邀来歌伎为夜游助兴。一时间，船外悬着一盏盏的灯笼，与两岸亭台的灯光遥相呼应，就像满天繁星，又如天上的烛龙往下探望，非常壮观。

不过，夜游的风气在19世纪末20世纪初已经基本绝迹了。

乾隆《太平府志》对当年太平府端午划龙舟的习俗也有所记述，并对各地的龙舟队做出了评判，认为姑溪、采石的比较斯文，芜湖、繁昌的比较勇猛。而且指出龙舟赛其实是一项比较危险的运动，淹死人的情况时有发生。

这是史官笔下的芜湖端午龙舟会，算是客观记述。到了诗人黄钺的笔下则又别有风味。在《于湖竹枝词》中，黄钺多次写到了芜湖端午的竞渡风俗（也就是划龙舟）。诗人另辟蹊径，以一个小女子的口吻写出了芜湖人当年对龙舟赛的重视程度。请看：

重午龙舟江上逢，
李牛何事不相容？
劝郎移近河南住，
妾是青龙郎赤龙。

可能是怕后人看不懂，黄诗人写完之后还意犹未尽，自己做了注解（也幸亏他做了，不然今天真未必能看得懂）：“重五竞渡，青龙属河南，红龙属河北，相遇必抵死角胜，虽婚姻不相让也。”

这是什么意思呢？端午节，芜湖每年在青弋江上都会有龙舟赛。青弋江南岸（可能为区别是长江，历史上芜湖人一直将青弋江称为河）的龙舟是青龙，北岸的龙舟是红龙。住在弋江区的李家妹子与住在镜湖区的牛家大哥是相好的一对，但这年端午节闹别扭啦。不是为了谁多吃了几个粽子，而是在于青弋江上，各自代表的是龙舟队。有个成语叫“不分青红皂白”，这里，青红分得很清楚。

诗的后两句，李家妹子向牛家大哥提出了殷切期望，你还是赶紧往弋江区搬家吧，否则我俩不共戴天（妾是青龙郎赤龙）。划个龙舟划成这样剑拔弩张，这也太刺激了吧。

当年，芜湖龙舟赛真的如此重要？盛况空前？是真的。

还是黄钺，在他的《壹斋集》中告诉我们，“凉篷子者，秦淮船名也。乾隆年间，遇重五时，溯江而上至芜湖，辄数百十只，游人争雇，以观竞渡”。也就是说，清朝乾隆年间，端午节，很多南京人都雇船来到芜湖观看，而且一来就是几十上百只。还有一句：“闻说于湖方竞渡，溯潮争到鲁明江。”鲁明江，前文有交待。也就是说，南京过来看龙舟赛的船都排到了鲁港。看来，当年芜湖人的龙舟赛的确赛出了风格、赛出了名声、赛出了品牌，搁到现在完全可以申请个非遗项目。

再说说端午吃的。芜湖一地，一直有端午吃“五黄”“五红”之说，“五黄”指黄鳝、黄鱼、黄瓜、咸鸭蛋及雄黄酒。在古镇西河，则有“五红”之说，即咸鸭蛋、红烧黄鳝、红烧肉、红烧仔鸡、炒苋菜。而在黄墓镇，端午午饭前，人们会摘艾叶数片蘸黄酒洒遍房间角落，并在小孩额头上书写“王”字。小孩吃烧熟的蒜子，怀揣烧熟的咸鸭蛋捂肚子（表示以后肚子不痛）……端午习俗很多，但因为社会的变迁，随着时间的推移，传承下来的却越来越少。

葡萄甜时正七夕

民间传说，七夕夜，在葡萄架下是能听到牛郎织女私会时的悄悄话的。“每逢七夕之夜，葡萄架下观二星，可听其私语。”看到半古半白的这样一句，想溯其源，然而翻遍了手边的一些史籍资料也未能找到确切出处。

不知道从什么时候起，葡萄架就与七夕挂上了钩。人家小两口一年才见这么一次，还容不得给人家留点隐私。隔着藤架偷听，始终非君子所为。倒是金风玉露时节，一藤葡萄下，眺望星空，银河浩渺，平添了一分难得的意境。

《荆楚岁时记》载：“七月七日，为牵牛织女聚会之夜。”

因时代久远，我们今天看到的《荆楚岁时记》已经有了很多个版本。个别的版本中还提到这样一则故事。说是西汉时期，汉武帝命张骞出使西域，到大夏探察黄河源头的相关情况，张骞去了几个月，到一处城池，看到屋内有一女子在织布，又见一位男子牵牛在河边饮水。

张骞问：“这是哪啊？”

“你去问严君平。”说完，女子随手抓了一块石头递给了张。

严君平是何人？西汉成都人，一位道学家。张骞后来到成都，问了这个严君平。

仙风道骨模样的严君平掐指一算，来了一句：“某年月日，客星犯牛斗。”

这当然只是传说。两人根本就不是一个年代的人，张骞都到这个世上走了一圈了，28年后，严君平才出生。

还有一个版本说，牵牛娶织女时家穷。

于是，他向玉帝借了两万钱作彩礼。老婆娶到家了，钱却一直不还，于是被玉帝“驱在营室”。

《荆楚岁时记》提到了七夕习俗：“是夕，人家妇女结彩缕，穿七孔针，或以金银鍮石为针，陈几筵酒脯瓜果于庭中以乞巧。有喜子网于瓜上，则以为符应。”这或是七夕节又名乞巧节的由来。

在古代，女红是衡量女子技能的一项重要指标。织女贵为仙女，当然是这块的泰斗级人物，估计放到现在都是要拿高级职称，可享受津贴的。“乞巧”最初意思其实是指凡间女子乞求织女能传授心灵手巧的女红技艺。后来，在漫长的变迁中，“乞巧”成了“斗巧”，成为七夕节时的一项技能比拼。

到了南宋时期，关于七夕起源，《岁时广记》里引用南北朝时期梁代吴均《续齐谐志》中的一则故事，说桂阳有个叫成武丁的奇人，有仙道，平常在人间。一天，成武丁对他弟弟说：“七月七日，织女会渡过银河，众仙家都要归位。我也被召去了，不能留在这里，跟你说再见了。”他弟弟就问：“织女为啥要渡河？去了什么时候回来？”成武丁回答：“织女去见牵牛。我过几年就会回来。”第二天，成武丁就不见了。于是，织女嫁给牛郎就这样流传下来了。

《岁时广记》中对于七夕的习俗、典故相当多。比如架鹊桥、填河鸟、穿针楼、乞巧楼……限于篇幅，这里不再细叙，有兴趣的话可以自己去找来一看。

漫长的历史进程中，中国的七夕文化也深刻影响了周边的一些国家。在日本，七夕节这天，人们在五颜六色的诗笺上写下愿望，系在竹枝上，只不过七月七日后来变成了公历。此外，在越南、朝鲜、韩国都有中国七夕节的踪影，习俗有联系也有区别。

来说说芜湖一地历史上的七夕节。

《芜湖县志》载：“七夕，女子多为乞巧之戏，陈设瓜果于中庭。置小锦合觅蜘蛛贮之，次日启合，视中有丝网者为得巧。又以盂盛井华水及河水露之，经宿及日，曝，盂水于日，须臾水起油翳，投数绣针于其中，多浮于面，视其下影成笔锋及如画卷者，曰得聪明矣。然乞巧之事，皆于初六夜行之。”

这段话告诉我们，古代，芜湖女子过七夕节多做“乞巧”的游戏。至少有两项内容，一项是把瓜果放在院子里，然后找来一只蜘蛛放入一个小盒子里。这种蜘蛛并非平常蜘蛛。此物学名“蟏蛸”，只因土名“喜子”颇有吉利的意思而备受青睐。第二天，打开盒子看里面喜子是否结网，结网了则为“得巧”。另一项内容是，用容器盛来一盆井水或河水，放一夜，次日看水面上是否有油翳。油翳的投影像笔锋或画卷则为“得巧”。

今人濮之琦的《芜湖风土记》也有类似记述。此外，历史上《无为州志》《南陵县志》《繁昌县志》都对当地的七夕习俗作了记录，大多类似。

因为早先这系列活动都是在七夕前夜进行的。《芜湖县志》还提到，北宋时期，宋太宗赵匡义曾下旨，要求民间将七夕活动改回七日当天。

记得笔者早年采访芜湖老人，还曾提及芜湖七夕的另外两项习俗，即用凤仙花汁水涂指甲和制作西瓜灯，后者在韩致中所著的《新荆楚岁时记》中又被称为“雕花瓜”。

黄钺在其《壹斋集》中，多次提到芜湖的七夕节。最出名的是《于湖竹枝词》中的一首，“闺中乞巧辄先期，沿自南唐内宴时。却恐来朝鹊桥断，痴心更比女牛痴”。

在这首诗的注释中，黄钺对于为何芜湖人喜欢在七月六日晚过七夕作了解释。原来，南唐时期，皇帝很重视七夕，总喜欢六日到镇江乞巧，第二天才回南京。而芜湖离这两地不远，所以沿用了这个习俗。

1838年，七夕前夜，芜湖暴雨倾盆，黄钺年近九十。风雨之中，已是风年残烛的老人又写下了《七月六日雨》一首。

洗车雨猛天倾河，女牛望断盈盈波。
神仙隔岁只俄顷，奈何涕泗交滂沱？

人间儿女蓄淫思，妄引私意诬仙娥。
我年九十恩爱绝，独寤寐宿仍酣歌。
披襟当风但称快，纱幮凉意今宵多。
来朝雨洗碧空净，新月掩映云如罗。
双星耿耿照当户，瓜果静俟云軿过。
连年太史书上稔，春登二麦秋登禾。
俗奢示俭士夫事，得陇望蜀神所呵。
富贵寿考各有分，男耕女织期无他。

这里的洗车雨特指七月六日的雨。

宋代吕原明《岁时杂记》载："七月六日有雨，谓之洗车雨。七日雨则云洒泪雨。"洗车雨、洒泪雨在古代写七夕的诗词中多有提及。

民间有说法："天上一日，人间一年"。诗人接着诗中说，一年一见，对于凡间来说是漫长，但对于天上的牛郎织女来讲，只不过是顷刻之间的事，有必要这么洒泪吗？我看哪，这都是凡间人把自己的一些想法、诉求强加到了仙人身上而已。记得早年读《二刻拍案惊奇》，凌濛初在故事中提到七夕时也曾有，"人间刚到隔年期，怕天上方才隔夜"。可见，古人常喜欢如此设疑。

在最后，黄钺还劝慰世人，地方连年上报年成好，大家还是要节俭度日。富贵与长寿莫指望上天，男耕女织、勤俭劳动的平常生活才是最根本的。

从七夕雨到农业收成，转得似乎有点突兀，其实也是有依据的。古代，人们七夕之夜眺望天河的现实意义在于预判一年的收成。据说，天河明显，则年丰；天河晦暗，则年歉。

从葡萄架意象到观星空看年成，传统节日的习俗其实一直保持着积极入世的态度，何时就离我们渐行渐远了呢？

近些年，中国传统节日的回归趋势明显，值得肯定。不过，大多时候又沦为商家、景区的营销卖点。

说到七夕节，被冠以"中国情人节"其实是不准确的，失去了传统七夕的原貌与本真，更与当年的习俗相去甚远。2006年5月20日，七夕节被列入我国第一批国家级非物质文化遗产名录。

然而，传统节日的真正归来依然任重道远。

满目清辉道中秋

中国三大传统节日中，从诞生时间来看，如果将春节比作一个鹤发童颜的老者，端午算是一个俊俏小生，而我们的中秋就是一个小孩。

为什么这么说呢？因为中秋节诞生的历史实在是短。比较公认的说法是中秋节起源于唐初，算来也就1400年的历史。

《荆楚岁时记》中写到八月的习俗时，着墨寥寥。介绍完八月十四日“以朱墨点小儿头额”的习俗后，竟然带着我们直奔九月，重阳节登高（藉野饮宴）去了。

中秋节虽然成型时间晚，但却后来居上，超越了七夕、元宵等一众节日。到了南宋时，陈元靓编撰《岁时广记》时，就已经无法忽视它的存在了。作者为中秋节准备了长达三卷的文字，涉及中秋的各色典故、习俗。可见，那时，中秋节已经有了丰富内涵。

说到中秋习俗。赏月、吃月饼是任何一个中国人都能想到的。有一个问题其实很有意思，为什么赏月非要八月十五呢？

唐贞元十二年（796）中秋前后，京城长安，有个叫欧阳詹的泉州人搞了一次老乡会，邀请了邵楚苌、林蕴、陈诩等几位老乡小酌了一杯。大家都是异乡人，又都是文人，月夜酒酣之际难免要吟诗作赋。这时，欧阳詹就说了，诸位可知中秋赏月为什么要在今天？欧阳詹自问自答，冬天赏月吧，夜晚下霜，寒气太重，夏天赏月呢，夜空云浓，会遮了月华，这两者都影响赏月的心情。（月之为玩，冬则繁霜太寒，夏则蒸云蔽月，云蔽月，霜侵人，蔽与侵，俱害乎玩。）

这是宋代刘学箕《中秋玩月记》记载的一则轶事，收录在其诗文集

《方是闲居士小稿》中，可能是唐人有关中秋赏月最早最系统的介绍了。

说到中秋赏月的名句，又绕不过苏轼的名篇《水调歌头·明月几时有》，耳熟能详。“但愿人长久，千里共婵娟”的企望，洞穿千年来的每一个中秋月圆夜游子的心魄。

坐拥大江，又得中江之利，芜湖自古为赏月佳地。杨万里、李贞、郭祥正等都曾于此留下赏月诗篇。“芜湖古八景”中“吴波秋月”便是在芜湖欣赏江月的生动写照。元代芜湖县尹欧阳玄曾为此题诗。芜湖一地，古时还有一个赏月佳地，那就是荆山脚下的欧阳湖，因欧阳玄、秋月，千年来不知留下了几多诗篇，譬如：曾帙的《泛舟荆山》、俞邦奇的《欧阳泛月》等。古时，到青弋江堤赏月也是一个不错的选择（现在依然）。黄钺就曾写过一首诗词，讲述了自己中秋前后与朋友家人一道去青弋江边大堤上看月的往事。诗中提到彼时，中秋前后芜湖街市便会张灯结彩，好生热闹。

那么，除了赏月，历史上芜湖还有哪些中秋习俗呢？

民国《芜湖县志》上说，中秋节，人们大多互相赠送果饼、菱藕，到晚上则在庭院中摆上酒宴，酒过三巡，喜欢玩的人呢则带着古筝、琵琶等乐器乘月夜游，野外道路上赏月之人比比皆是。妇人则以香花为供品，设席拜月。想生儿子的妇人则结伴穿行豆棚瓜架间，摘南瓜相赠。到了民国初年的中秋节，小孩子们则摘南瓜，上面插上泥人，打着灯火，敲锣打鼓，送往刚结婚不久的新人家中，取“送子”之意。1993年出版的《芜湖县志》又载，从前有送南瓜或芋头给新妇的习俗，收到南瓜为生男孩预兆，得芋头为生女孩预兆。

由此可见，历史上，南瓜是中秋习俗最重要的元素，其地位丝毫不低于端午的艾叶。

康熙《太平府志》上说，到了中秋就意味着暑尽而凉至了。秋衣已成，大家见面衣冠楚楚。月夜邀亲朋好友赏月，做大如月的饼相食，喝酒到午夜，登高赏月，吟诗作赋。小屁孩们这时候在做什么呢？乘着月色，将瓦搭成塔状，里面点蜡，名为“闹宝塔”。

无为、繁昌、南陵三地方志记载的中秋习俗与以上大抵相似，《繁昌县志》也提到了儿童中秋垒瓦做塔的习俗。

黄钺在其竹枝词中用三首诗给芜湖一地的中秋以生动描述。

“烧罢天香几日曾，一层彩又一层灯。游人踏月垂涎甚，出甑新香卖粽菱。”诗中后两句简直是节假日人头攒动的双桐巷小吃一条街即景嘛！

其二：“人影衣香走月明，碧天如洗晚风清。谁怜没柄团团扇，曾照诗人送客行。”这一诗写的是芜湖中秋走月习俗，他在诗后注道：“中秋妇女互相往还谓之走月。”翻译成白话就是女子闺蜜间中秋之夜一起出去逛逛街什么的，称之“走月”，着实文雅。

另外一首：“纵偷为戏莫相嗤，瓜压茅檐豆绕篱。生子居然南有兆，可知女亦是蛾眉。”这里提到的就是上面说的摘南瓜习俗。瓜果压着茅屋檐，扁豆绕满东篱，好一幅农舍秋景图。

诗人说，中秋之夜，我们会做偷瓜的游戏，大家千万别太见怪啊。黄诗人在诗末的说明中还告诉我们，这项习俗叫作“摸秋”，菜园中摸到南瓜则生儿子，摸到白扁豆则生女儿。在重男轻女的封建社会，白扁豆看来很不讨喜。一个“摸”字何其生动?

中秋摸秋习俗其实多地都有，但芜湖摸秋习俗竟然摸出了名气。宋代《两般秋雨庵随笔》中提到了这一习俗，竟以芜湖为例。“鸠兹俗，女伴秋夜出游，各于瓜田摘瓜归，为宜男兆，名曰摸秋。”

走月、摸秋、赏月、垒塔、张灯、吃饼……最爱“从前慢”中秋节的习俗曾经丰富而又趣味十足，在漫长的历史演变中渐渐消逝不少。社会变迁过程中，传统节日习俗还会被注入新的元素与内容。然而，传承好传统节日文化内涵、延续文化血脉、回望来时路依然十分重要。

菊花开时又重阳

一见菊花开，佳节近重阳。

重阳节，是中国传统节日之一。因节期固定为每年农历九月初九，又称“重九”。《易经》中“九”数为阳数，“九九”阳数相重，因而称“重阳”。

重阳节源自上古时期人类的天象崇拜，也与当时的丰收祭天、祭祖活动有关联。重阳正式成为节日，可以一直追溯到汉代。《西京杂记》载：“汉武帝宫人贾佩兰九月九日佩茱萸，食蓬饵，饮菊花酒，云令人长寿。”

《荆楚岁时记》载：“四民并籍野饮宴。”这说明，当年在重阳这天，众人到野外去聚在一起饮酒吃饭已经成为一大习俗。

后来，隋朝文学家杜公瞻读到这里，写下：“九月九日宴会，未知起于何代，然自汉至宋未改。今北人亦重此节，佩茱萸，食蓬饵，饮菊花酒，云令人长寿。”从他的文字中，我们可以知道，隋时的人们就已经搞不清楚重阳节这天到野外去搞聚会的习俗是从什么时候就开始了，唯一能确定的是从汉代一直到南北朝时期的宋朝一直都有这个习俗。而且，当时的北方人已经有在这天佩戴茱萸、吃桂花糕、喝菊花酒的习俗了，还提到当天做这三样事会使人长寿，这与《西京杂记》中的记述是一致的。

《续齐谐记》记述了一则与重阳节有关的传说。说的是东汉时，一个叫桓景的人跟当时有名的方士费长房学艺。有一天，费长房告诉他，“九月九日，你家要遭灾啊。赶紧做一个装满茱萸叶的袋子系在手臂上，登到高山上去饮菊花酒才能避此祸。”桓景家人照他所说的做了，到了当天傍晚时分，但见家中的鸡狗牛羊都在一刻之间暴毙而死。从那以后，登高、佩茱萸、饮菊花酒就成了重阳节这天的必备项目。

故事在后来的流传中，衍生了多个相近版本，比如有说是河里出现了瘟魔，给村里乡亲们带来瘟疫，桓景学艺斩杀瘟魔等等。但都离不了登高、佩茱萸、喝菊花酒这几个元素，由此可见，重阳节的这三大习俗历史悠久。到了南宋时期，重阳节已成为中国的重要节日，习俗也日渐增多。南宋《岁时广记》一书记载，仅茱萸一项的习俗就有多种，赐茱萸、佩茱萸、采茱萸、看茱萸、插茱萸、嗅茱萸、使茱字等，重阳糕这时也早已走入重阳节，丰富节日饮食。聚会也是重阳节活动的重要内容之一，历史上，关于文人雅客在重阳节聚会的记载数不胜数，也诞生了不少与重阳有关的诗文，最出名的自然要数唐代诗人王维的《九月九日忆山东兄弟》了，“遥知兄弟登高处，遍插茱萸少一人”。千古名篇《滕王阁序》据说也是诞生于重阳日的一场聚会，因而“落霞与孤鹜齐飞，秋水共长天一色”该是重阳节的风景。

经过两千多年的变迁，重阳节如今已成为一个多元性节日，习俗形式多样，内容丰富。登高、采药、插茱萸、赏菊花、祭祖、晒秋、放风筝、吃重阳糕、孝敬老人……这些习俗又因地域不同而各有差异。

民国《芜湖县志》上说，古时重阳这天，芜湖的食品铺都会做一种糍糕，然后用五色纸做成小旗子插在上面，很受小朋友们喜欢，大家争相购买；佃户们会在这天做些年糕之类的饼送给主人，名为“送节”；有用工的人家，则会在这天摆上一桌酒席犒劳一下劳工；文人嘛，则选择在这天登高吟诗作赋。繁昌、南陵、无为等地的习俗大抵相同，也有微小区别。比如：繁昌的农村里在重阳这天有磨糯米做汤圆并赠亲友的习俗；南陵的集市中在重阳前后会有糍糕、萸饼售卖；无为人过重阳最是“阔气”，这天不但要做糍糕、佩茱萸，还会蒸螃蟹、喝菊花酒。想想，口水都下来了。

当下，随着人们生活条件的不断提高，重阳节登山这一习俗成为人们强身健体的一项重要内容。重阳当日，芜湖人特别是老年人多有登临赭山的习惯。

重阳登高，在芜湖一地其实历史悠久。芜湖滨江傍河，境内众山虽普遍不高，但因地处沿江平原，极适合秋日登高远眺。赭山、范罗山、荆山、鹤儿山甚至佛塔都是古时芜湖人重阳登高的首选。如清代诗人查慎行在芜时就曾写下《登芜湖浮图》一首，表达个人思念亲人之情：“落帽家山记几巡，弟兄南北各伤神。茱萸明日重阳酒，五处登高各一人。”芜湖浮图，即芜湖的佛塔，至于诗人当年攀登的是赭山塔还是中江塔就不得而知了。

重阳日，在芜湖登高，除了领略无限秋光，还能远眺烟波浩渺、帆舸云集，俯瞰十里长街、万家烟火，有着他处不一样的景致。

此外，芜湖民间还有重阳赏菊的习俗。一提及菊花，很多人第一联想到的是祭祖寄幽思之意。其实，菊花寄托哀思也不过是近代以来的事，是“西俗东渐”的结果。在更加漫长的历史上，菊花有着崇高地位，贵为“花中四君子”之一，也是我国的十大名花之一。“晋陶渊明独爱菊”已成名句，古来不知有多少诗人墨客题咏菊花。

芜湖历来就有种菊、赏菊的传统。早在明清时期，民间就有“菊花会”。1988年，菊花被确立为芜湖市花之一。1991年，芜湖市举办了首届菊花节，也就是从那时起，每年金秋季节，芜湖人都会迎来以赭山公园、镜湖公园为主场地的“芜湖市菊花节”。“菊花节”虽然后来停办了，但时至今日仍给很多芜湖人留下深刻记忆。“菊花节”赏菊也成为芜湖人过重阳的一项重要活动内容。

千百年来，芜湖劳动人民还在生产生活中总结了不少经验，留下了不少与重阳节有关的农谚。如：“三月三，九月九，无事莫在江边走”“重阳无雨看十三，十三无雨一冬干”“不怕重阳雨，只怕重阳风。重阳若刮风，明年岁不丰”。由此可见，古人认为，重阳下雨是好兆头，刮大风则意味着一冬干燥少雨，还会影响来年收成。

毋庸置疑，近年来，随着社会的发展和生活方式的转变，重阳节很多习俗也与其他传统节日习俗一样逐渐式微，湮没于历史烟尘中。不过，自20世纪80年代以来，重阳节被赋予了新的内涵。1989年，我国把每年的九月九日定为老人节，将传统与现代和谐结合起来，使这一传统佳节成为尊老、敬老、爱老、助老的新式节日，重阳节因而又有了“老年节”的别称。2006年5月20日，重阳节被国务院列入首批国家级非物质文化遗产名录。2012年12月28日，新修改的《老年人权益保障法》，明确每年农历九月初九为老年节。

如今，重阳节这一古老的传统节日，正在传承与发展中，与中国传统孝道伦理相结合，迎来新生。

冬至阳生春又来

想来，冬至是很憋屈的。民间一直都有“冬至大如年”“冬至大过年”的说法。网络上乃至一些官媒也常有“冬至是中国一个非常重要的节气，也是中华民族的一个传统节日”的表述。然而，如果仔细认真深究一番，你会很容易发现，无论古时还是今日，更多时候还是以节气的形式展现在世人面前。

《中国年节习俗考》一书认为中国以农业立国，又以孝道闻名于世，所有节日的内涵无外乎敬祖睦宗、祭谢神灵以及民间娱乐三个方面。在其所列的中国十大重要节日里连中元节都收录了，也没有冬至节。同样，在本土历代方志“岁时习俗”的相关章节中，相对于其他几个传统节日，冬至节的出场也相对偏少。

其实，无论冬至是否成为中国传统节日，我们丝毫无法忽视它的存在。

冬至，是二十四节气中的第22个节气，又称日短至，时间在每年的公历12月21日至23日之间。“日短至”很好理解，就是表示一年之中，白日最短的一天到来了。这天，太阳光直射南回归线，对北半球最为倾斜，因而，北半球各地迎来一年当中白昼时间最短、黑夜最长的一天。过了冬至，白昼一天长一天，阳气回升。因而有了“吃了冬至面，一天长一线”的说法。杜甫名句“冬至阳生春又来”直写的正是这层意思。

虽然冬至日是北半球离太阳最远的一天，接收到的太阳热能最少，但却不是一年中最冷的时候，这是因为地球表面尚有积热未退。冬至之后，虽然太阳逐步向北半球偏移，带给北半球的“关怀”逐渐递增，但总体“入不敷出”。因而，一般来说，冬至日后一天冷过一天还是大趋势。聪明的古人由此便引入“数九”计算寒天，以冬至日为首日，每九日一计，一般“三九”最冷，这也是“数九寒冬”的由来。从节气上来看，冬至之后，小、大寒接踵而至，冷风寒气耀武扬威的日子也粉墨登场了。

冬至是人类最早的节气之一，也是“四时八节”的重要组成部分。《汉语成语词典》：“四时八节，四时指春、夏、秋、冬四季；八节指立春、春分、立夏、夏至、立秋、秋风、立冬、冬至。”这里的节并不是指节日，而是节气。

在漫长的历史演变过程中，冬至也诞生了一些独特的习俗与传说。《荆楚岁时记》中就有：“冬至日，量日影，作赤豆粥以禳疫。”量日影很好理解，古人用日晷测定时间。冬至日，北半球物体正午的影子在一年中最长，很特殊。

《荆楚岁时记》成书于南朝梁代。这说明冬至日，当时人除了量日影还有做红豆粥的习俗。这涉及一则传说，据说，上古共工氏有个不成器的儿子，在冬至这天死后化为“疫鬼”，怕小红豆，因而冬至日大家都做红豆粥以辟邪。这习俗在我们今天好像已经不是很流行了。不过，夏日喝绿豆汤去暑，冬天喝红豆粥进补倒是常见，颇合养生之道。

《岁时广记》引《历义疏》认为，冬至日“寒气已极”，因而只适合待在家中，工商旅客都不宜远行。还历数了南宋之前的各种冬至习俗，大多与祭祀、观日影相关。

在我们今天，沿袭有冬至日祭祖的习俗，还有以南北两分，“北方吃饺子、南方吃汤圆”的说法。

那么，具体到芜湖一地，冬至又有哪些习俗呢？民国八年《芜湖县志》载：“冬至日，晨起各焚香家庙。子姓为尊长贺长，至其泛交不遍贺也，仪节略如元旦。”也就是说，冬至这天是要祭拜祖先的，同时晚辈与后辈还要给长者祝寿。元旦这里指的是春节，“仪节略如元旦”和“冬至大如年”是差不多的意思。乾隆《太平府志》上说，冬至这天，当官的、读书人都会互相行庆贺之礼，普通百姓还会跪拜相庆，还给了此习俗一个名字：贺冬。康熙《无为州志》也有：“长至日，公贺竟，则拜祖祢如元旦仪。有宗祠者则合族咸集，以祀历代之祖先。”

古时，南陵县的读书人在冬至这天可能就比较紧张了，当然，也可能是一个极好的展现自我的机会。民国八年《南陵县志》上说，冬至这天，南陵大族会在祠堂里合族祭拜先人。还会考察一下本族读书人一年来读书的长进，就像现在高考前，给大家来一套模拟卷。

《繁昌县志》（1993年版）说，冬至这天，繁昌农村多做甜米酒，并杀鸡煨水药进补。还说圩区及大洲上的人有吃南瓜的习惯。冬至吃南瓜不止繁昌一地，无为就有过冬至吃“南瓜粑粑”的传统。

此外，民间也会选择在冬至前后处理迁坟、立墓碑等事宜，至于在冬至日扫墓祭祖更是一种最广泛的习俗了。

《芜湖市志》（1993年版）告诉我们，冬至，芜湖人称为“进九”。这一天是芜湖人祭奠先人的重要日子，情景可比清明节。这一天也是芜湖人冬令进补的开始，比如煨老母鸡汤，开始每日吃鸡蛋，还特别提到老年人尤其有此讲究。芜湖人冬至吃老母鸡的习俗，如今还很盛行。

冬至阳生春又来。

冬至，是一个考验毅力的日子。太阳回归北半球，冬至过后，阳气上升，白昼逐渐增长，黑夜逐渐变短，但即将穿越的还有皑皑白雪与数九寒冬，就像黎明之前的暗夜，深沉。

冬至，是一个充满希望的日子。英国浪漫主义诗人雪莱说：“冬天到了，春天还会远吗？”从立冬开始，时令走到冬至，冬天已经过去一半。冬至虽然不是一年中的至冷之日，却宣告了寒冬的末日，暗地里积聚着春的力量。

后　记

时光一勺胜水甜。

键盘上敲下最后一个字时，顿时有如释重负之感。

从2019年3月写下第一个字到2022年5月完成最后一篇，倏忽之间已逾3年，零零碎碎、断断续续敲下了近30万字。回头捡拾之时，自己都有些许吃惊。3年间，受疫情等原因影响，书稿的采写、出版也遇到过一些困难，亦曾萌发过罢笔之念。如今回望，也无风雨也无晴。

本书为笔者多年本土历史文化采访所思所获的一个结集，并通过查阅史料、实地探访、采访老芜湖人等方式，力求对芜湖历史文化做一些力所能及的普及宣传。若论及全书特点，笔者不揣冒昧，王婆卖瓜，总结如下，权博读者一笑。

真实性。真实性是新闻的生命，对于历史文化亦然。在撰写过程中，笔者秉持认真负责的态度，坚持客观反映历史真实。一是坚持所引史料，皆来自史料原本或史籍的电子影印本，拒绝任何网页文字内容，以确保来源准确、真实、可靠；二是对于史料典故，不主观臆断，不主动生造内容；三是就某些前人提出的观点，个人持有疑义的，一律存疑保留。观点鲜明是一本书、一篇文章的灵魂。因此，对于个人提出的观点则坚持大胆假设、小心求证，同时强调只是一家之言。

通俗性。用群众的语言写新闻是对一位新闻工作者的最基本要求。作为非专业性的地方历史文化普及读本，本书优势在于没有专业书籍相关条框的束缚，这使得全书大多时候能够做到以故事为线，叙事自由度较大，有助于在对本土历史文化介绍时做到深入浅出、娓娓道来、引人入胜。

趣味性。智能手机的普及改变了人们信息、知识的获取方式。在短视频风行及碎片化阅读的当下，能够静下心来阅读一篇文章、几段文字已成为一种奢侈。这也要求我们写作者必须创新写作方式。为此，笔者在书中竭力做到语言幽默化，采用了大量当下语境的词汇，选用了一些年轻人喜欢的接地气的词语，甚至适当包容了个别网络新词，尝试用“今人的话去讲古人事”，以求生动有趣。同时，在个别化用古文原意的后面加注史料原文，以防读者误读。

坦率而言，作为一个非历史专业的外地人来写芜湖本土历史文化，内心是忐忑的，既怕对本地历史知之不深、见闻不广，徒添笑柄，又担心因个人学识有限、见解浅薄，给读者带来误导。

同时，作为一个新闻人来写历史文化，虽是外行却也有共通之处。今天的新闻就是明天的历史。正是带着这样的信念，3年前，笔者开始了书山跋涉、史海钩沉，在书稿的撰写过程中，时刻要求自己端正态度，先后参阅了相关史料书籍200余册，包括芜湖及周边城市历代方志、相关古人个人文集等。同时，3年间，笔者利用节假日到访了芜湖一地特别是主城区的大多数山水街巷，实地考察。越是深入，越是感觉自身在本土历史文化方面的浅陋，也越感心怯。好在书稿的撰写过程中一直得到身边不少良师益友的鼓励、支持与指正，这是笔者不懈前进的最大动力，也是本书得以面世的坚定支撑。

本书的出版首先要感谢中共芜湖市委宣传部给予的重视、扶持；其次要感谢芜湖传媒中心领导和同事们的大力支持；最后要感谢中共芜湖市委党史和地方志研究室对本书编撰工作提出的不少真知灼见，并将其推荐为芜湖市优秀历史文化宣传读本。

囿于本人能力有限、笔力不逮以及成书仓促，《这样读懂芜湖》一书肯定存在疏漏、不足以及错谬之处，恳请读者指正、谅解。

戴　卿

2022年6月于芜湖